让 我 们 一 起 追 寻

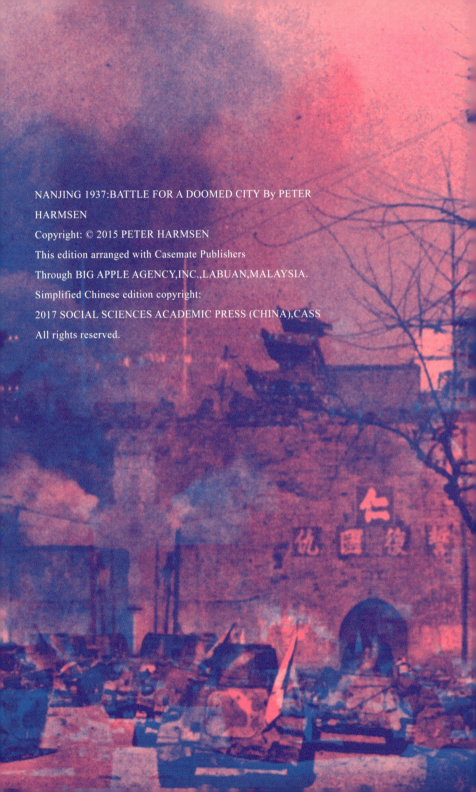

南京 1937：血战危城

Nanjing 1937

Battle for a Doomed City

〔丹〕何铭生（Peter Harmsen）/ 著

季大方 毛凡宇 魏丽萍 / 译

社会科学文献出版社
SOCIAL SCIENCES ACADEMIC PRESS (CHINA)

本书获誉

这部了不起的作品填补了论述第二次中日战争的英文著述中的明显空白，首次全面阐述了1937年的南京战役。作者将出自中国、日本和西方资料来源的研究生动地交织进对军事、外交和文职上下各层面的真知灼见之中。何铭生的这部作品引人瞩目，眼光独到，也许是因为只有一个外国人才能够客观地对待中日两国之间的激烈冲突。

——理查德·B. 弗兰克（Richard B. Frank），

《瓜达尔卡纳尔和垮台》作者

何铭生再次巧妙地将源自中国、日本和西方的广泛素材编织成了一幅生动的画卷，展示出紧张的个人经历和震惊世界的国际冲突。……当我们注视着一个新近崛起的中国时，何铭生使我们清醒地认识了更接近于中国意识表面的巨大灾难。……何铭生的戏剧化风格为描述20世纪历史的强大作品增添了一种扣人心弦的小说般的品质。

——罗伯特·A. 卡普（Robert A. Kapp），《四川省和中华民国：省级军阀与中央政权，1911—1937》作者，美中贸易全国委员会前主席

通过阐明苏联空军参战与援助国民党军队的重要性，何铭生澄清了此场战争中一个不那么为人所了解的侧面……书中最后一章有关南京大屠杀的内容……是最有力的描述，也许还是

为什么会发生这种最让人毛骨悚然的事件的最好分析。《南京1937》本身就是一本关于一个重大历史事件的重要著作，也是他另一部作品《上海1937》的绝佳续篇。

——J. 布鲁斯·雅各布斯（J. Bruce Jacobs），
莫纳什大学亚洲语言与研究系荣休教授

何铭生很好地把南京陷落的本质和广度联系了起来。他所写的书经过了深入研究，让人手不释卷。他的视角既有战略层面，也有战术层面，其观察既有立足当地的细腻描写，也有来自国际背景的高屋建瓴……我愿意将此书推荐给那些想了解在西方国家卷入之前的远东地区的战争本质的人。

——克里斯·巴克姆上校（Major Chris Buckham），军事评论员

何铭生从外交和军事两个视角熟练地解释了大到军队调遣，小到单个士兵行动的许多事件，包括中日两国在战略和战术两个层面上的考虑，同时巧妙地为南京的沦陷做了铺垫……何铭生在继续为二战亚洲战场的起源提供深受欢迎的、可读性强的、多视角的解读，而这正是其他著述在匆忙地寻求珍珠港事件之后其他事件的真相时通常会掩饰的。

——《战略之页》（Strategy Page）

着重于军事方面的杰出的……客观公正的、善于分析的、清醒冷静的论述……《南京1937》是一项令人惊叹的研究成果，何铭生那戏剧化的叙事风格可令读者身临其境。

——《日德兰邮报》（Jyllands-Posten）

记者的叙事技巧结合研究人员的完整方法，由此产生了这部描述 1937 年初冬中日两国军队争夺南京之战的引人入胜的作品……此书为那些对军事细节情有独钟的读者提供了极多信息，并通过包括进高级政治的各个层面，增添了视角，启迪了思维……好极了！

——《周末报》（*Weekendavisen*）

今天，每当我们提到民国时期的南京，首先就会想到强奸、掠夺和大屠杀。但是，南京城沦陷于日本侵略者魔爪的惨痛经历远远不止于这些……何铭生不仅从军事战术上阐述了中华民国首都的沦陷，他还解释了其幕后的外交活动，并转述了一些参与其中的个人的叙述。异乎寻常的是，他的大部分内容都是反映日本人的观点。书中所列出的广泛来源表明，以中国人的视角所做的陈述，很少能历经日军占领、国共内战以及后来的"文革"而幸存下来……书中所表述的一些观点，是大多数读者之前不会遇到的。非常值得一读。

——《亚洲评论》（*The Asian Review*）

在这本出自精心研究的著作中，何铭生审视了从信件和日记中获得的证人证言，并将这些与日本人占领南京后所产生的战斗记载相并列。他的这种努力，使得南京成为传奇城市的确切原因一望而知……对一桩鲜为人知的事件的极有价值的记录……对战争黑暗面的无情揭示。

——《军事历史月刊》（*Military History Monthly*）

此书与同类型的其他书籍不同，不仅在于其所利用的资料来源的多元化，还在于其作者的全球视角……新闻式写作风格使得《南京1937》成为一本能令对军事历史感兴趣的读者乐意阅读的著作。军事战术的分析与日记和回忆录中所揭示的两军官兵的战斗经验及心理状态的生动描绘相互印证。……所附的许多照片和地图更增强了其效果。

——《军事史杂志》（*Journal of Military History*）

（本书）……填补了关于1937年南京保卫战的英文文献的空白……其中的人物叙述使得有关战争的描述更加生动和更具可读性。

——《中国研究书评》（*China Review International*）

一丝不苟的研究成果……如果我们够幸运的话，何铭生将继续撰写这些历史。现在离中国军事史的黄金时代距离还很遥远，但如果像何铭生所著的这类书籍继续出版的话，那么中国二战史的黄金时代就可能为期不远了。

——战略之桥网站（Strategy Bridge）

目　录

地图目录

致　谢

在许多热心人士的帮助下，此书得以顺利面世。作者在此7特别感谢军事历史学家和作家理查德·B. 弗兰克，感谢莫纳什大学的布鲁斯·雅各布斯教授和冰岛的贾科·吉斯拉森，他们仔细审阅了我的手稿。中国社会科学院的高士华先生向我介绍了目前在中国正在进行中的有关中国抗日战争的大量研究。尼古拉斯·陈、理查德·哈里恩、罗伯特·卡普、史蒂夫·李和格雷厄姆·汤普森为我提供了无私的帮助和鼓励。假若本书中有任何错误或误解，当然由我个人负责。

一张真实的照片能胜过千字的文字描述。我要感谢现位于台湾地区的"中央通讯社"及其董事长陈国祥允许我利用该社庞大的数字化照片档案馆。如果没有《朝日新闻》照片档案馆的帮助，本书也不会具有现在的面貌。制图师卡尔·毛罗为本书付出了辛勤的劳动，他以精湛的手艺表明了一张地图所具有的价值很可能超过一万字。

凯斯梅特出版社帮助我出版了上一本书《上海1937》，如今这同一支编辑队伍又为我这本《南京1937》的出版尽心尽力。编辑部主任史蒂芬·史密斯以其无穷尽的热情鼓励着此项目的编辑工作，所做出的努力远远超出了其职责所在。宣传部主任塔拉·利希特曼总是出现在最需要的地方，迅速且专业地解答各种问题。设计师利比·布雷登再次显示出她的神奇手段，赋予本书强大的视觉上的吸引力。编辑安妮塔·贝克充分8发挥出她的语言魔力，引领着读者把注意力均等地投向整本书的整体结构和每一个个别的词语。

在我写作《南京 1937》的那些岁月中，我那耐心的妻子惠聪源源不断地给了我极大的支持。最后还要特别感谢我的女儿们，丽莎和伊娃，当爸爸藏身于办公室中埋头撰写书稿时，她们总是温馨地给予理解和接受。

2015 年 8 月于哥本哈根

作者按

音译时使用拼音系统的利弊一直是争论不休的话题。然而，事实上，在21世纪初拼音系统已经被广为使用，任何其他系统都无法与其竞争。因此，本书也予以采用，只有少数例外，那就是其他某些更传统的拼法被更加普遍使用的时候。例如，中国的统治者蒋介石在当时被拼为 Chiang Kai-shek，而不是 Jiang Jieshi，中国最长的河流长江被拼为 Yangtze，而不是 Changjiang。我也选择将中国当时的首都南京用汉语拼音拼写为 Nanjing。在少数情况下，尤其是在直接引用时，当时更为常见的拼写方式 Nanking 则保留了下来。

本书中的地名往往取其现代普遍采用的形式，而不是1937年时的形式，以便让读者更容易识别（如，北京而不是北平，台湾而不是福摩萨）。在少数情况下，我决定提供中国地名的直译，如紫金山和光华门，其主要目的是使非中国文字使用者更容易读懂其含义。

中国的传统习俗是把姓氏（通常是一个字）放在人名的前面，然后才是个人的名（通常是两个字）。本书沿袭了这种习俗。对于日本人的姓名，我也遵照日本的习惯把姓氏放在前面。尽管有日本语言学家的建议，我还是没有使用附加的变音符号来表示元音的长度，因为我希望让文本看起来更加易懂。

*　　*　　*

本书是大量使用一手资料进行长期研究的结果。书中的叙事便是利用这种材料构建而成，并且是作者长长的一系列个人选择的结果。每一种这类选择在不同的作家笔下都有可能会产生不同的表述，而最终的结果将会是一本极不相似的书。我欢迎就我所做出的选择展开讨论。最简单的方法是访问我的网站 www. chinaww2. com，或者我在脸谱网（Facebook）上的主页页面 www. facebook. com/chinaww2。只有通过坦诚和公开的辩论，我们才能够逐步接近难以捉摸的且基本上是无法实现的目标——如实地述说历史。

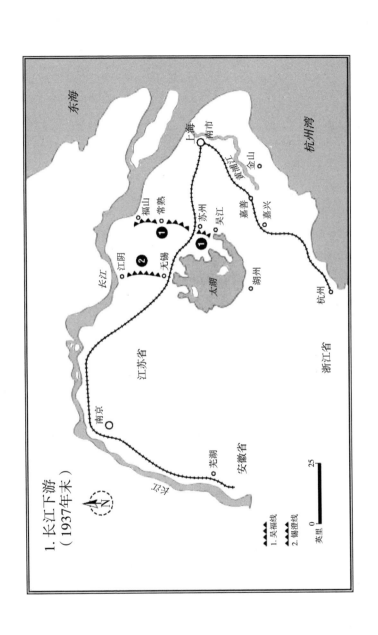

1. 长江下游
（1937年末）

东海

杭州湾

长江

吴淞

南京

安徽省

芜湖

江苏省

江阴

无锡

太湖

湖州

浙江省

杭州

福山　常熟

苏州

吴江

嘉善

嘉兴

上海

南市

黄浦江

金山

N

1. 吴福线
2. 锡澄线

英里　0　　　25

前　言

　　在 1937 年末和 1938 年初那令人发指的六个星期中，南京
从一个简单的地名转变成了一个有重大历史意义的象征。在一
支醉心于野蛮报复的获胜军队滥用暴力肆意蹂躏之下，南京成
为任人宰割的牺牲品。大批无助的市民遭到强奸和屠杀，其规
模之大令人无不为之震惊不已，虽然在这个世界里，人类对自
己的同胞所施加的痛苦已经太多太多，从 20 世纪 40 年代初纳
粹占领下的欧洲到 70 年代的柬埔寨再到 90 年代的卢旺达，桩
桩件件，有案可稽。同这些地方一样，南京已经成为 20 世纪
恐怖史这本厚厚的史书中一眼就能识别出的醒目篇章。

　　那发生在长达六周的南京大屠杀之前并延续了五个星期之
久的南京保卫战，很少为西方公众所知，中国公众对此也同样
不甚了了。蒋介石的军队，汇集了来自面积相当于一块大陆的
国家的四面八方的士兵，他们奋勇抗战，誓让日本侵略者为它
们所侵占的每一寸中国土地付出尽可能高的代价。1937 年的
南京将作为中国的苦难经历被永远铭记在人民心中，但在此之
前，它也是中国人民的英雄主义的故事。像发生在中国抗日战
争期间的其他许多战斗一样，南京保卫战尽管不如 1942 年的
埃及阿拉曼战役、1943 年的苏联库尔斯克战役和 1945 年的德
国柏林战役等一些著名的事件那样名扬全球，为世人所熟知，
但同样完全值得浓墨记载在史册上。本书的宗旨就是要在某种
程度上填补历史文献上的这一空白。

　　淞沪战役（也叫淞沪会战）延续了整整三个月，南京战

役（又叫南京保卫战）紧随其后，参与战场厮杀的多数角色也基本上是原班人马。然而，后者在本质上是一场不同类型的战争。在上海市内及周边地区进行的战斗在性质上是防守战，与二十年前欧洲前线发生在战壕内外的屠杀颇为相似。相比之下，南京战役是一种运动战，与数年后由机械化军队在欧洲展开的大规模战役没什么不同。1937年的上海能够提醒当代公众上一代人刚刚经受过的战争的苦难，1937年的南京则是即将爆发的更大恐怖的前兆。

不仅日本对南京所展开的迅速进攻与德国国防军在针对波兰和法国所展开的突然袭击中所运用的闪电攻击有着可怕的相似之处，而且日本飞行员对平民区实施的空袭和不久后就在二战中发生的针对人口密集区实施的无差别恐怖轰炸两者也是并行的又一对甚至更为险恶的暴行。同样，日本军人在占领区对待男人、妇女和儿童的野蛮程度，其所实施的惨无人道的暴行，预示着以平民为目标的大量屠杀，在欧洲和亚洲的战场上将很快成为司空见惯的事情。在1937年的长江两岸，杀人变成了取乐的恶劣行径；几年后，在波兰的维斯瓦河和苏联的第聂伯河之畔，同样上演了此等罪恶的一幕。

20世纪30年代的中国就像今天一样，其辽阔的幅员以及它的经济前景吸引了来自世界各地的人。其结果便是，1937年所爆发的全面战争并不仅限于双边的战事，而是立刻牵扯到了一连串国家。主要的交战对手当然是中国人和日本人，但一小群德国人、俄国人甚至美国人也作为积极参与者而被卷入事件的中心。就像世界另一边同一时间正在激烈交火中的西班牙内战那样，在南京发生的冲突对许多未来的交战国来说，也称得上它们的一场带妆彩排。

　　尽管如此，绝大多数的受害者都是中国人，而其中大多数是平民。这种情况在随后的七年半时间里始终如此，直到日本最终于1945年夏天被彻底打败为止。在遭受过战火洗劫的所有中国土地上，成千上万的普通中国人经受了难以承受的苦难。没有人知道在枪炮沉寂之前究竟有几百万中国人死于非命。可以肯定的是，在这个战争年代，中国死于战乱的绝对人数仅次于苏联。中国有无数未留下姓名的民众——士兵以及平民——在战争年代身处绝境，然而却未见诸报道，甚至在战后的史学中也没有得到他们应得到的重视。作为永远的纪念，本书就是献给他们的。

15

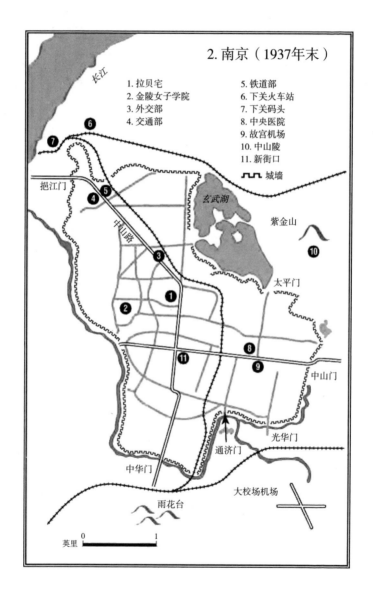

2. 南京（1937年末）

1. 拉贝宅
2. 金陵女子学院
3. 外交部
4. 交通部
5. 铁道部
6. 下关火车站
7. 下关码头
8. 中央医院
9. 故宫机场
10. 中山陵
11. 新街口
城墙

长江

挹江门
中山路
玄武湖
紫金山
太平门
中山门
光华门
通济门
中华门
大校场机场
雨花台

英里 0 ___ 1

第一章　新的战斗打响了

1937 年 11 月 11 日

随着夜色勉强地松懈了对笼罩在机场上空的寒冷的掌控，三架中国攻击轰炸机开始沿着跑道加速行进。每一架美国制造的诺斯罗普伽玛 2E 型单翼机都载着一名飞行员和一名后座炮手，并配备着一枚 1600 磅重的炸弹。当飞机离地起飞时，旋风 9 引擎发出的嗡嗡声，就像被激怒的黄蜂一般，响彻天空。飞机疾速向着无一丝星光的夜空飙升，飞行员可以依稀辨认出首都南京那熟悉的轮廓，尽管它在战时的灯火管制下显得那么黑暗阴郁。不远处，泛着青灰色的长江之水向东奔流不息，汇入大海。同样，这几架飞机的航向也是东方。在这深秋的清晨，它们的目标是：在东海上空搜索日本的舰艇并实施攻击。[1]

操纵着编号为 1402 号诺斯罗普伽玛飞机的是第 2 轰炸机大队第 14 中队的少尉彭德明。尽管才 24 岁，自从那年夏天与日本的全面交战爆发以来，他已经在中国东部上空激烈的空战中成长为一名老手。坐在身后的是他的后座炮手李恒杰，两人军阶相同，但李恒杰要年长一岁。两人都知道这场战争对于中国来说是难以抗衡的。在中国最大的城市上海城内及其周围展开的长达三个月的激烈战斗刚刚过去，日军将会突破并扫荡这个国家最繁荣、人口最密集的心脏地区，现在看来这已是一个时间早晚的问题。

他们也知道危险正在逼近何处：就在他们的下方。当飞机朝着在地平线上形成的狭长淡薄的晨曦飞去时，一道淡淡的曙光破开了覆盖在由无边无际的稻田构成的拼图上方的雾霭；这些精耕细作的稻田，一小块一小块错落有致，由复杂的灌溉渠道将其连片成网。从空中俯瞰，一处处村落犹如斑斑圆点，彼此间隔距离不超过一英里；也有些较大的商业城镇，其中不少都环抱在古老的城墙之中。千百年来，人们一直在中国的这片土地上休养生息。这一天的清晨，它看上去同以往一样安谧。但很快和平将被打破，战场上的混乱将替代这一方宁静。

片刻之后，战争的第一道迹象便映入了飞行员的眼帘。随着飞机逐渐接近上海附近的前线阵地，乡村道路上出现了拥挤的士兵。他们身穿各色军服，有灰色、卡其色和蓝色，分属构成中国军队的协调松散的各师各旅。成千上万的士兵正在全线撤退。当他们从上海撤出时，他们的一小批战友组成了一道单薄的防线来牵制日军。此时此刻，这场在过去三个月中消耗了成千上万条性命的战役已经接近尾声，但是，甚至就在中国人试图从战争中将自己解脱出来时，杀戮仍在继续。随着日军飞机不断俯冲并投下夺命的炸弹，沿路腾起了一道道黑色的烟柱。

在彭少尉眼里，这场战争也是一件事关个人的大事。中日两国之间不断升级的轰轰烈烈的抗争，构成了他整个童年时代的背景。当他十来岁还在上海读一所职业高中时，就已经亲眼看见了日本人是如何得寸进尺、咄咄逼人，凭借其经济和军事实力来欺凌中国，加剧摩擦的。早在五年前，形势就已经逐渐恶化并失去了控制，从而引发了两国间的第一次重大武装冲突，上海的大部分地区都在冲突中化为废墟。当战斗结束时，双方仅仅打个平手，而不是像大多数中国人所希望的那样将可恨的日本人逐出中国，为此彭德明流下了痛苦的眼泪。[2]

现在，一场新的冲突已经开始，而为了迎接这场战斗，越来越多的中国人已经同仇敌忾，准备好了决一死战。这些人中包括了彭少尉和他的后座炮手李少尉，他俩都在 1937 年夏天毕业于位于中国东部城市杭州的中央航空学校六期，正好赶上战争开始，就被派遣上阵。敌对行动始于中国的北部，然后蔓延到了上海。彭少尉一次接着一次驾机执行出击命令，主要攻击目标是运送部队和补给物资到上海前线的日本船只。

　　尽管他每天都不得不忍受机毁人亡的恐惧，这位年轻人在抗日战争中第一个激动人心的阶段仍然为自己能够亲手杀敌而非常开心。"当你完成任务返回基地并受到欢呼的人群迎接时，心中的那种感觉简直棒极了。"他在给父母的信中写道。但是，那些令人陶醉的日子现在早已过去。到秋末时，仅仅几年前才成立，所聘请的外国顾问能力不一、任期又不连贯的中国空军，已经几乎被清除出了空中战场。第 2 轰炸机大队只剩下五架飞机，彭李两位少尉也已经失去了很多战友。

　　这些损失让他们心中产生了巨大的悲伤，但他们不能让情绪来削弱履行其职责的能力。11 月的这天早晨，他们正全神贯注于自己的使命。雨已经下了整整一个星期，但天气预报预计天气良好，适宜飞行。在他们的使命的第一部分，也就是在陆地上飞行时，天气预报已经被证明是准确的，但是当他们的编队接近东海时，天空变得阴沉沉的。这样的天气有好处也有坏处。一方面，这大大减少了彭、李和另外两架飞机的飞行员被发现的风险，从而可以避免被飞得更快、更灵活的日本军机的穷追猛打；另一方面，他们自己寻找目标也将变得更加复杂。

　　很快，海岸线就被远远地抛弃在身后，他们操纵着轻型轰炸机向舟山群岛飞去，这是离大陆 10 英里左右的一群小岛。飞行员们保持着一个松散的编队飞行，不断地穿越机下几乎像一张连绵不断的大地毯的云层，寻找着可见到深蓝色大海的云中缝隙，凭借他们那训练有素的眼睛有可能会发现一个潜在目标。上午 10 点左右，他们的运气来了。起飞三个半小时后，他们终于观察到在云层中有一处狭窄的空隙，而在空隙的中间，他们发现有一艘敌人的航空母舰。[3]毫无疑问，这就是他们一直希望寻找到的机会。

彭德明立刻把他的飞机定位在对航空母舰实施俯冲攻击的有利位置。伽玛飞机以稍微超过 30 度的角度切入，并加速到接近每小时 250 英里。日本水兵开火了，一串串曳光弹向着空中的飞机呼啸奔去，他们不顾一切地试图在飞机给他们造成任何危害之前就把它阻挡住。弹雨并没有影响到彭德明，他保持航向不变。随着军舰的轮廓在他的瞄准视线中快速增大，他在等待着最恰当的时机来投放炸弹。这是一个非常艰巨的任务，他不仅仅要考虑到军舰的航向与速度，同时也要考虑到自己的速度和切入角以及风向和风力。他一边祈求着幸运之神站在他的一边，一边释放了炸弹。当这个从任务开始时就一直携带着的沉重负荷被投掷下去后，他感觉飞机突然上升了。他迅速掉头离开以便逃脱从舰上射来的密集的轻武器火力。其他两架伽玛 2E 型飞机也实施了相同的动作。

脱离危险距离后，三架飞机的机组人员试图了解他们攻击的效果。在总共只有三枚炸弹的情况下，只要有一枚炸弹命中目标，他们也会认为攻击是成功的。[4]炸弹确实击中了目标。火焰舔舐着航母的船尾，大团大团的浓烟从后甲板上腾起，高处看上去显得小小的那些身着白色水手制服的士兵的身影就像突然被掀开了盖子的蚁丘里的蚂蚁一样，横冲直撞。很明显，舰上处于一片混乱之中。这个情景在飞机驾驶舱内引发了胜利的欢呼声。飞行员们对他们能够使敌人遭受严重打击而十分满意，随后驾机飙升至云层之上，设定航向朝南京基地飞去。[5]

在这三架轰炸机以略微超过每小时 200 英里的巡航速度返航的途中，飞行员们最大的担忧一瞬间变成为现实，两架日本九六式舰载单翼战斗机突然从云层里出现了。在最近几个月里，诺斯罗普伽玛机一次又一次地表明它绝非新一代更快、更机动的日本战机的对手。这三架中国飞机毫无在空战中获胜的希望，它们也不能够在速度上胜过其对手。

接下来发生的事情只用了几秒钟时间。伴随着彭德明的其中一架诺斯罗普伽玛机上的飞行员实施了此时此刻唯一可行的策略：在消失之前急速俯冲潜入云层。另一架伽玛机在被日机子弹击中后，裹着一团明亮的火球一头栽入大海。直到飞机栽进海里，机上的两位中国飞行员也未能设法跳伞逃离飞机。

然后，日军飞行员转身来对付彭德明驾驶的飞机。他们射出的子弹撕开了机身，导致机舱内部浓烟滚滚，四处飘散。起火燃烧的飞机迅速丧失高度，彭德明和他的后座炮手仍竭力逃生，他们成功地向后推开座舱罩。接着他们跳了出来，并打开了降落伞。在慢慢地飘向下面无边无际的碧海蓝天的过程中，他们眼睁睁地望着自己的飞机径直坠入大海。当时唯一可以拯救他们生命的可能就是迅速组织一次快速且有效的搜索救援行动。然而在 1937 年末，中国还没有这样的能力，这两个飞行员从此再也没有为世人所见。

21

*　　*　　*

11 月 11 日星期四，这一天中国东部的天空特别忙碌。当彭德明少尉随降落伞下降而溺死于大海之中时，位于台湾岛上台北市（Taihoku）[6]北面的松山机场的日本地勤人员正在为即将执行轰炸中国大陆任务的一个中队九架双引擎九六式陆上攻击机加油装弹。他们的主要目标是南京的大校场机场，但如果天气恶劣使得这一目标无法实现时，他们就将前去轰炸位于上海和南京之间的苏州市的工业区。[7]

这九架轰炸机，每一架都载有多达七名成员的机组，共组成了三个飞行小队——领航小队、第一小队和第四小队。此项作战使命由海军少佐须田敬三全面负责，他坐在领航小队中的一号机里，担任空中观察员。这种责任的分配并非别出心裁：根据日本人的惯例，他把给飞机领航这项耗费注意力的任务交给他的副手，以便集中精力于任务本身。上午 10 点 20 分，整个中队起飞了，很快就组成了三个 "V" 字形状的小编队。

几分钟内，他们就飞到了将台湾岛与中国大陆隔开的狭窄海峡的上空，此时的台湾成为日本殖民统治区已经超过四十年了。这九架轰炸机上的机组成员都来自鹿屋航空队，它是日本海军航空兵的一支精英部队。这年早些时候，他们接收了九六式陆上攻击机，整个夏天他们都狂热地投入训练之中，从而对这款新型飞机非常熟悉。在整个训练期间，与中国的最初几周的战争已经让他们付出了沉重的代价。同中国的战机相抗衡，他们的飞机表现得速度太慢，也太脆弱，许多有价值的飞行员饮恨长空。在多次血战之后，日本指挥官终于同意给轰炸机提供强大的战斗机以护航。[8]

随着绝大多数中国空军被逐出长空，潮流再次转了向，但这丝毫没有改变日本海军航空部队指挥官的既定方针。听任轰炸机靠自己的装备去单打独斗，他们仍然会感到不舒服，所以每次执行轰炸任务时，他们都会派出强大的护航机群，去引导

22

轰炸机穿越绝大多数时候都是空空荡荡的天空。在这种情况下，下午1点15分，在飞越中国海岸线到达上海附近的空域后，这支轰炸机中队得到了第2混合航空队所属的九架九五式舰载双翼战斗机的配合。阳光照耀下，天空明亮如洗，指挥官做出了决定，机群应该直飞南京，而不是苏州工业区这个替代目标。

很多日本飞行员之前都有着突袭的经历，所以熟知南京的大校场机场。在前两个月里，离南京古城墙东南两三英里的这块地方已经多次被日本飞机作为目标反复轰炸过。尽管如此，侦察表明，此地仍然处于正常运行状态下，能够作为前进基地为中国空军提供服务去攻击在上海附近作战的日本军队。虽然大多数中国飞机已被疏散至作为后方的内地，但还有少量飞机留在这个机场上。为了确保形成日本的空中优势，他们必须要拔除这些钉子。

就在下午2点30分之前不久，这九架轰炸机飞临大校场机场上空。虽然空中没有发现敌人的战斗机的迹象，他们依然不能放松警惕，因为中国的防空火力和往常一样危险。猛烈的高射炮火在轰炸机群中接连爆炸，炽热的弹片在空中四处飞舞，轰炸机编队被严重地打乱了。一架由海军士官菅野平吉驾驶的第一小队中的飞机被炮火打散了，脱离了其他轰炸机，无法再同其他飞机一起参与攻击。

在须田敬三的率领下，编队中剩余的八架飞机发现了他们的预定目标，中国飞机一排排整齐地排列在机库内，这些机库有着用沙包堆砌起来的低矮U形护墙。九六式攻击机开始进攻了，投弹手利用其简陋的瞄准装置在他们的目标上方扔下了炸弹。这不是精确轰炸，仅是依靠概率法则来取得成功：如果在一个特定的区域内投掷了足够的炸弹，其中一些必然会击中某个目标。

这个策略是奏效的。领航小队中的三架轰炸机飞到了8500英尺的高度，在沿机场南边的一排机库上方总共投掷下了36枚六十公斤重的炸弹。他们满意地看到下面燃起了四团大火。另外两个小队针对的是机场东边的目标，他们的战果稍逊一些，造成的大火只有两处。

正当轰炸机中队准备返回自己的大本营时，菅野却做出了一个大胆的决定，尽管他的飞机被切断了与中队其他飞机的联系并且机上仍然满载着炸弹，但他试图单枪匹马地闯机场。他的九六式飞机立即成为地面所有防空炮火合力对付的目标。很快这架飞机便成为其设计中致命缺陷的牺牲品——当一个油箱被击中时，短短几秒钟，大火就烧遍了整个机身，使之变成机上七名机组成员的飞行的死亡陷阱。

当这架九六式飞机被烧成一团火球而迅速下坠时，地面上的一些目击者看到有两名机组成员跳伞并急速摔死在地面上。其他人则确信跳下来的有三个人。有人说他们的降落伞未能打开，还有人则宣称说他们的伞是打开的，但被从轰炸机上飞溅的火花点着了。飞机上的七名机组成员中只有一人最终设法降落在地面上，但他从此杳无音信。被狂轰滥炸几个月后，中国军人和平民一心想要复仇的心情是可想而知的，他们即刻就在被俘的日本飞行员身上伸张了正义。[9]

*　　*　　*

西北方向距离机场两英里的南京古城墙内，约翰·拉贝（John Rabe）正在观看日本轰炸机的垂死挣扎。这位秃顶、胖乎乎的 54 岁德国商人站在花园中他亲手建造的宽敞的防空洞的入口处，里面他用来躲避空袭的地方。在整个秋季的几个月里，躲避空袭几乎已经成为首都人民每天生活的一部分了。如同身旁的其他旁观者一样，拉贝被空中打击行动的快速有效所震惊。他在日记中写道："就在短短的 20 秒钟内，傲慢的轰炸机除了留下一些碎片和尸体外，其他什么都没有了。"[10]

11 月的这一天，防空洞里挤满了人——不仅有拉贝自己的中国佣人，而且还有他们的家人和朋友以及朋友的朋友。入口外面突然响起了欢呼声，人们立刻意识到日本轰炸机被打下来了，转眼间防空洞里的人都跑光了。拉贝自己从来没有因看到日本飞机被打下来而产生任何乐趣。有一次，在一个类似的场合，躲在他的防空洞内的人听到一架敌机被击中后栽了下来，便抑制不住兴奋，大声欢呼喝彩、手舞足蹈，而拉贝本人却一直坐在自己的座位上，悄悄地、自言自语地嘟哝道："别吵！有三个人要死了！"[11]

尊重人生命的价值，无论他属于冲突中的哪一方，这就是拉贝在危险越来越大时仍然选择留在南京的复杂动机中的一部分，尽管大多数其他外国人都选择了离开。即使拉贝在中国已经生活了三十年，并且已经对中国的困境感同身受，但在他家门口所发生的战争的是非曲直似乎对他个人而言无甚关系。同情心是一个极其强大的因素，在时间还来得及的关头，阻止了他去听从自己最自然的冲动而出逃。他在日记中写道："空袭时，谁要是在防空洞里蹲上好几个小时，两只手各抓住一个身子颤抖着的中国孩子，他就能理解我的感受。"[12]

也许，对他来说最重要的是他那强烈的责任心。这可能是从小接受了德国北部路德教传统教养的结果，它强调每个人必须履行对社会所承担的责任。在拉贝所处的特殊情况下，社会就是他在南京所代表的西门子公司、公司的员工以及他们的家人。他明白自己作为领导人的职责，并且知道如果他离开了，一切都将土崩瓦解。"您在哪里，我就在哪里，"拉贝的中国助手曾经对他说，"如果您离开，我就跟您走！"[13]

每个人都知道，令人畏惧的日本军队将很快站在南京城的大门口。在仅相隔一日路程的上海，自从8月以来，一场激烈的战斗一直在进行着，中国人在这一仗中打得比许多人所预期的要好得多。然而，即使来自前线的那些经严格审查过的新闻报道也不能掩盖这样一个事实，即上海已经丢失了，而且在一场最终被认为是徒劳无功的战斗中，中国消耗了它最好的部队。随着中国的抵抗被打破，现在已经只是一个时间问题——几周或者甚至几天而不是几个月——日军士兵就将列队行进在南京街头。

拉贝原本可以轻易地放弃他的职位。那年夏天，当战争在中日之间爆发时，他和妻子为了逃避南京的酷暑，就已经北上去过了古老的帝国首都北京附近的北戴河海滨度假。刚到那里，他就目睹了铁路沿线大批日本军队的兵力调动，意识到双方的敌对状态已经变得多么严重，各方面都已经变得水火不相容了。

拉贝明白，中日之间已经酝酿了几乎十年之久的这场战争，不可能是一场低强度的战争，而将是一场全方位的大规模战争。一旦理解了形势是多么危急，拉贝坚信他应该回到南京，那儿才是他的位置。但是，说来容易做起来难。此时此刻，战争正逼得成千上万的老百姓流离失所，返程车票必须提前好几个月预订才行。拉贝将妻子留在相对安全的北戴河，自己被迫选择一条迂回路线。在和平时期只要40个小时的行程结果花费了他整整 11 天。[14]

　　他一回到南京，就立即着手改建设在他花园中的防空洞，配备了急救物资、装在篮子里的食物和热水瓶里的饮用水。他还准备了浸泡在醋里的纱布绷带，万一遭到毒气攻击时可当作口罩使用。当然，普通的防毒面具会更好，但当时这是有再多的钱也买不到的，他只能靠自己动手来解决。拉贝是一个非常讲究实际的人，是一个在世界的东方磨炼了几十年并能即兴发挥的人才，在那里人们可能永远不知道第二天会有什么意外。

　　在防空洞旁边，他撑开了一块长 20 英尺、宽 10 英尺的帆布，上面画了一个大大的卐字，希望这个纳粹德国的象征标志能够在日本飞机寻找机会对目标实施轰炸时起到一点儿保护作用——德国迄今为止还在军事上与中国进行合作，但其同情心似乎在转向日本一边。这是一个讽刺，尽管在当时并未被人们完全理解，这个象征着 20 世纪欧洲最邪恶的屠杀的纳粹标志，竟然被用来保护地球另一边的人民的生命。[15]

　　对纳粹将能够干出什么惊天动地的事情仍然一无所知的拉贝，还在自己的家乡时就是希特勒政权的一个追随者。事实上，他曾经是当地民族社会主义德国工人党（纳粹党）支部的临时副书记，他心目中特别注重的是社会主义这一方面。不论在德国还是在中国，他都很关心小人物的命运，身上丝毫没有纳粹党成员动辄就显示出来的那种野蛮残忍和狂妄自大的痕迹。[16]

　　到 11 月中旬时，战争的威胁几乎已经把生活在南京的所有外国人都清空了。即便如此，拉贝也不是唯一一个留下来的外国人。在仍然逗留在首都的所剩无几的外籍人士中，有个人名叫明妮·魏特琳（Mirrie Vautrin），51 岁，是个美国教师。11 月 11 日，她坐在干净的、保存完好的金陵女子文理学院的大楼里面，此地离拉贝家的花园西面不到 1 英里。对发生在身边的大屠杀几近绝望的她，在一封信上倾吐了她的满腔激愤。

26　　"当然，我们不能让一群在日本的军人如此卑鄙无耻的行径轻易得逞，就像他们在中国所实施的那样。"她在给一个纽约熟人的信中如此写道。此时，外面的街道上挤满了逃离家园的居民，用一切可能的方法拖拉着他们的财物——人力车、独轮车、婴儿推车。她仍然不放弃最后一线希望，期待着外交手段能最后获得成功，并且能够避免在南京发生战争。"在这个问题上有着那么多聪敏理智的人。军事力量肯定不能征服一切。"[17]

同拉贝一样，魏特琳也曾到中国的北方去度暑假，以避开南京令人窒息的高温。同样像那位德国商人一样，战争一爆发，她就迅速赶回她的岗位。还像他一样，她立即着手组织应对敌人空袭的准备工作，根据柏林政府派到中国的一位德国军事顾问提出的建议，她亲自来决定在校园里的哪个地方开挖防空洞。[18]她还把全体学生划分成三个小组，在空袭期间担负起不同的责任。其中一组要携带梯子，另一组要使用灭火器，第三组则要用沙子或水来灭火。[19]

魏特琳与拉贝一样注重实际，而且她曾经是个优等生。事实上，自从三十年前当她还是个青春少女时，她就一直出类拔萃，那时她在伊利诺伊州立师范大学（Illinois State Normal University）毕业典礼上代表 93 个毕业生向全校师生致告别辞。[20]从她的日记和给朋友的信件中可以看出她那熠熠闪光的学术背景和总体才智，这使她能够在处理日常实际问题时不拘一格，并且去思考中国正在遭受的不幸的意义，眼看着这片在她大部分成年时期内称为家的地方即将被不幸所吞噬掉。在她的深思熟虑中有一个执着的主题：战争是疯狂的。

"我们生活在一个多么疯狂的世界中呀，"她在给一个纽约朋友的信中写道，"绝大多数人都不希望战争，然而我们却让一小群大叫大嚷的狂徒把我们推入了战争。"[21]她感悟到，人类本性中一种恶魔般的力量在起作用，促使人们似乎在眨眼间就沦落到暴力的深渊。"男人把自己组织成一个个国家，这是多么愚蠢啊，"她在日记中写道，"我的意思是真的要在男人两字下面画上线加以强调，因为他们是那么迫切地热衷于战争，肯定有什么东西在他们内心深处刺激着他们。"[22]

她那关于战争是男人的事业的观点并非巧合。金陵女子文理学院是中国妇女从所遭受的几千年的压迫中逐渐出头露面的最明显标志之一。这所在二十多年前创办的大学是中国第一所为女性提供学士学位的教育机构，在几乎整个时期内，魏特琳一直在该校任教，甚至还短暂担任过校长。

现在，花费了毕生精力所建成的这一切都有可能付之东流。那年秋季学校里不再开课了，学校试图在其他地方的临时校园里注册新的学生。对于那些留在南京的师生来说，未来似乎是不确定的。只有虔诚的宗教信仰给了魏特琳希望。"正义的力量必将战胜邪恶与黑暗的势力，"她在日记中写道，"这个信念能给予我们前进的勇气。"[23]

*　　*　　*

南京城的主要特征不在城里，而在它的周围：城墙。几乎从城里每一处制高点都可以瞧见城墙，若隐若现，巍然屹立。既令人压抑，同时又使人安心，它的存在意味着可以让居民安居乐业，并将入侵者拒之城外。城墙的周长有 20 英里，这是一处令人敬畏的建筑物，对于任何试图成为征服者的人来说，它都是一道难以逾越的屏障。城墙是在两堵平行的石头墙中用土填实所构成，在多处地方墙高超过 50 英尺，顶部宽达 40 英尺，可容两辆货车轻易地并列行驶。[24]

南京城的城墙沿着周围的天然屏障蜿蜒延伸——西临长江，南倚雨花台，东靠紫金山，北接玄武湖。在大部分城墙边流淌的古老的护城河使得它更加令人望而却步。然后，再来看看城门。在和平时期，城门欢迎着四方来宾，但一旦战争爆发，它们就变成了错综复杂的防御工事，由一道道大门和之间的空地组成。假如攻击者攻破了外面那道城门，它也可能被阻止在第二道瓮城城门之前，而且最终将发现自己掉入了迷宫似的陷阱内。南京城的城墙包含了中国几千年的军事技术。要想占领南京，绝对没有捷径可走。[25]

进入城墙里面，1937 年的南京是新建筑和非常古老的亭台楼阁交织在一起所形成的令人眼花缭乱的混合物。这是一个年轻国家的国际化首都，同时又是中国最古老的城市之一。虽然它的一些建筑可以追溯到 14 世纪初的明朝皇帝，但其政府并没有驻足于它辉煌的过去。有远见卓识的人士正在建造一栋栋给人留下深刻印象的新摩天大楼，展示出他们为整个民族所规划的美好未来。

十年前，是中国国民党人做出的决策，将首都从北京迁到南京。这样一来，治理这个幅员辽阔的国家相对会更容易一些，或许这也是政策制定者所希望的。南京坐落在中央之地，离南北边界距离大致相等，交通十分便利，其境内有三条铁路和一个公路网，并且非常靠近经济充满活力的东部海岸线——中国与外部世界的连接纽带——它和中国最主要的商业城市上海只隔了 200 英里。这段行程如果乘坐汽车、火车或者更多的时候沿着奔腾的长江坐船顺流而下的话，一天之内就可以完成。[26]

诚然，选择南京作为新的首都远远不止是为了方便实用。民国创始人，即已故的孙中山先生，坚持认为将政府的所在地迁离北京是绝对必需的，因为"20世纪之光明"将永远无法穿透紫禁城，清朝的一代代统治者满足于充当一个停滞不前的社会的守护者，似乎无法去应对现代世界的要求。[27]

这个社会曾经在很多方面都停留在黑暗的中世纪，出身贫苦注定入宫侍候皇室的男孩被残忍地阉割成太监，出身上层阶级的女孩被迫要缠小脚，同时听任其广大民众生活在赤贫之中，苦不堪言，罪犯则被当众以极其残忍的方式处以死刑，用的是千刀万剐这种古老的处死要犯的手段。在四分之一个世纪前推翻末代皇帝的国民党革命者想要与那段不光彩的历史割断联系，然后在南京另起炉灶，重新开张。

南京是江苏省最大的城市，在过去十年里为了一步迈入摩登时代而掀起了建设的狂潮。到1937年时，南京已经开始展露出一个名副其实的首都的容貌。在世界各地任何城市都能引起关注的城市地标像雨后春笋般迅速面世。美国记者朱利叶斯·艾格纳（Julius Eigner）曾如此写道，1934年在纽约建筑师亨利·K. 墨菲（Henry K. Murphy）帮助下完工的外交部大楼，比华盛顿的美国国务院还更现代化，艾格纳曾代表《国家地理》杂志访问过这个城市。[28]

按照一个俄国建筑师的设计图纸建造的交通部大楼，在一年后耸立了起来，这栋楼是南京给人印象最深刻的建筑，暗示着这是皇宫般的屋顶与明白无误的西方设计相结合的产物。[29]铁道部大楼，根据艾格纳所述，"也许是至今所有政府部门办公楼中布局最好和最具有吸引力的大楼"，这栋楼经常被用于举行高级别的政府会议。[30] 商业利益也紧跟着政府机构建设的脚步。到1937年时，大多数中国的银行都在南京建立了分支机构。在过去的十多年中，商业区的房地产价格以700%的速度在增长着。[31]

在那过去的十年里，自从中华民国定都南京，摩登时代的光辉确实已经在南京上方闪耀着。在1927年，南京还只是一座只有大约30万居民的一潭死水般的省级城市，而现在已经发展成为拥有超过100万人口的大都市。根据艾格纳的说法，"南京从一个隐藏在巨大围墙之中的贫穷落后、杂草丛生的乡村，迅速发展成为中国最进步的大都市"。十年前，他这样描述道："这座城市没有值得一提的照明系统，没有自来水厂，没有下水道；现在，在通常情况下，宽阔的大街上霓虹灯闪闪发光，人们安装了现代卫生设施，一拧水龙头就能流出的自来水取代了街头售卖的桶装水。"[32]

城墙的东面是海拔1467英尺的紫金山，它得名于在黎明和黄昏时会从其森林覆盖的山坡上发出的神秘光芒。在前往顶峰的半山腰上，坐落着孙中山的陵墓，这是一处令人眼花缭乱的蓝白两色建筑物，已经成为官员们频繁前往凭吊的目的地。同时，此地也成为一处新公墓，来自全国各地的革命英雄们死后也改葬在此，这使得整片区域都变成了一处新的世俗国家朝拜的场所。对于一个痴迷于可保存其死者遗体的风水宝地的民族而言，南京无限期地继续作为中国的首都，其中所传达的信号之强大胜过了一切。

然而，虽然鲜有当权者愿意承认这一点，事实仍然是在南京发生的很多惊人变化都是肤浅的表面文章。在1927年，城墙内只有很小一部分地区得到了开发，[33] 十年后令人惊讶的是还有大片地区依然是农田，使得这座城市接纳了周围乡村季节性变化的色调。在夏季，城市几乎被树木、草坪、田野和池塘的绿色所覆盖。[34] 而在冬季，草木的郁郁葱葱让位于更加阴冷、更加险恶的灰褐色阴影。

　　许多市民都固执地抵制官方试图把他们拽入 20 世纪的努力。当有着 2000 个座位的国民影剧院上映着诸如诺玛·希勒（Norma Shearer）和莱斯利·霍华德（Leslie Howard）主演的《罗密欧与朱丽叶》这类影片时，传统的戏院月台宫则提供了由艺名为玉清小姐、兰香小姐和梨花小姐这类艺人表演的节目。[35]

　　在交通运输领域内，新旧事物混合共存的现象比任何其他领域都要明显得多。南京全市共有 300 辆公交车，3000 辆汽车和 15000 辆黄包车。尽管如此，绝大多数居民从一个地方到另一个地方去靠的还是自己的两条腿，与狗、猪和牛争夺着空间。[36] 人行道则往往被喂奶的妇女、玩游戏的孩子和谈论着张家长李家短的老太太们所占据。[37]

　　在第一次来南京的游客眼里，南京似乎在一个重要的方面同其他中国大城市有所不同。这里似乎极少有穷人。衣衫褴褛的乞丐和无人照料的孤儿似乎明显比其他地方要少得多。对于一个自称为人民工作的政权来说，那些都是令人难堪的东西，所以都被隐藏在视线之外，在一定程度上是被高速现代化的城市建设逐出了视野，但他们依然还存在。"我很快就发现了他们，"美国记者伊斯雷尔·爱泼斯坦（Israel Epstein）写道，"他们住在地下涵洞里，或者住在曾经是贫困街区的空地上搭建的临时棚子里，半隐半露地蜷缩在大都会建设的表象之后，

30

或被驱赶到仍然'未开发的'的郊区去。"[38]

尽管有着现代建筑群，标志着一个新国家的创建，南京仍然充满了历史。甚至这座城市的名字——意为"南方京城"——也见证了昔日作为几个朝代的基业的功能。古代的将军早在公元前5世纪就在这里建立了一个城池，公元3世纪东吴的统治者便在此立都。一千多年后，明朝最初的皇帝都把他们的宫殿建在南京，后来才迁都北京，以便更靠近北部边境，从而能更好地对付长期以来从长城之外来进犯帝国的侵略者的威胁。

南京一度非常强大，例如在14世纪末时的明代初期，它胜过地球上任何其他同时代的城市；但也有它不幸的时候，所遭受到的羞辱和掠夺令人难以想象。如同整个中国一样，南京曾被多次征服，并且有两次几乎全城覆没。在6世纪末时，一支敌对的军队攻入城内，屠杀居民，拆毁房屋，掘地三尺以便清除这座城市昔日的辉煌迹象。南京第二次几乎完全被摧毁是在19世纪的60年代，当时南京正处于19世纪世界上最血腥的冲突的中心。

南京也曾是太平天国的首都，它麾下的起义军，受准基督教意识形态的驱动，寻求推翻北京的皇帝。当皇帝的军队发动反攻时，造成了至少2000万人死于内战的后果。这一冲突的最野蛮高潮就发生在南京，这座城市是1864年陷落的。忠诚的清王朝军队包围了城市，当他们最终摧毁了抵抗并攻入城里后，便屠城三日，纵火狂欢。

老人和孩子，因不能作为劳动力使用，尤其成为屠杀的目标。"小孩和幼儿，有些甚至不到两岁，就被刀劈枪挑，只是为了取乐。"一个在屠城结束后不久进入南京城的中国官员这样写道。[39]这种残酷无情的血腥屠杀似乎是属于更加原始的时代的，但引人注目的是，在 1937 年时还活着的人对此仍然记忆犹新。那些在 19 世纪 60 年代年龄尚幼的居民，此时已经是掉了牙的八旬老人了，他们悲伤的眼睛已经看得太多。

　　动荡的历史也给南京城的城墙留下了累累伤痕，但在 1937 年，三分之二的城墙仍然屹立不倒。南京城墙饱经风霜，经历了凭借坚实的墙砖就可以将敌人几个月或几年阻挡在外，只要不出现流行病或叛变，补给充足的守军就可以长期坚守的年代。对于城里的平民而言，城墙或许是他们的一颗定心丸，而负责保卫这座城市的职业军人就知道得更多了。他们明白，即使是近代的武器装备也已经被证明有能力攻破城墙。没有人能预料到如果遭受由重炮、坦克和轰炸机装备起来的现代化军队的攻击，城墙又能抵挡多久。

　　如果他们相信不祥的预兆的话，他们很可能已经因欧文·魏克德（Erwin Wickert）的经历而变得心神不安了。魏克德是一个德国学生，战争爆发前几个月访问了南京。他也是约翰·拉贝的一位熟人，并作为客人住在拉贝家里。魏克德听从了主人的建议，一边在城墙上悠闲地长距离漫步，一边对眼前的景色赞叹不已，长江江水缓缓流淌，首都覆盖着繁茂绿冠。就在饱览美景的同时，他突然发现了一顶鲜红色的小孩帽子。他捡了起来，又吓得立刻丢弃了它。帽子里有一颗腐烂了一半的孩子的头颅，肥肥的白色蛆虫正在蠕动着。[40]

32

＊　　　＊　　　＊

　　为什么这座古老且自豪的城市在 1937 年 11 月会处于变成战场的边缘呢？那年秋天沿长江下游爆发的激烈冲突的原因其实可以往前追溯好几十年。从某种意义上说，日本自中世纪末始，就逐渐成为一种军事威胁了，那时的倭寇就曾沿着中国的海岸线上下大肆进行着烧杀抢掠。[41] 尽管如此，20 世纪中日冲突的真正根源是这两个国家对西方帝国主义的挑战做出的不同反应。

虽然中国已经勉强同意现代化，但直到 1911 年最后一个皇帝垮台前，它并没有全面投入进去；而日本已经明白根本性的变化是不可避免的，在美国迫使其为国际贸易开放港口后仅仅几十年，就在 19 世纪末着手对其古老的社会进行全面改革。日本想成为像西方国家一样的国家，并急于实现这个目标。这不是一个是否选择的问题，日本的精英集团内部达成了共识：国家的存亡在此一举。

日本的现代化有多个方面，包括经济体制、政治体制和文化体制的改革，并且还包括了日本外交政策上的根本变化。从一个几乎完全封闭的隐居状态——如 19 世纪初的朝鲜——日本把自己转变成了一个外向型的国际舞台上的主角，不仅仅希望向外国人学习，而且想成为像它们一样的帝国。这就意味着对外扩张。[42]

从一开始，日本就把中国视为其殖民剥削的天然目标。早在 1874 年，它就派遣了一支远征军到台湾，当时台湾是归中国东南沿海的福建省管辖的一片领土。[43] 二十年后，更严重的对抗引爆了第一次中日战争（即甲午战争）。日本在这场短暂且不平等的战斗中取得的胜利使它将台湾控制在自己手中。同时，日本人也因此享有了在朝鲜半岛上的主导地位，这是一块向中国东北各省扩张的跳板。

新的世纪带来了新的收益。20 世纪初，日本参加了一支在中国镇压排外的义和团运动的多国部队，作为回报，日本取得了在北京附近驻军以保护其外交官的权利。五年后，日本又在日俄战争中获胜，从而接管了沙皇在中国东北的租界。第一次世界大战开始时，日本又进一步扩大了它的存在，它与盟国并肩作战，击败了在中国东部山东半岛上的德国殖民军队。当世界大战结束后，令日本感到极其遗憾的是，它被迫放弃了许多收益，但确实成功地维持了它在主要港口城市青岛的存在。

1931 年，一群部署在中国东北以保护从俄国接管的租界的日本流氓军官筹划了一个重大事变。他们破坏了事实上由他们受命保卫的铁路，然后嫁祸于中国并全面入侵当时被称为满洲的东北三省。几个月后，日本在该地区扶植了一个表面上独立的国家"满洲国"。实际上，这是日本的一个傀儡政权——当中国最后一个皇帝，二十年前被革命者废黜的皇帝溥仪，被任命为这个"新国家"（指伪满洲国）的统治者时，这个事实得到了进一步确认。

总而言之，20 世纪最初的几十年里，日本已经在中国霸占了相当多的资产，从 1937 年夏天起，它成功地大大扩张了在其控制下的地盘。7 月，在北京附近的卢沟桥发生的一场日中两国军队之间的小冲突迅速扩大成为一场全面战争，当中国的抵抗在得到现代坦克和飞机支援的纪律严明的日本步兵的猛攻面前崩溃之时，日本很快发现自己掌控了中国北方的大片平原。然后，当全面战争才刚刚开始了几个星期时，战斗就转向了南方，并开始在一个全新的舞台上展开：上海。

*　　*　　*

11 月 11 日，当上海圣三一大教堂的教长特里维特牧师让大家默哀两分钟来纪念那些在十九年前已经结束的第一次世界大战中的牺牲者时，外面的枪炮声使得教堂的彩绘玻璃窗也在颤动。多得异乎寻常的聚会成员虔诚地低垂着头，无声无息，保持着平静，假装没听见外面机枪不断发出的嗒嗒声和夹杂在其间的爆炸声。这是一个超现实的场景，每个人都能领会特里维特教长关于战争是徒劳无益的讲道。"如果这个世界除了战争方式之外找不到其他解决争端的办法，"他对严肃的听众讲道，"那么这个世界就该灭亡。"[44]

那场把两分钟静默转变为两分钟地狱般的噪声的战斗是在差不多快获胜的日军和留下来掩护大部队向西逃离的少量中国驻守部队之间展开的。大多数战斗发生在城区南部，这是一片叫作南市的有城墙环绕的老城区。日本人对战争造成的附带损害持典型的冷漠态度，整天不断地轰炸这片区域，烟尘从无数燃烧的大火上方升起，一直飘到黄浦江上空，甚至使得江上最大的轮船的轮廓也变得模糊不清。[45]

在南市，日军面对着由一再表明他们愿意战斗至死的士兵防守的坚固而且准备充分的工事。以伟大的战术远见建造在靠近一些重要街角的碉堡，形成了特别巨大的障碍。在三个月战斗即将结束的时候，日军士兵不甘心此时就为天皇献出自己的生命，他们有条不紊、小心翼翼地穿行在狭窄的街道里。当他们遇到一个真正的或可疑的中国抵抗掩体时，他们会先用坦克压上去，并将其炸毁，然后再继续前进。[46]

成千上万的中国平民逃离了南市，但他们只能站在刚刚进入法租界的边界线旁，极其愤怒地眼睁睁看着自己的家园和商铺在战火中被摧毁。此时，在大多数人的眼里，这场战斗似乎完全是徒劳的。他们把怨恨发泄到那些放下武器并逃到法租界内的中国军人头上，其中有不少穿上了长衫来伪装成平民。

"大批愤怒的中国暴民在等着他们，咒骂他们抵抗不力，"《纽约时报》的一名记者报道说，"人群好几次威胁要使用暴力对付解除了武装的士兵，租界当局召来了法国警察后备队用长竹竿击退了他们。"战争开始时抓住了许多中国人的那种爱国热情，现在已经开始烟消云散了。[47]

对于中华民国 50 岁的领袖蒋介石而言，在他感到自己不得不直面失败的那一天，他的同胞之间团结精神减弱的迹象成了陷他于绝望之中的另一个原因。以蒋介石的身份来看，眼前的失败更是令他痛苦万分。他的外表不甚起眼，身上通常穿着的棉军装"几乎同一个中尉所穿的一样简单"，然而他的自尊心是极大的，他那显赫的、几乎是戏文般洪亮的头衔"大元帅"也能反映出这一点。[48] 在一个相当不寻常的程度上，他把自己等同于这场全民族的斗争，因而失败格外加剧了对他的自尊心的打击。"无论我到什么地方去，"他斩钉截铁地说道，"那里就会成为抗战的政治中心和军事中心。"[49]

如此看来，那年初做出的把战争引向上海的决策原本就是蒋介石的主意，这就毫不奇怪了。这项计策的目的就是要把日军吸引到其整体技术优势不能得到很好发挥的地区去打仗。比起开阔的中国北方平原，长江三角洲地区丰富的河道地形会使日军坦克更加难以通行，并且还能提供更多保护，免遭日军飞机的袭击。把战争导向上海也有利于中国人让更多的外国人来了解他们正在进行的抗战。他们知道，西方人的社区将见证他们抵抗日本侵略的意志，从而为中国赢得世界各地的同情。

也许，更重要的是，迫使日本在上海地区开辟新的战线是符合诱敌深入并令其在中国广阔的国土上耗尽实力的战略的。[50] 蒋介石以其坚忍不拔的毅力自始至终地实施了这项战略。

"他具有一个政治家的基本素质，敢于做出决定，并坚持下去而不计后果，"一位外国观察家写道，"他的突出特性是像一头牛头犬那样的不屈不挠，有时候这容易使他变得不切实际的固执。"[51]也许这一次，他确实是太固执了。上海保卫战已经被证实付出的代价太过巨大，甚至远远超过了最悲观的中国指挥官最初的预料。近100万人在不同的战场上参与了战斗，中国方面的损失是巨大的。[52]

"凡尔登"是中国和外国观察者在提到上海的交战时都会联想到的，将上海的交战同那场二十年前第一次世界大战期间的重大战役相比，是因为后者已经成了牺牲大量生命却增加不了多少领土面积的无意义战役的象征。争夺上海的大部分战斗都是在上海城的北部和西部的乡村展开的，那年秋季有好几个星期，双方似乎处于胶着状态，消耗着各自的实力——直到日军在中国人最意想不到的地方突然发动了一场令人眼花缭乱的打击。[53]

仅在一周前的11月4日，日军第10军在上海南边的杭州湾实施了一次突然登陆。这个军事行动的消息传来，蒋介石气得几乎处于半瘫痪状态。一旦登陆后，日军就进展神速，即将切断还在上海作战的中国军队的退路。尽管这个行动本身就令人恐慌，但蒋介石感觉到日本人的计划甚至比这更加雄心勃勃。他研究了地图，注意到日本人将如何扫荡太湖以南的地区。这将使他们非常危险地接近首都。蒋介石在11月11日的日记中写道："（甚虑敌军由嘉兴出宜兴）威胁我南京也。"[54]

*　　*　　*

是否要攻下南京——这个念头同一天确实占据了蒋介石的主要对手的脑海。上海战场日军最高指挥官松井石根大将，正在日前由他的部队占领的一栋废弃校舍里同一群外国记者见面。"对于未来的发展，你们最好问问蒋介石大元帅。"他如此说道，从他个头不大的身躯里能够发出洪亮的嗓音，这能力使得听众们十分惊奇。"据报道，蒋介石预计战争要打五年——不错，很可能要花这么长时间。我们不知道我们是否会去南京。这一切都取决于蒋介石。"[55]

松井石根和蒋介石的共同点是两人都有着一种斯巴达风格。59 岁的松井留着小平头，一身简单的军装未佩戴任何勋章，看上去就像一个清心寡欲的武僧。[56]接待记者的那个房间更加强化了这种简朴的印象，因为房间里除了最基本的几件家具——几把椅子、一张铺了桌布的桌子和三个插了菊花的花瓶——之外，一无所有。尽管有着严厉的军人风度，但松井也能流露感情。即使同外国人在一起，有时他也会笑得如此猛烈，以至于眼里充满泪花。[57]

在那次特别的记者会上，松井石根一心要取悦来访者，他认为一切都很顺利。"我尽我所能不以过于强硬的姿态来吓唬他们，"他在日记中写道，"他们都显得很高兴，而且在我看来，他们每个人将来都能给国外的舆论施加良好的影响力。"[58]其实，松井石根给众人留下的印象并不像他所相信的那么有利。他的言论"日本人不是侵略者，他们的到来是为了救济中国人"——鉴于已经丧失的大量中国人的生命，这句话简直荒谬透顶——足以使法国报纸《费加罗报》将其用作醒目的通栏标题。[59]美联社强调了松井石根通过暗示可能会对住在公共租界内的共产党人采取行动而发出的含蓄威胁。美联社还援引他的话，说租界里外国当局的态度——自战争爆发以来一般都是抗日的——已经"使得合作很难继续"。[60]

然而，管理现在大部分地区都已经在日本控制之下的上海，对于松井石根和那天在场的其他日军战地指挥官来说已经是个次要问题了。在攻下了中国最大的和商业上最重要的城市之后，占据他们大脑的主要问题是下一步应该怎么走。突然变得近在咫尺的南京成了考虑对象，这已经不是什么秘密了。11月11日，松井石根的总部发布了一份公告，称在上海获得的胜利将会被"着力跟进"。一个外国记者提醒他的读者，松井早些时候说过向中国的首都继续挺近的决定将"取决于中国是否继续抵制日本在中国的目的"。[61]

在对南京的图谋上，日本人含糊其辞，这正反映了其幕后集团围绕战略重点存在严重分歧。当时日本人的共识是，如果北京、天津、上海和南京这四个主要东部城市沦陷了，中国政府将不复存在。前三个城市现在已经被占领，中国人手里只剩下南京了。[62]在发生于1932年的原先在上海附近的小规模作战中，甚至连最具野心的日军指挥官也从未梦想过要把战火烧到南京附近去。[63]这一次，日军战地指挥官将解除几乎所有的约束。

松井石根的参谋人员认为，从上海撤出的中国部队一到城西就会立刻停下来寻求继续抵抗，大致沿嘉定到黄渡镇一线展开。11月11日发生的事件表明这种情况不会出现了。松井石根的第10军第6师团迅速运动，当天就攻占了青浦城，然后继续向北朝苏州河开进，几乎与该地区的日军共同完成了一道钳形攻势。预感到中国军队即将完全溃败，松井石根于11月11日晚发布了一道命令，要求在上海地区的所有部队向西移动，大致沿上海通往南京的铁路，将从太仓至昆山这一段作为他们的第一个目标。各部队将从第二天开始调动。[64]

　　看来，尽管松井石根公开表示了对去南京是否有必要的疑问，但在他的内心深处这是不容置疑的。早在 8 月间，当日本统帅部将已经退休的他重新召回出任上海派遣军指挥官时，他就曾表示南京是最终目标。[65]在高级军官中，他可以说是一个中国问题专家，七八年前他就考察过全中国，甚至还与蒋介石见过面。蒋介石决定与共产党合作曾使他极度失望。现在，他正在致力于寻求一项在中国的永久解决方案，他有办法做到这一点，因为他已经被授权全面指挥新成立的华中方面军总司令，包括他原先的部队上海派遣军以及在杭州湾的第 10 军的那些部队。[66]

　　不过，松井石根的观点并未被众人看好。这件事情的核心问题是究竟应该把什么视为对日本帝国最大的战略威胁。日本军部中一个很有影响力的派别认为苏联是最重要的挑战，而中国是次要的，甚至可以转而帮助日本面对在东亚的俄国熊。这种谨慎观点的主要倡导者是日本陆军参谋本部作战部长石原莞尔。作为一个熟知军事历史学且眼光敏锐的战略思想家，石原曾警告在中国发动一场全面战争并陷入泥潭的危险。"其结果将会等同在西班牙压垮拿破仑一样的那种灾难——缓慢地陷入那种最深的沼泽。"石原明确地警告说。[67]

　　这不是日本军官中的对华鹰派所想听到的，他们策划了解除石原职务的阴谋，并把他逐出东京的决策中心。结果是，他只好满足于通过具有类似信念的高级官员来施加影响，其中的主要人物是日本陆军参谋本部参谋次长多田骏。[68]多田骏的实权远远超过了他正式的权力，但他的权力常常被浪费掉了，因为他被迫要花费大量时间和资源去找出在如何打好中国这场战争这个问题上大相径庭的两种意见之间的平衡点。[69]

39

然而，总的来说，到1937年11月时，石原等人的影响力已经被严重削弱，并且在做出是否向南京进军的决策的关键时刻，他的不祥预言完全被置之不理。"只要我还活着，我就绝不会派一兵一卒到中国去。"他曾如此说过，仅仅就在对中国发动战争一个月之前。[70] "所有的努力，"之前他在有关国防的一篇文章中写道，"都应该首先用来战胜苏联。"[71]事实证明，日本实际上正在以其未曾想象过的更直接的方式去对抗俄国人。

*　*　*

在西边4000英里外的莫斯科，有关中国的战争似乎是一桩遥远的事情，但对于正在苏联首都一所军校接受高级培训的政委安德烈·格拉西莫维奇·雷托夫（Andrei Gerasimovich Rytov）来说，突然之间有了一定程度的现实意义。前一天，即11月10日，他被召到彼得·亚历山德罗维奇·斯米尔诺夫（Pyotr Alexandrovich Smirnov）的办公室，斯米尔诺夫实际上是国防人民委员部副部长，同时也是全军政治教育的主导人物。[72]

斯米尔诺夫抽出了内含雷托夫个人档案的文件夹，心不在焉地翻阅着，然后突然问了一个出人意料的问题："你想以何种方式在前线作战？"雷托夫渴望给对方留下一个良好的印象，所以即刻回答："我随时待命！"斯米尔诺夫把雷托夫的档案放在一边，定睛看着眼前的年轻人。"你必须跨出国门，远离我们的边界，"他说道，"你同国内的联系将被中断，因此不会有任何具体行事的指令。你必须在现场做出一切决定。仔细通盘考虑一下，然后把最终答案告诉我。"

大半个晚上的时间雷托夫都用在琢磨他的上司会给他分配一个什么样的任务上，第二天他再次遵命来到了斯米尔诺夫的办公室，急切地等候具体命令。斯米尔诺夫依旧从容不迫，从抽屉中取出一份文件。"实话告诉你，"他最后开口说道，"这个任务跟中国有关。"他解释说苏联决定派雷托夫到中国去担任一支空军部队的政委。这将是一个很复杂的任务。"让我来告诉你，这一切都属于高度机密，"斯米尔诺夫继续说道，"蒋介石要求我们提供飞行员，而不是政委。听明白了吗？你将被看作飞行指挥官。我希望你同样要明白这一点。"

苏联有充分的理由需要小心谨慎。与蒋介石结盟不是基于意识形态，而是出于战略利益的趋同。一方面，中国一直在寻找海外援助的新来源，原因是德国——直到现在仍然是其主要外国支持者——都已经证明了自己不是一个可靠的合作伙伴，它正逐步向日本靠拢。另一方面，苏联看到了支持中国的战争对己有利，因为这样做会使得日本全力以赴而不至于去威胁其东部边界。

这种权宜"婚姻"在 1937 年 8 月签订的《中苏互不侵犯条约》中表现得很清楚。中国人丝毫没有浪费时间，甚至在协议签署之前，就马上向莫斯科发出了一份清单，希望对方派出 350 架飞机以及飞行员。那天结束时，苏联领导人选择了不那么雄心勃勃的援助，同意派出 200 架飞机，以换取中国交付军工生产所必需的矿产，比如钨。[73]

中苏友谊得到了出自一个非常不可能的来源——英国政治家温斯顿·S. 丘吉尔的支持。苏联驻英国的使者描述了丘吉尔在一次会见时如何"大大赞扬我们在远东的战术：保持中立又同时给中国武器援助"。他认为，这样做最好，因为太过公开地支持中国将会引发对一个扩张主义的苏联的担忧，在许多强国间这是一个令人心有余悸的幽灵，从而会使形势更有利于日本，并且会使建立一个针对德国、日本和其他政权的"伟大联盟"变得更加复杂化。有趣的是，即使在这个早期阶段，丘吉尔也把这样一个联盟视作"拯救人类的唯一手段"。[74]

　　间接援助并不意味着没有风险。俄国人仍然会处于危险之中，雷托夫深知这一点。同一天晚些时候，他被告知他将被派往中国，他遇到了即将担负相同使命的另一名成员帕维尔·瓦西里耶维奇·雷恰戈夫。此人是个战斗机飞行员，最近刚从西班牙内战战场成功返回，而且两次因在西班牙的战功而被授予列宁勋章。苏联空军副司令雅科夫·弗拉基米罗维奇·斯穆什克维奇给他们两人介绍了情况。"日本军队在技术上远优于中国，"斯穆什克维奇说道，他也是参加过西班牙战争的老将，"中国空军特别令人担忧。匆忙赶去援助中国的苏联飞行员目前都在南京。他们都在英勇地战斗。"

＊　　＊　　＊

　　在地面上作战的人几乎丝毫不了解中国和苏联之间的关系。在 11 月 11 日向西撤出上海的潮流般的中国士兵中，陈颐鼎少将肯定没想到外援将很快到手。这位 31 岁的少将是第261 旅旅长，隶属于第 87 师这支精锐部队，他和手下士兵参加了自 8 月开始爆发的整个淞沪战役。战斗一直打得很苦，所造成的损耗接二连三地把全师推向毁灭的边缘。官兵伤亡人数总计达到 16000 名，他们曾得到过四波次的增援，每个波次都有 2000 名到 3000 名士兵。到 11 月为止，全旅官兵所剩无几，只有少数人像陈旅长一样，从战斗开始至今侥幸没有成为又一个牺牲品。[75]

　　如此高的减员率反映了中国人在上海地区所使用的战术。在战役刚开始时，去对付一小群在城市繁华区陷入困境的日本海军陆战队，他们享有巨大的人数优势，中国指挥官投入了大量兵力去攻击工事得到强化的日军阵地，依赖的是勇气和锐气，来应对日本人物质上的优势。在接下来的几个星期里，当日本从中国其他地区以及本土抽调了增援部队后，中国还继续派遣士兵到已经成了绞肉机般的上海去，这几乎是自杀性的自暴自弃。

　　大量将士的死伤，甚至包括了高级军官，表明了中国新式军队的最佳军事单位中充满了一种特殊的精神。在很多情况中，前线军官都是些铁血汉子，常常身先士卒，与士兵分享他们所面临的艰苦和危险。陈颐鼎本人也曾多次投身于最激烈的战斗之中。尽管军衔很高，他依然亲临前线，还经常亲自操控轻重机枪，向往往只有几米开外的敌人不停射击，有两次他同敌人的位置挨得如此近，甚至可以直接向敌人投掷手榴弹。[76]

　　像第 87 师这样的部队都有着鲜明的特点，那就是军官们坚强勇敢，率先垂范。在这方面有着一个非常特殊的原因。这支部队是在德国军官的帮助下训练出来的，自 20 世纪 20 年代以来，在中国的外国顾问中德国军官已经成了主体。大多数在华德国人都曾以这样或那样的方式参与了第一次世界大战，他们从战壕中带回了一个特别的教训：要让你的战士在敌人的炮火面前竭尽所能，军官们就必须同他们生死与共。

　　德国人对蒋介石在 20 世纪 30 年代前五年一直努力打造的现代化军队的影响并不仅限于这一方面。德国人还提供了武器装备。陈颐鼎和他的战友们在上海战场浴血奋战时配备的正是

42

德式 M35 型头盔和 M24 型柄式手榴弹，这使得很难将他们与德国国防军士兵区别开来。第 87 师的士兵比起其他任何现代中国军人都有着更高的训练水平和更好的装备。作为它的兄弟部队，同样精锐的第 36 师和第 88 师也是如此。

因此，对第 87 师的期望是它会血拼到最后，而且它也不负众望，顽强地战斗着。10 月底，第 87 师从上海中心城区转移到城西苏州河边的阵地。苏州河确实是条宽阔的河流，如果日军试图向南突进把中国守军包围在一个巨大的口袋中，那么它就不得不克服这个障碍。尽管日军一再空袭和展开大规模炮击，第 87 师的将士们还是接二连三地打退了日军过河的攻击。最终，11 月 9 日，撤退的命令下达了，陈颐鼎和他的部下加入了撤出上海的被打散的士兵洪流。[77]

原先中国军队的撤退都表现出遵守纪律、服从命令的特点，并且往往都是在黑夜的掩护下进行的。经常是整团整团的兵力悄悄地转移到新的阵地，甚至都没有引起敌人的丝毫注意，直到几个小时后敌人才会发现。这一次完全不同了。这一次行动在规模上远远超过在上海地区以往的任何战术撤退。在长江下游战区的全部中国军队，成千上万的战士，在同一时间内一起行动。

43　　　许多部队在遭遇敌人并与之交战时不得不脱离战斗以进行撤退行动，在一些情况中，他们只能在最后一刻到来时才能逃脱。即使是高级军官的人身安全也暴露于危险之中。驻上海的中国右翼部队副总司令黄琪翔就是在他的指挥所即将被敌人的进攻部队占领之前才撤离的。他离开后仅十五分钟，日本兵就蜂拥而至。另一个将军为了逃避敌人追捕不得不游过一条小河，差点被淹死。浸泡在几乎结冰的河水里，被冻得半死不活，后来总算被带到一个农民家中，得到帮助恢复了体力之后，他又继续向西跋涉。[78]

这样大规模的撤退夜以继日地进行着，不可能不被敌人发现，而且在任何情况下都是一个非常复杂的军事行动。撤退任务的执行方式使得整个行动变得更加糟糕。放弃阵地的命令在高层做出决策之后立即开始向下传达，但部队接到命令的方式却是五花八门。电话线早已被炸毁，而当士兵被派出去传递命令时，却因整个交通线崩溃而受阻。许多部队只是在注意到大家都在向西转移的时候才知道已经开始撤退了。一旦意识到发生了什么事情，他们往往惊恐万分，仓皇逃离。[79]

没有任何详尽的计划来指导撤退行动如何进行，没有为每支部队指定具体的撤退路线，也没有时间表，其结果便是大家为了活命而疯狂挣扎。三个月来曾经肩并肩作战的士兵为了逃命而成了竞争对手。在桥梁上，在其他狭窄道口，精疲力竭的士兵用尽最后的力气与他们在战火中的兄弟争抢着，唯恐落后。坐在由司机驾驶的汽车中的校官们和将军们试图以军衔来压服人以便获得道路上的优先通行权，但在一片混乱状态中，没有人会在乎他们。

这支庞大的军队被其自身的沉重负担所拖累了，道路上每一里地都挤满了人，无法朝任何方向移动。对于日本飞机来说，这是一个诱人的目标，结果是同样血淋淋的景象一再上演。机翼上涂着红色旭日标记的飞机出现在地平线上，向下俯冲，对着无助的猎物扫射。陈颐鼎后来写道："缺乏组织和道路堵塞造成了许许多多不该发生的伤亡。"[80]

比起被日军飞机机枪的十字瞄准线对准来说，中国士兵还有一个更加可怕的厄运，那就是被日本步兵活捉。没有任何人，尤其是那些普通士兵，会去无望地期待得到宽恕。这是一场没有俘虏的战争。落入敌人手中的中国军人如果被枪杀或斩首还算是幸运的。很多传言描述了日本人是怎样把俘虏们绑在一起，有时候是几十个人，浇上汽油然后点燃，将他们活活烧死。许多中国步兵试图逃脱这种命运，他们扔掉了武器，脱掉了军装，把自己装扮成平民。成捆成捆废弃的武器装备散落在道路两侧。

＊　　＊　　＊

就像中国军队在 11 月 11 日那天全军败退一样，它的日本对手也在那一天调兵展开进攻。就在陈颐鼎目睹着自己的部队在上海西面土崩瓦解的那几个小时内，由五艘货船组成的一支护航船队在"神靖丸一号"（Shinsei Maru No. 1）带领下正沿着中国的东部海岸高速行进。这是该船队在海上行驶的第三天了，运送的是身经百战的日本第 30 步兵旅团的官兵。他们被一艘英国驱逐舰跟踪着——这证明西方列强对搜集有关日本迅速在中国深入作战的情报的兴趣浓厚。[81]

接下来会发现什么？自从这些士兵退出了在中国北方的战斗，然后坐在散发着马粪臭气的火车车厢内穿过寒冷的平坦地带后，他们心目中一直萦绕着这个问题。有些人猜测，他们将前往山东半岛，在这场正进行的不宣而战的战争中，那里很可能是一个新的爆发点。其他人希望能驻扎在"满洲国"。还有些乐观的士兵想象着返回家园受到英雄般的迎接。在这些快乐的想法的刺激下，他们变得像赴野外旅行的孩子一样，又说又笑。

可当他们一登上货船的甲板，船只便掉头向南而不是向东驶去，这下子每个人都明白了，他们是不可能返回日本的。他们看到眼前的海水逐渐从大海的蓝色变为浑浊的泥黄色，有些人猜测他们进入了长江。他们是对的，他们的旅团长、51岁的佐佐木到一，原本是可以提前告诉他们的，但即使是他自己也一直被蒙在鼓里，直到最后一刻。在他踏上"神靖丸一号"的甲板上时，他才被允许打开几个装着地图的密封袋子，地图上标示着他们的目的地：上海地区。佐佐木略微有些担心，因为他的部队从未接受过两栖作战训练。他们将很快经受考验，因为佐佐木和他的旅团构成了第16师团的一半兵力，给他们的命令是协同作战，一劳永逸地结束淞沪战役。 45

这项努力之所以能付诸实施，是由于东京最高统帅部做出了人员变动，曾经警告会有陷入中国泥潭的风险的石原被赶下了台。接替他的是少将下村定，随着此人的就职，一项新的要打赢中国战争的作战方案赢得了突出地位。同他的前任一样，下村定认为真正威胁日本长远利益的是苏联，而不是中国，但他就如何应付当前局势给出了截然不同的结论。他想要增派更多部队去上海，而不是少量部队。他想要彻底消灭所有中国人的抵抗，一劳永逸地结束战斗，这样日本军队便可以重返北方集中对付苏联的威胁。[82]

这就是第16师团被调往南方参战的原因所在。他们将在上海西北的长江岸边登陆，然后向内陆突进，把大批在城市内外作战的中国士兵隔离开来。配合第16师团参与此次战斗的是重藤支队，这支部队的兵力相当于一个联队，已经在秋季较早的时候从台湾岛用船运到上海地区，并在之前几周里就已经多次参战了。[83]

第16师团所计划的登陆行动，是从背后攻击中国军队的一次复杂军事行动的第二阶段。第一阶段是第 10 军在上海以南的杭州湾沿岸的登陆。第 10 军登陆后进展迅速，特别是其中的第 6 步兵师团，其锋芒深入推进到乡村，轻松得意地看着中国军队的抵抗在他们面前烟消云散。一旦第 16 师团在北边登陆，一个巨大的钳型攻势就能够展开了，大批中国军队将被一网打尽。

46　　看起来，第 16 师团师团长中岛今朝吾中将是执行此项任务的合适人选，但也许又不是。他的名声毁誉参半。他是一个很有经验的神射手，打野鸭对他来说太容易了，所以他宁愿去打空中的飞鸟。与此同时，也有些人把他描述为"虐待狂"。20 世纪 20 年代初期，他曾出使法国去完成一项外交使命，有人说他"喝多了法国文明"——不是伏尔泰和卢梭时代的法国，而是法国大革命中赤裸裸的杀手罗伯斯庇尔的法国。这就导致了一个非常让人担忧的问题：当他指挥部队在人口稠密地区去打一场征服战时，他将如何控制自己的行为。[84]

有一点是毫无疑问的。有些部队直接接到了命令，不容许去试图将战斗人员和非战斗人员区别开来。"所有守法的百姓都已经退进城内，"11 月 11 日第 3 师团第 6 联队发布了明确的命令，"每一个在城外抓到的人都应视为抗日分子而予以消灭。……为便于在扫荡行动中烧光房屋，须自行准备引火物。"[85]

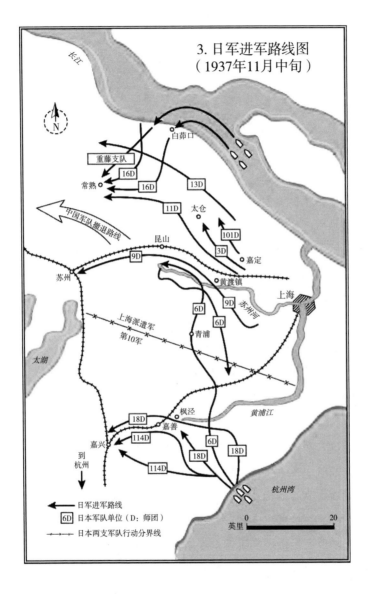

3. 日军进军路线图
（1937年11月中旬）

长江

N

白茆口

重藤支队

16D

常熟

16D   13D

11D   太仓

101D

昆山   3D   嘉定

9D

中国军队撤退路线

苏州   黄渡镇

上海

6D   9D   苏州河

上海派遣军   青浦   6D

第10军

太湖

枫泾   黄浦江

18D

嘉善

114D   6D

嘉兴   18D   18D

到   114D
杭州

杭州湾

日军进军路线

6D   日本军队单位（D：师团）

日本两支军队行动分界线

0   20
英里

第二章 "全面出击!"

1937 年 11 月 12 日至 14 日

　　中国人修筑的碉堡有着浑圆的顶部,前面并列着机枪射击孔,在玉井胜德眼里,这种碉堡活像巨大的章鱼。这是一个致命的怪物,宽有三十几英尺,里面很可能躲藏着一些中国士兵,配备了捷克制造的 ZB26 式机枪。这位 30 岁的下士接受的命令是率领他的分队去攻占该碉堡,这可不是什么好事儿。碉堡周围不易靠近,日军第 18 师团不得不在布满防御工事的乡间开辟出一条道路。所有中国军队的工事都设置得很巧妙,相互之间有交通壕连接,令日军无藏身之处。这些碉堡只能一个一个地拔除。[1]

　　自 11 月 4 日玉井的师团与第 10 军其他部队一起在杭州湾登陆以来,刚过一个多星期,这些日军部队就在野外开始了单调的、看似无休无止的行军,只是偶尔也会遭遇到短暂且激烈的小规模战斗。他们两天前占领了枫泾镇,随后继续西进,准备绕过太湖的南边[2],但行军队伍在嘉善城前方看似宁静的农田中突然停止了步伐,因为那里每个平缓的山丘都可能是被加以巧妙伪装的机枪阵地——往往情况也确实如此。

　　当玉井接到攻占碉堡的命令时,他和战友们在仓促间挖掘的战壕里已经待了二十四个小时了,只要他们胆敢把头抬得过

高,就会招致中国守军的枪林弹雨。日军带来了山炮,这种火炮只需少数人就可拆卸并搬运,但威力不大,不足以穿透那些中国防御工事的厚重土墙。日本飞机出现过一次,但中国的碉

堡与乡间起伏的田野融合成一片,不易被飞机从空中发现。打碉堡就只能由步兵来干。

玉井明白执行这项任务最终无异于一种通常的自杀使命,但与此同时,他和战友们都有着一种难以言明且不合常理的感觉,似乎他们都能够刀枪不入。在去中国之前,他原以为,当他碰到这样的情况时会胆战心惊,紧张得喘不过气来。但此时此刻,当他身临其境,成为各种现代战争致命武器的活靶子时,他反而感到一种出乎意外的平静,仿佛置身事外,像从一个安全的距离来观察自己。

在正午刺眼的阳光下,玉井和四五个士兵穿行在田野间,尽量低着头,依靠尚未收割的稻秆和任何可提供保护的低洼地来掩护自己。中国军人发射的子弹在头顶呼啸而过,其中一颗子弹擦伤了玉井的右耳,留下一阵强烈的灼痛感。当玉井挨近碉堡时,他纵身一跃,跳过了最后一段距离,士兵们紧随其后。他们都设法避开了碉堡里面中国机枪手射向他们的密集火力。

玉井让士兵贴在碉堡入口的两侧,然后他爬上碉堡的顶部,一小组士兵紧随其后。他注意到从碉堡内部突出的三个通风孔,于是掏出了一颗手榴弹。他匍匐着,拽出保险销,撞击手榴弹的引信火帽,然后扔进了一个通风孔里。7秒钟后,他听到一声沉闷的爆炸声。卧倒在他身旁的士兵们也急忙把成束的手榴弹扔了进去。

他们听到了碉堡里面的呼喊声和尖叫声,就从碉堡一侧滑了下来,聚集在入口周围。玉井用刺刀手柄敲了敲门,反复高喊着他唯一会说的中国字:"来!来!"("出来!出来!")。片刻的紧张过后,门从里面打开了,守军一个接一个从里面跌 50

跌撞撞地走出来，手上举着步枪和手枪表示投降。玉井看着他们感到很是震惊——他们如此年轻，长相又如此像日本人。

手榴弹爆炸使得他们中有些人伤得很严重。其中一个被严重灼伤，另一个的脸皮被撕裂，像一条条的带子挂在脸上。第三个士兵的下巴被炸飞了一半。突然间，一个士兵从里面黑暗处冲了出来，跳越着穿过聚集在门口的日本人和中国人，像头羚羊一样往周边的田野里冲去。一阵步枪齐射瞬间就结束了他那发疯似的逃命企图，他很快便栽倒在地上。

在所有的中国士兵鱼贯走出碉堡之后，玉井与一小群士兵进入了碉堡。由于眼睛还没能适应黑暗，他们只得摸索着前进。这时，从较远的角落里传来哭泣声，玉井辨认出有两个人影。他把他们拉到入口的光亮处，发现其中一个士兵只是位大约十六七岁的男孩。他像个孩子般地哭着，一边用手指着喉咙，表示害怕被杀。尽管缺乏相同的语言，这个孩子还是设法让他们明白，他是不愿意打仗的，他希望能回家到父母身边去。

玉井把这最后两个俘虏推到门外，让他们加入已经被捆绑起来的其他俘虏中去。突然，有几个日军士兵提起了最近几天阵亡的战友，便立刻激起了一股愤怒的情绪，他们开始拳打脚踢这些无助的俘虏。其中一个士兵，愤怒至极，失去理智，立刻用刺刀刺向一名中国士兵。其他人也蜂拥而上，几秒钟内八名俘虏就都倒在地上，痛苦地颤动着，终因多处刀伤而身亡。

这一切都发生得太快，谁也没反应过来，其间，玉井被他的连长叫了过去。他们被召入一间农舍去汇报情况。当玉井回到扣押俘虏的地方时，俘虏们都已经被杀害了，尸体被推到一条沟里，其中过半的积水已经被鲜血染成一片令人作呕的猩红。漂浮在水中的是中国俘虏们垂死挣扎时从口袋里掉出来的个人物品,有他们父母和兄弟姐妹的照片,表情呆板,眼中无神。

其中一个俘虏,比其他人岁数大些,已经被刺伤,但还未 51 断气。他凝视着玉井,仿佛在哀求杀死他,将他从痛苦中解脱出来。玉井举枪仔细地瞄准,子弹射中他的胸部,干净利落,几秒钟内他就咽气了。玉井看到另一名士兵俯卧在地面上,轻微地颤动着,便朝他的背部也开了一枪,他慢慢地滑进了沟里。从那些死者的面孔中,他也看到了刚才想要回家的那个小男孩的脸。

* * *

也是在 11 月 12 日,南京城阴雨连绵。在金陵女子文理学院写信的美国教师明妮·魏特琳正在举行一次茶话会。即使在这样的一个社交场合,战争的阴影也始终萦绕在每个人的脑海里。在场的客人中有南方卫理公会医院苏州分院的埃德蒙·L. 莱斯医生,苏州比南京更靠近前线。魏特琳在她的日记中写道,为避开正在推进的日军,这所医院即将搬迁到中国的首都去。"只要日本人手里还有武器",她忧心忡忡地写道,她心爱的南京就将会变成一片"焦土"。[3]

同一天,国民党《中央日报》发表社论告知南京市民,提醒他们因上海已经沦陷所将面临的困难前景。社论强调大家要努力为即将到来的战斗做好充分准备,并继续提醒其读者所肩负的重大责任:"现在,全首都的市民应该把自己感觉到的责任和如何尽责的办法,做出一个榜样来,给全国人民看看。"[4]

1937 年末的南京是个被打上了战争印记的城市,但这种情况已经很久没有发生了。从 7 月开始的同日本的冲突并未带来多大变化。电影院一直开放，城里的购物商场也一如既往地熙熙攘攘，市区主要交通要道中山路还是车辆如潮。警察训练有素，到处秩序井然。电话一直能正常使用，只有在遭到空袭电源被掐断时才会中断工作。作为一个国家的首都，它与外部世界的联系也一直保持着应有的顺畅。一大批人聚集在电报局外面，心情迫切地要给亲人发送消息。驻上海的美国广播电台每小时都会播出最新消息。[5]

52 　　实际上，外部的平静是相当表面的，即使是在早期阶段。一位外国目击者写道："毫无疑问，市民们都非常恐慌，但并没有表露出来。"官员们已经在为不测事件做各项准备工作，战争不会总是停留在安全线外。在地质研究所里，除了那栋大楼之外，一切物品设备都被送到避暑胜地庐山牯岭去了。[6]目光敏锐的记者们还注意到，南京市区政府办公室配备了越来越多的年轻人，因为那些老资格的都已经转移到更安全的地方去了。有人悄悄地议论说，他们甚至已经逃离了这座城市。[7]

　　1937 年秋天，当地的收成好于往年平均水平，食品并不匮乏。到 11 月时，由于战争破坏了流通渠道，物价涨了起来。在商业区，四分之三的商店已先后用木板封上了，那些还开门营业的商店也只提供有限的产品，且价格比年初高得多。各行各业都受到了不同程度的影响。旅馆已暂时关门了，电影和其他形式的娱乐也都已经歇业了。根据美国《国家地理》杂志记者的描述，那些茶馆店里漂亮的戏子们发现自己的技能派上了新用场——为蜂拥而来的士兵们表演。[8]只有一个行业比和平时期更加兴旺：打短工，或者叫得难听些，就是苦力。一时间，对能够有力气挖防空洞或往码头搬运行李的男人的需求量大增，而且开价也比战前提高了两倍以上。[9]

11 月中旬时，尽管前线还仍然在大约 200 英里开外，但无休止的空袭和对正在逼近的敌人的恐惧带来了一种不同寻常的紧张气氛。与外界接触的逐渐减少，更是加重了大家的焦虑。与上海的铁路联系也在 11 月中旬被切断了。虽然通往中国其他城市的火车还在继续运营，但运行时间全无规律，同时也只保留了一条唯一的飞机航线，将南京同其西南方向近 300 英里外的大城市武汉连接起来。[10] 全城只剩下五家国家控制的报纸还在发行，但内容要比战前少得多，杂志仅限于两到三个几乎完全与抗战相关的专题。[11] 收音机是备受珍爱的信息来源，尤其是在外籍人士当中，尽管香港和马尼拉电台播送的有关中国战争的消息少得令人沮丧。[12]

随着对战争的日益关注，一种新近产生的共同使命感扩展到了各行各业。城市到处都张贴着呼吁中国人民团结起来抗击日本侵略者的宣传广告。10 月 10 日是中华民国的国庆节，强烈的爱国热情突然间爆发了出来，几乎每栋大楼上都飘扬着青天白日满地红的民国国旗。[13] 居民们被征召去修建各种防御工事，有些人还接受了基本的军事训练，以便能在保卫城市的战斗中出力。极少数不合作的人因被看作"卖国贼"而受到严厉的惩处，但绝大多数人都是自愿参加的。[14] "日本人真应该明白，他们的所作所为只会使中国人团结得日益紧密，"魏特琳评论道，"他们身上有一种我从未见过的勇气、信心和决心。"[15]

人们在爱国热情高涨的同时也没有放松警惕。城里到处都有军人和警察站岗，检查身份，不断搜寻间谍和汉奸。政府当局严禁在饭店和其他公共场所讨论军事问题。"城里对所谓的叛国者保持着高度的警惕，"一个替日本人刺探情报的中国间谍在给他主子的一份报告中写道，"城里居民的反日情绪十分强烈。"[16]

可以说，当真实情况被披露之后，人民群众的士气比社会精英还要高。11月中旬，沮丧与绝望的情绪笼罩着中国领导集团。驻南京的意大利大使朱利亚诺·科拉（Giuliano Cora）叙述了与前财政部长宋子文的相遇。令人惊讶的是，这位意大利外交官首次感受到了宋子文的低落情绪。[17]

政治领袖们纷纷离开南京前往中国内陆的安全之地，从中反映出政府部门中的士气急剧下降。11月16日晚，负责全面作战指导的国防最高委员会在铁道部大楼举行了一次会议。蒋介石主持了会议讨论，然后将发言权交给了时年69岁、一脸大胡子的国民政府主席林森。林森名义上是国家主席，实际上有名无实，他在发言中一开始就宣布，这将是他最后一次在南京参加会议。由于没有其他方式来躲避日本飞行员的窥视，当天晚上在夜幕的掩护下，海军"永绥"号军舰将护送他离开南京沿长江西上。

"主席，"蒋介石说道，"你应该走，没别的办法。"他说着看似宽宏大量的话，但自己的行为举止呈现的却是另一面。他的脸色变成深红，发出了一连串的叹息声，似乎陷入痛苦之中，显露出被最亲密的助手抛弃的真实情感。紧张的沉默笼罩着整张会议桌，只是当蒋介石的秘书张群指出"不是每个人都要离开时"，气氛才稍微得到一点缓解。几个小时后，挤满了官员及其眷属和财物的"永绥"号炮舰朝长江上游驶去。林森还下了一道特别命令，此次行动必须高度保密。[18]

领导精英的离开必须加以严格保密，以免引起大规模的恐慌，这是与政治体制最高层的指示相吻合的。事实上，大批高级官员的出走早在8月就开始了。人们私下的议论是对的。8

月初，很有影响力的著名学者胡适在他的日记中写道："军政部有口头命令，令公务人员把家眷送走。于是大家纷纷搬家了。"就在同一天，江苏省教育厅厅长周佛海也传达了这条口头流传的命令。四天后，他把自己的家眷送上了船，运往西南几百英里外的湖南老家。[19]

保密是徒劳的。1937年秋天，嫁给了一个中国男人的美籍教师比伊·埃克斯纳·刘（Bea Exner Liu）正住在南京，像大多数人一样，她非常清楚等待着这座城市的即将是什么厄运。"有情报称，日本人已经决定进军南京，"她的丈夫告诉她，"还没有撤离的政府官员家属必须马上离开。你可以去我家同我的家人一起住。"[20]

战前南京的人口多达百万，此时急剧下降，只剩下了一半。留下来的主要是穷人，要不就是那些资产不能轻易挪动的人，如店主。[21]每天，城里的主干道上都挤满了源源不断的人流，推着装满床、鸟笼和其他财产的手推车，搬迁到他们希望是比较安全的乡下去。[22]

有些人留下来是出于理想主义的原因。蒋公毅医生的一个朋友催促他尽快离开南京到更安全的武汉去。"我是负着重大责任的人，"他回答说，"断不能自由自在地出走。倘我现在跟你到汉口，这叫作逃。逃的人生命是有了，再拿什么面目去见人呢？生死成败，早已置之度外，请你不要代我着急。"[23]

＊　　＊　　＊

"我们立即出发！"11月12日上午10点，整装待发的命令传遍了日本帝国陆军第36联队。这道立即西进、对敌人穷追猛打的命令在该联队驻守的上海苏州河南岸的阵地上引起了一阵慌乱。士兵们对此感到惊讶，但并不欢迎。第 36 联队是第 9 师团的下属，自 9 月下旬以来一直在作战。士兵们刚刚参加了淞沪战役击败了中国人，他们中的大部分都期待着返回日本，不行的话至少可以休息几天。现在，又要准备出发作战了，每个人都心情沮丧，愁眉苦脸。[24]

24 岁的资深二等兵山本武还有着另外一种使他焦虑不安的原因。他的上司刚提拔他当分队长，手下有 10 个士兵。对他来说，战场上的重担突然间翻了倍。他再也不能过普通士兵的生活了，再也不能只关心自己的生存和简单地接受下达给他的命令了。他的新职责意味着他必须想问题要想在前面。他的上司们会密切关注他，更重要的是，他的手下也会盯着他。他必须要树立一个好榜样，不允许有任何过错。

下午 2 点，第 36 联队出发了。从早上就弥漫开来的沮丧心情并没有随时间的流逝而有所改变，就在士兵们长长的队列出发后不久，大雨开始倾盆而下。接着道路变成了黏糊糊的烂泥塘，在越来越响的雨水敲打声中传出了含糊的咒骂声。这使他们很不情愿地想起了刚刚在上海附近结束的阵地战，那里的条件类似于二十年前欧洲的西线战场，整个战地景象都是灰褐色的泥浆。

无论是山本，还是其他日本步兵，都不能理解日本的宏伟的战略蓝图。自从来到上海之后，他只看到一份报纸，没有听过任何无线电广播。对日本家乡发生的事情他顶多有个模糊的概念，对于国际形势就几乎一无所知了。不过，他心想，如果蒋介石在失去上海之后还不打算投降的话，那就别无选择，只能去攻打首都南京了。

"从黎明到白天，所有师团的任务都转为追击敌人。"上海地区日军最高指挥官松井石根在他 11 月 12 日的日记中写道。他记录下了山本的部队所在的第 9 师团和在其右侧的第 11 师团所取得的进展,虽然进展缓慢,但中国的防御还是在他们面前逐步瓦解了。另外两个师团,第 3 师团和第 101 师团紧随其后。[25]

再往北,靠近长江江岸,第 13 师团也在准备西进。原本驻扎在台湾岛的、有着一个联队规模的重藤支队白天在上海港登上了船,现在正沿着长江上行,准备在长江南岸的白茆口登陆。登陆行动还将涉及第 16 师团的官兵,目前这支部队还在船上,运输船载着他们正从华北原先的战场赶来。

在南边,第 10 军成功地在杭州湾登陆之后,又迅速地穿过防御薄弱的乡村。其中的第 6 师团在得到国崎支队的增援后,[26]已经渗透到从杭州湾到长江这段路程的三分之二处,几乎与上海以西的日军衔接起来。第 10 军的另外两个师团,第 18 师团和第 114 师团,也从登陆地点挺进内陆,但不久就转向西面了。他们继续向内地进军,以此给出第一个信号:日本军队并不一定把目标限定在铲除上海市内及其周边地区的中国部队。[27]

一场以生命为高昂代价争夺每一寸土地的消耗战突然间变成了一场运动战。许多士兵在被困于狭窄的散兵坑或与伙伴们挤在逼仄的狭长掩体里达数周之后,现在不得不去习惯这种新型的战斗形式。一个日本士兵后来回忆道:"在整整五十天里,我只挪动了两英里。现在突然间,我们正在经历着快速进军。"尽管如此,最大的障碍还是缺少状况良好的道路。第 3 师团和第 11 师团最终走的是大致相同的路线,拖慢了彼此的进度。[28]

毫无疑问,日军正在开进敌方领地。当地农民已经经历过

57

大量的民族主义情绪的煽动，同时，自战争开始以来，日军对上海西部的不断轰炸也激起了他们对侵略者的满腔仇恨。[29]日本士兵很快就习惯了这种景象，每次进入一个新的城镇都会发现墙壁上贴满了有各种抗日口号的标语。恼羞成怒的士兵会撕下来，然后，匆匆地刷上自己的口号："打倒蒋介石！"[30]

除了疏远陌生的感觉之外，实际上，他们是进入了一个一无所知的国家，绝大多数人才开始一步一步地充分认识到他们为自己所设定的目标范围究竟有多大。无意中，第13师团的士兵们也开始了解到了中国领土的广袤。像其余部队一样，他们向西进军，然后碰到一条无法横渡的宽阔河流。他们只能沿河北上，发现这条河最后流入长江。对他们来说这是一个心灵启示。长江丝毫不像他们日本家乡的河流，它是那么浩瀚，如大海一样一望无际。他们感觉到他们所侵略的不是一个国家，而是一个大洲。[31]

野战部队急需有关他们试图占领地区的更准确的情报。"由于缺乏军事地图，我们遇到了很多麻烦，"华中方面军参谋次长武藤章写道，"我们对道路和河流毫不知情。通常地图上没标示有路的地方，实际上很可能有一条相当好的道路。完全相反的情况，也常有发生。"军官们要求提供更精确的空中侦察，并且认为应该将部署在"满洲国"——中国的一块已经被绥靖的地区——的侦察机派往需求量大得多的上海和南京地区。[32]

上海西面的城镇接二连三地很快就沦陷了，到处都重复着相同的模式：快速攻陷之后，紧接着的是全面摧毁。在某些地区，历史上最凶险的一幕又在重演。学过历史的学生们都知道，拥有约3万居民的嘉定县城因在1645年拒绝屈服于中国的新统治者，即来自帝国东北边境外的清军而闻名。征服者当时实施了一次为时漫长的围攻，一旦攻破城市，他们就屠杀了所有的守城官兵。一座有着百年历史的古塔见证了这场大屠杀，而在 1937 年时，仍然屹立于此的这座塔再一次见证了血腥的杀戮。[33]

这次的征服者是来自日本的第 101 步兵师团。他们是预备役军人，年龄要比第 3 师团或第 11 师团士兵的平均年龄大几岁。就在几个月前，他们还是农民或会计师，其中许多人还初为人父。11 月 13 日，当炮弹将城市的三分之一夷为平地之后，他们占领了嘉定，然后立刻就动手杀掉每一个进入视线内的人，不论是男人、女人还是孩子。在战斗中以及随后的几个星期内，他们要为城里及周边乡村 8000 多居民的死亡负责。[34]

"一座死亡之城"，战后不久一位日本访客这样描述嘉定道，他来到了"一个神秘的沉默世界里，唯一能听到的声音是我们自己的脚步声"。战争已经洗净了城内全部人类的痕迹，逃过劫难的极少数幸存者被逼成了影子般的幽灵。"我们所看到的一切，"这位日本访客说，"只是偶尔从倒塌的茅舍中爬出来的跟跟跄跄的老人，然后又返回到其中。"[35]

11 月 14 日，第 11 师团的士兵们到达了太仓，这是一座有古老城墙环绕的城市，能经受长达月余的围攻。日本军队冒着头上的直接火力，越过了环绕城市 70 英尺宽的护城河，来到了高达 20 英尺的城墙跟前。在技术欠发达的时代，任何入侵者都会在这样的障碍面前止步不前。日本人则不同，他们手头拥有飞机和大炮，只要在城墙上轰出一个洞后，步兵便可冲进城内，迅速占领这座城市。[36]

这里也是一样，军事行动停止之后，破坏仍然在继续着。

包括图书馆在内的半座城市的建筑都被夷为平地，食盐和粮食商店也被洗劫一空。似乎日本人不仅想抹去中国人生活的物质基础，而且还企图摧毁他们的精神支柱。一位中国官员战后访问这座城市时写道："有史以来，我们的人民从没有遭受过如此极度的灾难。"[37]

在整个前线，随性任意残杀已是司空见惯的现象，几乎一个俘虏都没留下。第 13 师团第 26 旅团的士兵石井太郎在沿着长江行军的过程中，目睹了一场集体处决。几具无首尸体已经漂浮在水面上，但是还剩下 3 名中国战俘。一名日本军官亲自负责这场杀戮。他穿着一身简单的军服，不过两把系在他腰带上的贵重军刀表明，他显然出身豪门。

这位军官走到一个俘虏跟前，抽出一把军刀，夸张地在空中挥舞着，并用一个戏剧化的姿势，将军刀悬于俘虏的头顶。也许过于紧张，刀锋略微有些颤抖。然而那个俘虏却平静如水，跪在地上等待着无法逃避的死亡。日本军官落下了军刀，却不能砍得干净利索。虽然他在俘虏的头颅上砍开了一个大口子，却未能致命。

那个俘虏向前扑倒，双脚痛苦地乱蹬着，同时发出一声长长的尖叫，令围观者不寒而栗。军官似乎对他造成的痛苦格外兴奋，对躺在他面前的俘虏疯狂地挥刀砍杀，直到尖叫声停止。石井惊恐地转身就走了。混乱的思绪在他脑海中萦绕。为什么要处死中国人？难道他们不肯投降吗？他担心万一他被活捉，他自己的命运又将会是怎么样的呢？他摸着随身带着的一颗手榴弹，紧紧地抓住不放。这颗手榴弹将用于一个非常特殊的目的。在必要的时刻来临时，他会用这颗手榴弹来结束自己的生命。[38]

* * *

战火蔓延到长江口三个月后，南京上空的空袭已经成了常规性的侵犯了，但居民们绝对没有完全适应来自空中的恐怖。明妮·魏特琳立刻学会了如何区别中国飞机和日本飞机的声音。"当日本飞机飞到头上时，你的心跳都停止了。"她在 8 月底的日记中如此写道。[39] 如果天空乌云密布，那就是老天给的一件礼物，因为这意味着那一天将不会有空袭。"当我们一觉醒来发现天在下雨时，我们就会欢欣鼓舞，说老天太完美了，"33 岁的美国医生罗伯特·欧利·威尔逊在给他朋友写的信中说，"阳光明媚，云高风轻，对我们来说才是危险的日子。"[40]

可以肯定，8 月 15 日第一次空袭来临时，那些外籍人士还能有几分冷静地去对待。在美国大使馆举行的一次午餐会被打断后，客人们还能够踱步走到阳台，一边啜饮着鸡尾酒，一边把空袭当戏看。[41] 但自得意满的神情很快让位于谨慎小心的态度。五天后，即 8 月 20 日，大使馆的大楼在一次黄昏时分的空袭中被炸弹爆炸震得摇摇晃晃，而美国公民的住宅则被大量弹片击中，留下了千疮百孔。自那以后，再没有谁还敢上阳台观看空袭了。[42]

8 月 27 日晚，大约有 30 枚炸弹被投掷在紫金山上，落到了中山陵公园内外，中山陵是纪念成立不久的中华民国之国父孙中山的圣地。[43] 这很可能是为了打击城里居民的士气，后来，用明亮的蓝白两色瓷砖建造的中山陵被用毛竹编织物覆盖了起来，一位外国评论家打趣地说："有点像一个竹编篮子。"当然它不能起到防弹的保护作用，但可以成为一种伪装，有助于将这座纪念馆融入周围的环境中。[44]

60

随着日子一天天过去，南京的面貌完全被战争改变了。人们"在院子和花园中，在公共广场和街道上"都准备了防空掩体。[45]外国人不仅在其建筑物的顶部而且在车顶上都画了自己国家的国旗，从而避免被战斗机的机枪扫射。[46]每次袭击都带来了相同的程序。提前二十至三十分钟，警报器就会刺耳地响起来。一听到这个信号，行人就要去寻求庇护，汽车司机必须立即停车。当短促的警报声响起时，街道就会被清空。从此时起，人们就放下手头的一切事情，静静地等候日本飞机的到来。[47]

部分接受了美国人训练的中国空军最初对日本轰炸机形成了重大威胁，尤其是当这些飞机在中国最大的城市上空执行飞行任务却没有护航时。驻扎在南京附近奉命保卫首都的第四和第五空军大队在早期赢得了一系列胜利。根据中国媒体报道，有 6 架日本轰炸机在第一次空袭南京时被击落。[48]

在空中赢得的胜利很大程度上应归功于克莱尔·陈纳德，他是一个已经退役的美国陆军航空队上尉，曾任中国空军的教官，此时负责南京的空防任务。这位经验丰富的美国飞行员将他在美国老家制定的飞行战术传授给学生，但还从未在实战中获得他所期望的那种程度的成功。现在，他的机会来了。

61   他的战术模式很简单：同一时间用三架战斗机去集中对付一架敌人的轰炸机。一架从敌机上方进攻，另一架从下方，第三架留作预备，以在必要时提供致命一击。陈纳德告诉中国飞行员不要在意飞机机身，而要瞄准引擎，因为一些没打中引擎的航炮很可能会击中悬挂在机翼根部的油箱。这个战术非常成功，日本人在三天之内就失去了 54 架飞机。陈纳德很清楚地以此来证明他的观点，即光有轰炸机是不能赢得战争的，而且应当开发多种型号的飞机，包括为轰炸机护航的战斗机。[49]

夜间空袭是个大问题,但陈纳德和其他指挥官一起找到了解决办法。受过德国训练的炮兵军官和中国防空部队总指挥官黄镇球将军要求确保在南京地区集中设置几十个斯佩里探照灯,按网格状分布,这样会起到双重作用。既可以使日本轰炸机机组人员无法看清目标,也可以映射出他们飞机的影子,在空中盘旋的中国战斗机就能清楚地定位并击落敌机。[50]

当地报纸报道了几名最有杀伤力的中国王牌飞行员,使他们迅速成为名人。这在战争充满了挫折的当时是个极受欢迎的好消息,但好景不长。不久,日军指挥官决定用战斗机给轰炸机护航,命运的天平又偏向了日本。中国空军的精英,驾驶着最好的飞机的最优秀的飞行员们,在那个秋天里的几个星期内都相继牺牲了。[51]

所有的空袭都来势凶猛,但最猛烈的空袭发生在9月底。"南京城今天遭受了三次骇人的空袭,平民的鲜血汇流成河。"9月25日的广播电台报道说。[52]那一天共有96架次的日本飞机来袭。地面目击者看到十几架中国飞机越过长江上空向北逃逸,原以为这些飞机无非就是逃离,但没想到有些飞机又折返与敌机作战。[53]当一架日本轰炸机被中国战机击落时,街头上的人们似乎忘记了自己的安全,欢呼雀跃,大声喝彩。[54]

9月25日空袭的主要目的似乎是要在平民中散播恐怖气氛。"敌军连日反复猛炸南京,毫无损于军事设备,"蒋介石在日记中写道,"惟人民生命财产多受伤害,市场凄惨。"[55]大约有20枚炸弹落在南京最大的中央医院所在地,造成了严重破坏,医务人员不得不撤离。两枚1000磅重的炸弹在医院附近爆炸,留下两个巨大的弹坑。如果炸弹落下的地点再靠近一点,就会造成医院里100名病患中大部分人的死亡,包括前些日子被击落的一架日本飞机的飞行员。[56]

　　炸弹爆炸时，有两个拍摄纪录片的摄影记者在医院顶楼，希望获得最好的拍摄角度。一位医生确信他们已遇难，就冲上楼去，却发现他们两人还在忙着拍摄。没过多久，蒋介石夫人——委员长那艳丽惹眼的妻子——出现在医院里，并允许摄影师拍下她同病人说话的场景。她很快就意识到照片的宣传价值，于是敦促摄影师赶回上海冲洗胶卷，并避开常规的审查程序，将照片传播出去。[57]

　　9月下旬的空袭促使美国、英国和法国政府向日本发出口头抗议。9月30日东京做出回复，声明尽管空袭并不针对非战斗人员，然而，"要实现日军的军事目标，即轰炸位于南京市内和周边的军用机场及其设施，伤及百姓是不可避免的"。令人惊讶的是，日本媒体对来自国外有关空袭的批评却进行了广泛报道。这也许表明，在是否需要对中国开战这个问题上，日本的高级指挥官之间存在着意见分歧。[58]

　　美国驻东京大使约瑟夫·格鲁还采取措施向那些可能对在中国开战或至少对战争的形式持反对意见的日本社会群体呼吁。"根据中立观察家的直接观察，我们有大量绝对可靠的证据表明，日本对不设防的城市、乡镇、医院、宗教和教育机构进行了多次轰炸，"他写信给一个日本朋友道，"大部分日本飞机扔下的炸弹都落在离中国的军事设施数英里外的地区，并且……大量的非战斗人员死于非命。"[59]

＊　　＊　　＊

　　在嘉善战斗中，玉井胜德目睹了中国俘虏走出碉堡后被处决的整个过程，这场战斗是1937年11月在长江三角洲南部地区最艰难的战斗之一。如同该地区的许多其他城镇一样,嘉善有着几百年文字记载的历史,尽管本身规模中等,但形成了一个拥有大约 200 万人口的同名县城的中心。

尽管如此,无论对中国还是日本而言,这座城市的真正意义都不在于它的人口数量,而在于它的地理位置。它跨越了连接上海和浙江省省会杭州这两座城市的一条重要铁路。若不占领此地,日军将无法西进。1937 年秋,日军以其在整场战役中标志性的彻头彻尾的凶残占领了嘉善。[60]

在日本步兵进入嘉善之前,日本空军对这座城市进行了三天的狂轰滥炸。当时几乎所有的居民都逃到周边乡村去了,剩下的不超过 100 人。他们大多都是年老多病,自己行动不便,也没有关心他们的亲朋好友可帮助他们逃离。日军用刺刀将他们几乎全都刺死了,就埋在离北门外不远的一个大坟坑里。[61]

嘉善是日军第 10 军攻占的。同北边已经厌倦战斗的上海派遣军不一样,第 10 军参战还不满一星期,其官兵渴望着与中国军队决一死战。没有哪支军队能够像第 10 军第 6 师团这支日本精锐的部队那样好战。在他们急切地向前推进时,速度之快经常都超过了正在撤退的中国军队。一位第 6 师团高级军官率领车队在寻找新的军需物资时,碰到了几个试图逃到友军部队去的中国士兵。在这种情况下,日军根本无心再去对付已经被打败的敌人。他们没有时间去处理俘虏。[62]

这位军官是不可能找到他所寻找的军需物资的。尽管日军在杭州湾的登陆获得全胜,但登陆也造成了一些严重的后勤问题。登陆区域的土层不适合卸载重型装备,因此在他们开始作战行动一个多星期之后,第 10 军的士兵们还深受其后果的困扰。例如,第 10 军第 114 步兵师团的全部野战火炮不得不转运到上海，为的是去利用上海的现代化港口设施。[63]

64 　　由于是在侵犯一个没有多少现代化道路的国家的领土，第10 军只能求助于当地人的交通方式——不走陆路而走水路。《纽约时报》报道称，数以百计的中国帆船和舢板拥有者，挥舞着自制的日本国旗，向侵略者出租或出售自己打造的船只。"原以为这个由溪流和湖泊交织成的迷宫将是日军进兵时的巨大障碍，"报纸记者写道，"但这反而大大加速了日军向内地渗透的步伐。"[64]

　　最能体现第10 军武士道精神的是它的司令官柳川平助。他于1879 年出生于长崎附近，原是一名退役军官，当日本在华挑起的战争迅速扩大，远远超出了最初的预期时，他被重新召回去服现役。他参加过1904～1905 年的日俄战争，1918 年曾在北京陆军大学任教。尽管他在中国有段生活经历，但面对中国人，他毫不心慈手软。他希望一路挺进南京，而且一到那里，就准备使用芥子气和燃烧弹来对付这座城市，直到它投降。[65]

　　自20 世纪20 年代以来，柳川头脑中浮现出的一些想法始终占着上风，这些想法与当时席卷欧洲的法西斯主义趋势毫无二致。他赞成日本实行极权的军国主义统治，并支持以神道为中心的国教——这是一种日本特有的半神秘的宗教信仰。他的盲目信仰反映出在他身上有着一种危险的、非理性的倾向，原本他可以在他的生涯中去接受一种现代思想的。在解释为什么他认为占领南京是可能的这个问题时，他给出的理由很简单。就是一种信念，他说道，"根据我的第六感"。[66]

＊　　＊　　＊

　　当战场上的日本指挥官和在东京的军事决策者们争辩着攻

占南京是否有价值时，他们的中国对手们也在讨论保卫南京是否值得。大多数军事行家认为从一开始就败局已定。上海沦陷后不久，蒋介石把他的高级指挥官之一陈诚召到南京会谈。蒋介石询问道："南京如何守法？"陈诚则用另一个问题回答道："是否叫我守？""不。"蒋介石回答道。陈诚说："如不叫我守，则我不主张守南京。"[67]

11 月中旬，白崇禧——中国最受尊敬的将领之一——主 65
张公开宣告南京为一座不设防城市。他认为保卫南京不仅没必要，而且是不可能的。所有可调动的部队原先都部署在上海，现在这些部队都被打败了，需要休整。如果他们在南京进行抵抗，将不会有增援部队前来，因为无兵可调。他倾向于一个更灵活的防御计划，而不是顽强地固守阵地。[68]

他的看法得到了蒋介石的秘书长张群的支持，张群也认为最终应放弃南京，尽管在他看来政治考量更为重要。如果中国军队只是简单地从城里撤出并允许日本人进入，那么假如日本人要同中国人谈判的话，他们就会失去优势。日本人就不能够以通过武力在战场赢得胜利的战胜者的身份坐下来谈判了。[69]

同样，蒋介石的首席德国军事顾问亚历山大·冯·法肯豪森将军也反对固守南京。他认为，固守南京如果不是直接"发疯"的举动，那么，"从军事角度看也是毫无意义的"。[70]如果蒋介石选择强迫他的军队背靠长江进行决战，"一场灾难很可能将无法避免"。据法肯豪森将军所述，主要是因为他的建议，蒋介石才决定使用不太彻底的方案来保卫南京。[71]

这个方案是 11 月中旬在南京召开的三次决定性的会议上敲定的。[72]在第一次会议中，国民政府军事委员会第一部作战组组长刘斐强烈要求避免在南京进行大规模的战争。中国军队的实力已经被削弱了，日军能够借助长江及其他河流上的船只迅速进逼南京。事实上，南京处于长江的一个弯道内，这就意味着在水面上的日本海军舰艇可从三面对其实施轰炸。南边通往芜湖市的陆路交通一被切断，首都就会被完全包围。[73]

当然，刘斐也提出因为南京是首都，为维持整个国家的士气，不能不经一战就放弃。刘斐认为，用 12 个团就可以执行这项任务，最多使用 18 个团，太多则不切实际。会上几乎人人都赞成刘斐那头脑清晰的分析。然而，蒋介石却迟疑不决。从军事上说，他并没有对刘斐的悲观看法进行辩驳，但他更赞同的观点是，南京作为西方公认的首都，至少应该要保卫一段时间。这次会议未得出结论。[74]

在第二次会议上，气氛变了，似乎大家都坚定了信心要守住南京。唐生智，这位在南京参谋本部内似乎忠诚不足又缺乏特别卓越战绩的高级将官，接过了蒋介石先前有关首都是国际公认的言论，补充说南京作为国父孙中山的长眠之地，绝不能轻易放弃。唐说，如果放弃南京，将何以对总理在天之灵？因此，非死守不可。蒋介石认为这种观点值得再加考虑，但仍未做决断。"我们再研究罢。"他告诉在场的人说。[75]

蒋介石的指挥官们都对大势所趋有所了解。出于宣传目的，总司令热衷于在南京进行戏剧性的最后一战，以此团结全国民众，并向世界人民表明中国继续抗日的决心。缺乏明确的战略目的是毫不奇怪的，因为蒋介石不仅仅是个军官，也一直是个政客。[76]他的指挥官们明白为南京而战的意义所在，但是他们中很少有人愿意接受这项很可能是自杀式的任务。

"他们全都到过上海，非常清楚前线的形势，"高级将领孙元良在他的回忆录中写道，"他们知道在上海时部队的损耗非常严重,需要相当长的时间来恢复部队的战斗力。"[77]也许这就是为什么最终会被挑选出来的是大家眼中最不可能的一位将领,由他率领中国军民去打一场至今最英勇也最徒劳的抵抗日军的战斗。

第二次会议后隔了一天举行了第三次会议。蒋介石首先讲话,问了一个大家都预料到了的问题:"谁负责固守南京为好?"一阵尴尬的沉默过后,唐生智说话了。"委员长,"他对担任国民政府军事委员会委员长的蒋介石说道,"若没有别人负责,我愿意勉为其难,我一定坚决死守,与南京城共存亡!"蒋介石毫不犹豫,立即答应了。"很好,"他说,"就由孟潇负责。"[78]

67

自从成年后,唐生智的整个人生都是一名军人,但他并没有真正被看作一个杰出的军人。20世纪20年代,中国这个偌大的国家一直是四分五裂,军阀割据,他始终与蒋介石关系密切,积极参与其用武力统一中国的努力。后来他们又不止一次闹翻,前后有两次,每次唐生智都被迫出国,第一次到日本,第二次到被英国统治的香港。1931年,日本侵略中国东北地区,他与蒋介石和解,从那时起唐生智担任过多个高级职务,最重要的新职务是负责组织模拟日军攻击南京的军事演习。[79]

然而,他也时常生病,关键是,自从那年夏天全面战争爆发之后,他从来没有参与指挥部队抗击日军的实战。他出生于南方的湖南省,是个典型的地方军人,很难在精锐部队中获得尊重,后者都是全心全意忠于南京国民政府的。像这样的重任在任何人的眼里他都不是首选。"你真了不起啊。"会后,李宗仁将军因唐生智自告奋勇保卫南京而竖起大拇指对他如此说道。也许李宗仁是略带讥讽,要不然的话,他就绝对是赞同唐生智的少数人之一。[80]

* * *

日军第30步兵旅团的士兵们此时仍然乘坐在"神靖丸一号"和其他船只上，这些船将他们从华北运来要在海上航行四天。11月13日上午，他们抵达长江岸边，对未来的前景不甚了解。但有一件事儿他们是清楚的，那就是，他们对几分钟之后的登陆没有做好充分准备。他们没有接受过广泛的两栖作战训练，而且他们对上岸后即将面对的敌人的规模也一无所知。[81]

旨在减轻陆上隐藏的敌人的威胁，日本海军炮手做了精彩的表演，给人印象深刻，也确实为士兵们打消了一些顾虑。几艘在航程的最后一段护卫运输舰的巡洋舰往登陆区域半圆形的一个地带发射了一阵暴风骤雨般的炮弹。飞机在空中盘旋，向任何移动的物体扫射。登陆艇恰似黑色的蝗虫般向前推进。沿着整条海岸线的村庄都在熊熊燃烧，天空笼罩在一片黑色硝烟之中。耳边传来轻武器的密集开火声，第一批登陆的部队已经与敌人交上火了。

旅团长佐佐木到一站在"神靖丸一号"的舰桥上观看着登陆。前天松井大将亲自向他布置了任务，从那时起，他就对整个计划一直有种不祥的预感。他将在长江南岸的上海西面登陆，从那里进入腹地去拦截从上海撤退的中国军队。这种战术在1932年的战斗中已经使用过，但不是在离上游如此之远的地方，也没有面对如此庞大的敌军部队。他担心伤亡人数将超过50%，甚至在登陆的最初阶段就会伤亡惨重。

他注视着登陆行动全面展开，此时部队缺乏两栖作战训练的弊端也初现端倪。一直到午后，登陆的速度都要比预期的速度慢许多，而且，令他非常遗憾的是，甚至还比在他右翼的重藤支队要慢。佐佐木决定登上一艘正在连续运送士兵去战场的登陆艇。当登陆艇到达岸边时，他仍然看不见敌人的任何踪迹。这艘船在离岸边还有一段距离处停了下来。

有个士兵说道："长官，你不该弄湿你的靴子。"然后，他就背起佐佐木走过了泥泞的岸边。"是呀，"旅团长心想，"很明显，在别人眼里我已经老了！"一踏上实地，他终于有机会了解他所处的境地，并听取了自登陆开始以来所发生的战况的汇报。由于伤亡人数不多，他总算松了一口气。

佐佐木到一和他的属下度过了一个不眠之夜，眼睁睁望着被火光映红的整个地平线，那是被撤退的中国军队付之一炬而熊熊燃烧的村庄。登陆行动宵达旦都在持续着，到第二天早晨，全旅团一半士兵都已经上岸。不过，马匹和战车都还留在船上，但佐佐木认为不能再等，于是决定同手下士兵步行出发，甚至连火炮也暂时不顾了。到处都是正在燃烧的房子。行军中的士兵们看见那些返回家园的农民拼命地试图扑灭大火，但大多白费劲。佐佐木和他的部下经过了许多战壕和防空洞，这些地方仍然散发出人的气味，不久前还都是人们的藏身之处，尽管佐佐木没有遇见日本的敌人，但他知道他们就躲在黑暗处的某个地方，伺机杀他。

当佐佐木到一率领他的部下进入内陆地区时，松井石根乘坐着"大井"号轻型巡洋舰视察了登陆区。"基本上重藤支队的登陆进展顺利，"松井在日记中写道，"第16师团的部队没有接受足够的训练，因此，他们的登陆不能完全令人满意。"这不是松井第一次表达他对麾下各部队技能上的差异的看法了。在杭州湾登陆时，作为先锋的国崎支队比第10军其余部

69

队在登陆上都要更加敏捷。原因很清楚：作为在华北的第 5 师团的一部分，这个支队原先就在两栖作战的战术方面接受过全面的训练。[82]

日本军队两栖作战的经验可以追溯到 1894~1895 年与中国的第一场战争，以及十年后又与俄国的交战，当时，他们在朝鲜半岛的登陆非常圆满，战无敌手。[83]在第一次世界大战期间，日军继续了他们之前的成功经验，从海上向华东地区的德国占领区发起攻势，迅速制服了那块小小的殖民地上的驻军。这些战绩几乎无人关注，因为，在全球冲突中最引人注目的两栖作战行动是协约国军队在加里波利的登陆以及同时发生的屠杀。[84]

第一次世界大战之后的岁月里，日本领导人日益加紧为一个可信的未来作战方案做准备，这是一场与美国之间的战争，挑起战争的原因是双方都渴望获得马来半岛和荷属东印度群岛的资源，为此双方都将被迫寻求在西太平洋的支配地位。这就要求必须对分散在广袤无垠的西太平洋的美国和澳大利亚的基地实施控制，反过来这就必须使两栖作战能力成为一个主要的需优先考虑的战略——即使这样一个战略优先将会与其他该优先考虑的重点，比如准备同苏联打一场地面战争等，产生冲突。[85]

尽管在第一次世界大战期间战胜了德国，但日本的战争规划人员明白，加里波利战役中英法联军的溃败为未来的两栖作战提供了重要的经验教训，尤其是日军如果要与驻扎在菲律宾的美军作战的话。日军不能指望像过去那样继续在无对手的海滩登陆，而是应该做好准备，去面对武装到牙齿的敌人。[86]

到 20 世纪 30 年代初期，日本军方已经为两栖作战制定了可行的规则，即由陆军担负起执行军事行动的主要责任，而海军则充当辅助角色，主要为摧毁岸上敌军阵地提供炮火支援。但在初期还是发生了一些问题，例如，原设计用于穿透船体的海军舰炮在轰击野战防御工事时不能很好地发挥作用。即便如此，总体而言，日本的两栖作战能力在20世纪30年代末还是首屈一指的。[87]

20世纪30年代后五年里，日军发动的两栖作战达到了高潮。他们从在华战役中获得的主要教训是，建立一支专门的两栖作战部队花费甚巨，尤其与潜在的获益相比，代价太高。一方面，大多数在中国海岸沿线的登陆都没遇到强劲的抵抗，这表明日本将绝不会遭遇到像加里波利那样的残酷战斗，其不免会令人有几分惊奇。另一方面，原先被指定去执行特殊的两栖作战任务的师团，尤其是在上海的第11师团，遭受了严重的人员伤亡。这促使他们得出结论，他们需要更多基本的步兵训练，应该花更多时间去学习如何战斗，在登陆上则不必花很多时间去学习。[88]

* * *

令人惊讶的是，尽管中国和日本正投入成千上万的士兵去互相厮杀，尽管日本飞机正在对中国首都和其他大城市实施系统的空袭，尽管日军对中国的平民实施了难以言表的暴行，但两国之间却还保持着外交关系。中国在东京仍设有全面正常运作的大使馆，大使由65岁的职业外交官许世英担任。[89]

这是一个离奇的安排，这种事情的发生是因为任何一方都不愿意正式宣战，而且时常会有无法预见的后果。1937年初秋时节，当日军正在华北和上海周边两条战线上深入中国内地作战时，许世英大使会见了日本外交大臣广田弘毅，提议两国签订一项互不侵犯条约。[90]这项提议立即在南京遭到拒绝。许世英是一个"无关痛痒的老先生"，根本不了解现实，在上海的一位中国高级官员答复记者时如此说道。[91]

71 　　到1937年11月时，许世英已不再身处重大事件的中心，外国观察家也不再指望从这两个交战国的首都能发现任何在东亚恢复和平的希望的迹象。相反，他们关注着在比利时的事态的进展。由于长江下游大规模战斗正如火如荼，有十九个国家聚集在布鲁塞尔举行会议，希冀找到一种结束敌对行动的方法。这十九个与会国包括中国，但不包括日本。日本曾两次受邀参加会议，11月12日日本对第二次邀请的回复到达了布鲁塞尔，答复内容是"不参加"。

　　日本认为，除了直接与中国进行双边谈判外，没有其他办法可以解决正在发生的冲突。日本拒绝参加在布鲁塞尔召开的会议，这个会议是在《九国公约》的框架下进行的。于1922签订的这项公约旨在保证中国的国家主权和领土完整。"诸如目前这种会议形式的集团组织的干预，只能刺激两国的民族感情，使得达成一个令各方都满意的解决方案更为困难。"日本在给出席于比利时首都所召开之会议的代表们的信函中提出了反对理由。[92]

　　一个月前，国际联盟呼吁召开九国会议，后来加上所有对东亚感兴趣的国家，最终成为十九国会议。日本从一开始就表示反对，而且缺席了11月3日在布鲁塞尔召开的第一次全体会议。日本担心中国会和以前一样寻求将日本置于同西方国家敌对的处境。1895年，日本在赢得了对中国的第一次现代化战争之后，战利品却被剥夺了。当时，俄国、法国和德国也阻止了日本去占有与朝鲜毗邻的具有战略地位的辽东半岛。[93]

中国对待该会议的态度同样也是不冷不热。不同的是，日本担心的是会议可能取得的成果，而中国担心的则是会议不可能取得什么成果。有人提议会谈应从没有多大作用的国联转到影响力更小且无正式组织的九国会场上去，该提议"就像落下了一枚炸弹，令所有人不知所措"，中国驻法国大使顾维钧如此写道，当时他被挑中担任中国代表团团长。[94]会场一片质疑声。"这里似乎没人知道从布鲁塞尔会议中能够希望获得什么，"经验丰富的英国官员托马斯·琼斯在他的日记中写道，"（首相内维尔·张伯伦）说'和平'。但和平从何而来？"

一些西方人士认为举行这次会议实际上可能比什么都不做更糟糕，因为面对赤裸裸的侵略时，西方国家的无能可能会更加凸显出来。在日本第二次宣布抵制布鲁塞尔会谈的同一天，美国驻东京的大使约瑟夫·格鲁也在日记中发泄了他的无奈。总的来说，他认为这次会议将使局势复杂化，令西方列强的分歧和无能暴露无遗，同时，它也鼓励了日本统治集团内的激进分子。"为什么，"他问道，"政客们不能三思而后行呢？"[95]

尽管如此，中国还是参加了布鲁塞尔会议并假装以为会议能够取得实效。11月13日，就在日本第二次拒绝了邀请后不久，顾维钧在布鲁塞尔发出呼吁。"既然日本政府的最新回复是冲着你们的脸狠狠地关上了和解与调停的大门，"他说，"难道你们不能决定禁止给日本提供战争物资和信贷并扩大对中国的援助吗？"[96]

事实上，顾维钧知道西方对中国提供援助是根本不可能的，这充其量是一种象征性的姿态。尽管之前的国际谈判曾使得日本在战场上暂停进攻——1932年，就在国际联盟大会开幕前十个小时，日本停止了在上海地区的军事行动——但那已经是近六年前的事了。[97]自那时以来，时代已经变了。世界上的无赖国家已经变得更加胆大妄为，而民主国家却变得更加胆小怕事。

因此，在布鲁塞尔会议上，期望获得西方大国的让步并不能决定中国代表团的主要工作安排。相反，代表们接到南京的命令，要向前看，并为会议后的形势做好准备。他们得到的指令是"积极寻找方法，让欧洲和美国同意并鼓励苏联对日本动用武装部队"。[98]

中国在外交政策上曾长期依靠德国，将其视为合作伙伴，现在却越来越感觉到被德国所出卖，不光是德国，还有其法西斯主义的合作伙伴意大利。[99]因此，中国越来越期待苏联——日本在亚洲东北地区的主要对手——作为主要的外部支持力量。反过来，苏联的态度也比出席布鲁塞尔会议的西方民主国家坚定，与中国一道，苏联是唯一一个呼吁在欧洲和亚洲建立集体安全的参会国。[100]

第三章 跨越战线

1937 年 11 月 15 日至 23 日

11 月 15 日，日本第 10 军的一小群军官深夜聚集在杭州湾北侧一栋废弃的大楼里商讨并决定中国的命运。坐落在金山市的这栋大楼已经被第 10 军征用作为野战指挥部。大楼紧挨着一条河，参会者都乘船抵达，"像在威尼斯一样"，其中一人后来回忆说。第 10 军的司令官柳川平助主持了会议。他只是本月初才开始参战的，所以特别渴望将战争提升到一个新的高度。其他人也是如此。[1]

这是一次很奇怪的会议。军衔低至少佐的军官都能参与重大决策，在其他国家里如此重要的决策权只能是政治权力的最高层才能拥有。会议的议程是：是否坚持一周前东京下达的第 600 号命令，停止苏州至嘉兴一线东侧的进军，[2] 抑或是无视明确的指令，继续前进，夺取南京。日军虽未能在上海附近彻底歼灭中国军队，但大家一致认为，他们的对手几经挫败，已经斗志松懈，现在正是发动一系列决定性打击从而赢得迅速胜利的最佳时机。唯一的问题是，对此他们应该发动何种程度的攻势。

寺田正雄大佐，第 10 军的一位高级参谋，首先发言。他说："中国军队正朝他们的首都撤退。"他指出，嘉兴线是由那些对战场实际情况不太了解的人在东京武断地决定的。寺田被

公认为是一个狂热的军官，一个身穿卡其布军装的武士，对任何妨碍果断的进攻行动的言行都缺乏耐心，他所得出的结论并不出人意料："我们应当越过这条线，跟踪追击，直捣南京。"[3]

池谷半二郎少佐最近刚调到行动迅速的第 6 师团当参谋，他提出了自己的意见，同样也是要把握好军事事务和政治之间的微妙平衡。池谷刚刚从前线回来，亲眼看见了中国军队的败绩。"从战术角度看，我完全不同意寺田的观点，即越过这条战线，"他说，"但是，在是否要进攻南京这个问题上，我们应该不仅把它作为一个战略问题，而且还要作为一个政治问题加以考虑。"

"并不是说战地指挥官不能促成一个既成事实来给东京的上司施加压力，"池谷说，"重要的是，行事必须十分谨慎。"他的建议是在嘉兴东边保留第 10 军的大部分兵力，只派出一些小部队越线追击敌人。"如果东京命令我们撤回那些小部队，那么怎么办呢？"一名参谋军官问道。"我们当然会服从命令，将部队撤回到战线的这一边。"池谷如此回答道。

池谷的意见被忽视了，寺田的强硬立场占了上风。在场的大多数军官都一致认为，当前战况提供了一次难得的机遇。部署在上海地区的日军要向西进攻，不是小部队的小打小闹，而是动用他们所能调动的大部队。如果立即实施决定性的大规模进攻，军官们估计，在二十天之内南京就可以落到日本人手中。参谋们立即开始工作，在随后的几个小时内，他们制定了一个"从嘉兴到南京"追击敌人的总体纲要。大势已定，这些在政治上原本无足轻重的军人，就这样做出了一个其后果极大影响了中国和日本，甚至影响了整个亚洲的重大决策。

* * *

战场上的普通日本士兵其实是不可能知道高级军官们所制定的阴谋诡计的。对于第 10 军的普通士兵来说，决定他们行军速度的不是远离前线躲在后方的指挥官们的决策，而是天气，但天气非常恶劣。雨从 11 月中旬就开始下了，强度犹如热带雨季，不间断地持续了一个星期。

在参加过南京战役的日军士兵们的回忆中，雨是一个贯穿其中的共同要素。多年以后，有关他们在什么时候去过什么村什么镇的详细记忆早已随时光褪去，但老兵们仍然还清楚地记得他们在从上海到南京的途中的经历：他们冒着瓢泼大雨，艰苦跋涉，经过洪水淹没的稻田和暴涨的河流，浑身湿透，寒冷刺骨。[4]

第 10 军第 114 师团的中队长西泽牟吉中尉很快就被迫习惯了灌入衣领的雨水。扣子扣得再紧也挡不住的雨水，顺着背脊直往下流，直到全身完全湿透。最后，到了休息时间时，他和战友们就在他们所站的地方倒下就睡，甚至都不愿劳神去寻找个藏身处躲避连续不断的滂沱大雨。他们都逐渐习惯了雨水，雨水成了他们人生的自然部分。[5]

许多战斗也都在瓢泼大雨中进行，这给流血事件添加了一些神秘的色彩。在战役初期有一个典型的例子，一队中国骑兵试图半夜去偷袭一座日本军营。但在最后一刻被日本哨兵发现了，突袭的隐秘成分消失殆尽。中国的骑兵一个个倒在日本人无情的机关枪枪口下。日本人的军营周围留下了 18 匹死马和众多尸体，鲜血很快就被下个不停的倾盆大雨冲淡了。[6]

大多数中国道路的路况恶劣，这就意味着大雨总会伴随着泥浆。这与俄罗斯的泥潭颇为相似，四年之后在击退德国入侵苏联的战斗中，俄罗斯的沼泽季起到了很大的作用。在中国，一匹匹战马都陷到齐肚深的泥潭里，一门门大炮几乎都无可挽回地困在黏糊糊的泥浆中。"在长江以南的战场上，到处都是大雨和烂泥，无论你是猎人还是猎物，你都会从头到脚沾满了烂泥。"第 26 步兵旅团的石井清太郎如此写道。[7]

烂泥吸住了沉重的靴子，步兵们步履艰难，被迫像梦游似地缓慢前行，即使面对威胁生命的危险时也是如此。在向西前进的途中，日军第 16 师团的一队人马目睹了三个中国散兵在几百米开外的雨中走着。日军士兵开火了，但中国人还是迈着同样缓慢的步子继续走着。只是在日本人的子弹打倒了三人中的一个之后，另外两个才加快了步伐，试图逃过这一劫。一位亲眼见到这个情况的日本军官感到迷惑不解。他们为什么不早点逃跑呢？是泥泞的道路使他们放慢了脚步还是他们根本就没有意识到危险？难道他们直到最后关头才知道整整一个中队的日本士兵都在端着步枪瞄准他们吗？[8]

雨下得没完没了，大多数日本士兵都不停地诅咒着，每当他们的上司强迫他们上路又开始漫长的一天行军时，他们个个口出怨言。[9]尽管如此，找到一个有房顶的屋子进去睡觉也会带来危险。一天晚上，一群士兵在伸手不见五指的黑暗中到达了一个村庄，发现有个小茅屋就进去了。他们找到了几件衣服，于是兴高采烈地裹在自己身上过夜。谁知第二天早上他们突然发现衣服里爬满了虱子。这时再想做什么来补救都已经太晚了，在整个战役期间，他们都将与虱子为伍。[10]

尽管一路上有许多的艰辛和不适，日本士兵后来还是会想起有一种乐观情绪激励着他们向西进军。"在我们向南京行军的前一半路程中，冰冷的雨水鞭笞着我们，"其中一位士兵多年之后写道，"但是，我们一边追击敌人，一边愉快地想到，一旦战争结束，我们就可以像英雄般的凯旋。……尽管行军使得我们身体疲惫不堪，但我们还是洋溢着一种快乐心情。就是凭借着这种精神，我们才能够顺利完成长达 100 英里的长途行军。"[11]

*　　*　　*

大雨并没有阻碍一架日本飞机于 11 月 17 日晚单独降落在上海机场。这架飞机当天上午从东京羽田机场起飞，由于战争的限制而被迫选择了一条迂回航线，短短的这段距离所花费的时间要比和平年代所需的时间长得多。机上有一小群军官，为首的是河边虎四郎大佐，他新近被任命为陆军参谋本部作战课课长。他的使命是：就是否允许日本华中方面军便宜行事做出决断。[12]

前线军官迫切希望利用攻陷上海周边防御工事后所形成的好势头，这一点在东京是众所周知的。河边虎四郎的任务就是去探索有无允许部队穿越苏州至嘉兴一线向西追击逃敌的可能性。[13]他绝对不是一个中立的观察者，但他坚决反对在中国进行任何形式的进一步冒险，这是明确无误的。

在日本军官中，河边是对华问题上势力急速削弱的鸽派成员之一。早在 1937 年夏天，他就收到一封来自一位访问过中国大陆的日本平民的告诫信，信中警告说，日本军官正试图策划一个涉华"事变"，以便引发公开冲突。这将给日本一个借口来扩大其在华北的势力范围。河边曾试图提醒他的上司，但几乎毫无效果。来自中国的报告使得他们偏信一种虚假的安全感，报告认为一切有关战争贩子的言谈都是空穴来风，危言耸听，一派胡言。[14]

一旦战争确实爆发后，河边试图控制损失，他提出部署在中国的军队在行动上应受到严格的限制。河边遭到许多人的反对，其中最典型的是知名的强硬派武藤章，他被调到中国出任华中方面军参谋次长。[15]在河边访问上海期间，武藤是排队等

77

候与他会谈的军官之一。这次会面就是他们摊牌的时刻。

"我来此地实地考察战况，以便做出最后决定，应该在什么位置给我们的军事行动设置一条限制线。"河边说道，在飞机着陆后不久，他就与战地指挥官们一起就座会谈，其中包括声音刺耳、坚持己见的武藤章。武藤随即回答道："目前这条战线是从苏州延伸到嘉兴，但我们应该考虑跨越这条战线。""这将有助于我们实现战场上的总体目标。"

武藤继续说道，应该允许第 10 军向太湖南边的湖州进军，切断南京和战略城市杭州之间的交通联络。在北面，应允许上海派遣军攻占同样重要的城市江阴，因为——尽管有点乐观——他认为攻陷江阴甚至可能导致蒋介石的下台。最终，还要攻占南京，在武藤看来，占领南京将结束这场战争。[16]

78　　河边耐心地听着。随后几天里，当其他前线军官们向他发表类似的言论，公然宣称他们是多么渴望一路打到南京时，河边还得一次又一次地保持同样的耐心。事实上，他很可能是在错误的时候来到了错误的地方。在东京他原本可以更直接地影响决策，现在却远离东京来视察中国战区，而这里的战地指挥官们却忙着要越过底线，欲将战争引入一条不归之路。

柳川和他指挥的第 10 军就是这种激进好斗派的典型代表。然而，即使当日本军队中和政治领袖中的鹰派即将赢得对华政策之争的时候，他们也遭到了来自一个完全出乎意料的方面的挑战。德国，这个在东亚怀有相当矛盾的同情心的强国，积极参与了旨在实现该地区和平的忙碌的幕后会谈。

＊　　＊　　＊

1937 年末，在华各方势力纷纷出面，加紧斡旋，但作为中间人在远东两个大国之间调停以实现和平，德国驻华大使奥斯卡·陶德曼并不是日本的首选。虽然这位 60 岁的德国外交官在 20 世纪 20 年代时曾被派驻日本三年，但自 1931 年以来，他一直在德国驻华外交机构担任要职，并且在这个职位上尽职尽力。非常清楚也无须辩驳，他是中国人的一个朋友。

10 月在南京对德国使团成员的一次演讲中，陶德曼"表达了对在华的其他德国侨民的同情，他们同中国人一样正在经历考验和磨难"。他告诉那些听众，"中国人在战场上表现出来的能力和勇气深深打动了国内的德国人"。这在中国媒体上已有报道，由此也为日本人所熟知。[17]

尽管如此，当陶德曼 11 月初会见蒋介石以解释日本人启动和平谈判的条件时，他一直小心翼翼，采取一种完全客观和中立的立场。在这些条件中，首要的是在华北的广泛让步，包括所有中国军队撤到北京以南一线，并在与由苏联控制的"蒙古人民共和国"（外蒙古）接壤的内蒙古建立一个亲日政权。蒋介石立即拒绝了这些要求，但陶德曼和他在北京的上司却仍然继续着他们的绝密努力。[18]

德国并没有因出于对和平的固有热爱而试图去结束中日战争。相反，它的立场正好反映出它的尴尬：眼睁睁地看着自己的亚洲老盟友中国与自己的亚洲新伙伴日本交战。"中国和日本都是德国的朋友，"德国议会议长及纳粹党的主要领袖之一赫尔曼·戈林对一个中国来访者说道，"中日战争已经置德国于左右为难之境。这就是德国愿意抓住这个机会，充当调解人的原因所在。"[19]

德国可能寻求扮演调解人的角色的迹象是在 8 月下旬出现的。柏林驻东京大使赫伯特·冯·德克森在给上司的一份报告中指出，一场两国之间的战争使得德国处于两难境地，而德国想与这两个国家都保持友好关系，因此他建议在南京的德国军事顾问能在和平斡旋中发挥作用。[20]

德国同时也担心，在中国进行一场持久战可能会伤及其在东亚的商业利益，并且可能会削弱日本挑战苏联的能力，从而使得莫斯科能够在欧洲战场上投入更多的资源。[21]总之，持续的战争肯定会使德国损失惨重。相比之下，德克森大使指出，主动的调停会"使德国摆脱保持中立的困境"。[22]

日本的战地指挥官们对德国试图调解的努力感到恼火。这一态度在 11 月 19 日这天暴露出来了，当天意大利驻华大使朱利亚诺·科拉在上海派遣军总部拜访了日军指挥官松井石根。这次来访为日军将领提供了一次有利的与德军将领对比的机会。松井石根在日记中写道，意大利人对中国的局势持有一种更"明确"更"公正的"态度。[23]

主动提出与中国开展谈判的是日本体制中的鸽派，这点倒是毫不意外。石原莞尔就一直积极地试图说服德国在中日之间扮演中间人角色，以结束双方的敌对。在石原被免职后，陆军参谋次长多田骏继续着这种努力。[24]日本领导层中赞成这种做法的人都一致认为，与中国的直接谈判最好在如布鲁塞尔这样的多边背景下进行，其间中国能有效地利用外国的同情。

他们偏好这种方法是正确的，中国可能会从布鲁塞尔谈判中获得某种外交优势的前景恰恰就是中国对日本于 11 月初由陶德曼转达的和平试探采取不妥协态度的原因。"中国现在成了布鲁塞尔会议上大国关注的焦点。"蒋介石在拒绝日本的条件时如此告诉德国大使。此处涉及某些边缘政策。蒋介石从未期待过在布鲁塞尔谈判中的收获会像他所透露的那么多。尽管如此，他毫不妥协的态度似乎使中国的舆论都站在他那一边。在有关陶德曼使命的消息被泄露后，德国外交官遭到了中国媒体的严厉批评，中国媒体憎恨与"日本鬼子"的任何交易。[25]

与此同时，也许是心有余悸，担心布鲁塞尔谈判不会产生任何切实收益，蒋介石出于自身利益的考虑，明白必须对德国的调解敞开大门。另外还有一个原因是中国与苏联的关系。利用德国做调解人，可以引起中国、日本和德国之间邦交关系的修复，以及可能的反苏集团的扩大。迫于压力，莫斯科不得不增加对中国的援助。[26]

这是一个复杂的外交游戏，到11月中旬时，有迹象表明谈判趋于破裂。不到两个星期后，现实清楚地表明布鲁塞尔会谈的成果甚至要比预期的少得多。中国的态度有了显著变化，做出让步的新意愿应运而生。11月16日，宣传部长陈公博①利用访问意大利的机会，请求这个法西斯国家的外长加莱阿佐·齐亚诺伯爵去试探日本对和平的态度。现在中国政府似乎已做好让步的准备，而且是之前不可想象的让步。"他让我明白，"齐亚诺在他的日记中写道，"'满洲国'的国家地位将可能获得承认。"[27]这就好比华盛顿允许加利福尼亚州脱离联邦一样。中国越来越焦虑，而前线的进展将很快地把焦虑变成绝望。

*　　*　　*

11月19日早上7点，第10军司令官柳川平助向所有参战部队发出指令。"敌人的指挥系统处于混乱状态，整支军队笼

81

---

① 1937年9月，国民政府军事委员会设第五部，分管国际宣传，陈公博任部长。——译者注

罩在失败的沮丧情绪之下，"他写道，"他们已经失去了战斗意志。"中国军队的主力已向苏州—嘉兴一线的西面撤退，而且撤退将很快成为全面溃败。他的结论很清楚："我们绝不能错过乘胜追击直捣南京的机会。"[28]

该命令中的其他部分还包括了给第 10 军各部队的详尽指令。第 6、第 18 和第 114 师团将沿太湖南岸西行，途经湖州市，然后右转朝南京方向行进。国崎支队的士兵受过特殊训练，他们的水路行动能和陆路一样迅速，该支队接受的任务最具挑战性。他们不仅没有右转，反而是继续进军到芜湖市附近的长江，然后，如果可能的话，渡江去拦截从南京撤退的中国军队。

这次军事行动将不同于日军近年来所实施的任何行动。柳川平助认为，这次行动将要结束这场战争，而且所取得的胜利将比过去的战绩更加辉煌，如三十多年前打败沙俄之役一样。柳川确信这次战役将速战速决。"这一天快到了，"他在给指挥官们的后续信件中写道，"南京的城墙上将高高飘扬起旭日旗。"[29]

柳川平助的命令一经发出并传到东京后，立即掀起了一阵恐慌。对于他的上司或者至少那些主张在中国采取谨慎路线的人士而言，这是一种彻头彻尾的片面意图，完全修改了正在进行中的战争的全部目标：即使在此最后阶段，该目标也仍然仅限于在上海地区击败中国军队。攻占南京，与其说是战争策略，不如说是一项政治决策。多田骏之所以反对是因为一种长期存在的担忧，唯恐日本在中国陷于战争之中不能自拔。此外，他还担心进一步的进攻性军事行动也会使陶德曼的和平努力处于危险之中。[30]

同在东京的许多其他军官一样，多田受到多种复杂的、难以归类的动机的驱使。他完全赞同一部分军官的看法，认为避免陷入中国战争泥潭的办法是给予中国军队迅速果断的打击。这也使他成为派一支强大部队于 11 月初在杭州湾登陆这项计划背后的推动力。即便如此，他最初甚至还反对将战线扩大到苏州—嘉兴一线，而且只有在无论如何都不跨越这条线的条件下，他才会做出让步。[31]

多田的第一反应是责令第 10 军停止进攻。而石原莞尔的继任者，更加强硬的作战部长下村定则表示强烈反对，他认为战地指挥官做重要决定时应给予一定的回旋余地。多田仍然不顾一切地坚持对前线指挥官加以约束，11 月 20 日下午 6 点，陆军参谋本部向华中方面军发出一封电报。电报以斥责的方式明确指出第 10 军的进军违反了第 600 号命令，该命令规定了苏州—嘉兴这条线。[32]

两天后来自华中方面军的答复抵达，其内容几乎就是公然违抗上级命令。为了使战争早日结束，战地指挥官们认为必须攻占南京。否则，就是给敌人一次重振战斗意志的机会。此外，战地指挥官们还写道，推迟决战与日本人民的意愿不符，会"危及公众舆论的统一"。[33]这些指挥官的做法显然是贸然闯入了政治领域。

他们强调只需两个月就可以攻占南京，这个时间表比第 10 军参谋人员所预计的二十天要稍微保守一些。他们认为，第 10 军在短暂停留以便巩固后方之后，就应被允许继续前进，而且上海派遣军在为期十天的休整之后，也应被准许加入进攻行动。[34]

在他们试图说服东京的同时，战地指挥官们仍然还确保自

82

己的部队在继续进军，几乎毫不拖延。来自上峰的停止进军的命令在逐级传送时，其权威性已逐渐削弱了。华中方面军在回复东京的同一日，还命令第10军继续谨慎进军："虽然已经禁止军队追击到南京，但你们仍然可以向湖州先派出一支先遣部队。"对于这道命令，第10军选择了合乎自己意愿的解释，并以以下形式传达给各级军官："每个师团选择四到五个大队的部队，迅速追击敌人。"其余的部队则向湖州进发，并"随时"准备加入追击队伍。[35]

* * *

83   11月19日，就在柳川平助命令他的部队如果有必要就追击敌人直捣南京的同一天，蒋介石正式任命唐生智为首都卫戍司令长官，负责危机到来时的防御。谣传唐生智将这次晋升视为其人生命运的实现。有个算命先生曾经告诉他，他是一位古代常胜将军的化身。此外，那位算命先生还预言，一旦日本控制了上海，它的军队就不会再前进了。[36]

也有人说，唐生智非常清楚地意识到最终日军必定兵临南京城下，而且他将不得不面对一项几乎不可能完成的任务。宗教的力量再一次使他得到了解脱。他意识到首都终将失守，成千上万的士兵可能会丧生，但他相信佛教徒所持的一种信念，只要人们行事出于纯洁的动机，其行为所造成的后果则是次要的。[37]

生于1890年的唐生智是中国抗日战争时期典型的那一代手握重权的指挥官。他们都经历过新旧中国的两个时代。当他们还是小孩和青少年时，他们一直生活在几百年都没有多大变化的社会里。人们在这样的社会里学习具有两千年历史的传统文化，为适应实际生活而做准备。就像他们可追溯到近百代的祖先一样，统治他们的是身居遥远京城的皇帝。1911年辛亥革命之后，他们迎来了新的国家，并且接受了现代军事教育——以唐生智为例，他上了华北著名的保定陆军军官学校（简称保定军校）——但他们不可能也不愿意完全放弃他们的传统思维方式。[38]

这些传统思维方式常常包括对所有外国人的极端不信任。在他担任卫戍司令长官之前，唐生智一直负责卫戍部队的军事训练。就任后，蒋介石建议他应该让德国首席顾问亚历山大·冯·法肯豪森将军列席幕僚会议。唐生智犹豫了。"法肯豪森一直在日本担任武官，"他说，"德国、意大利和日本现在正相互支持。这样做不恰当，是吧？"蒋介石回答说，法肯豪森是一位老资格军官，尽管柏林的政客们结成了新的联盟，但他还是不会忘记对老朋友的忠诚的。"没关系，"蒋介石说道，"我们可以信任他。"唐生智被迫松口，但他对那位德国军官从未有过完全的信任。[39]

唐生智本人也很少能使别人对他产生完全的信任。主要问题在于他是来自中国南部的湖南省，而他所指挥的核心部队却卫戍南京多年，对待首都忠心耿耿。此外，即将调来南京的其他部队也都来自中国的不同地区，由于唐生智与这些部队之前都没有人脉关系，他们是否会尊重他的命令还不得而知。[40]

唐生智的体质羸弱不堪。在他被任命后不久，蒋介石命令他的一位高级将领白崇禧陪同唐生智一起视察城墙。尽管唐生智穿着厚厚的外套，视察中大部分时间也都留在军车里，他却明显地被冻得够呛。当他们来到需要攀爬的几段城墙时，他总是留在车内，让他的参谋长出去代他视察。有过此次经历之后，白崇禧对一位军官同僚说道："蒋以唐防守南京，实无知人之明。"[41]

事实上，尽管唐生智慷慨激昂地宣称要为南京战斗到死，他本人对自己长期坚守首都的能力也缺乏足够的信心。那年早秋时节，有位名叫刘湘的中国西南方的军阀访问了南京。唐生智告诉了刘湘自己有关一场防御战能坚持多久的实事求是的看法。唐生智说道，顶多只能坚持到国军的主力撤离战场、重新聚集并休整补充的那一刻。当刘湘即将离开时，他对唐生智说："我在这里遇到的所有人之中，你是唯一一个愿意告诉我真相的人。"[42]

＊　　＊　　＊

真相就是在上海沦陷之后的数周内，中国连连失利，兵败如山倒。尽管如此，中国军队仍然做到了让日本的每一次胜利都付出惨重的代价。11 月 19 日，日军第 16 师团与重藤支队齐头并进，从长江南岸登陆区急行军，然后联手攻占了常熟城。这样就为日军在号称"吴福线"的防线上提供了一个重要支点，这条吴福线起于长江边的福山镇，经过古老的商业中心苏州城，一直延伸至太湖边上的吴江镇。[43]

虽然日军取得了快速进展，但是他们也对中国的防御力量感到震惊。当日军接近常熟城时，他们遇到的一个主要难题就是一种由水泥碉堡构成的相互交织的系统，对此他们不得不逐一攻破，而进攻常常要付出沉重代价。守在堡垒内的中国将士视死如归，决心抵抗到底。战场上往往出现这样的情况，当日本人以为他们最终摧毁了一个中国工事并准备继续前进时，他们会非常遗憾地发现，有些防守士兵仍然还活着并从他们的两翼向他们开火。[44]

　　日军在常熟面对的另一个挑战是中国军队所装备火炮的惊人威力，这些火炮原本被普遍认为比日军火炮低劣。在攻占这座城市前的最后几个夜晚，日本士兵在他们的临时阵地上被连续不断的中国大炮的爆炸声震得彻夜难眠。这些炮弹往往还打得非常准，令人魂飞魄散。当听到又一枚炮弹呼啸着划破夜空时，日军步兵们咬牙切齿地自言自语道："这将是我听到的最后一响炮弹声了。"中国人在宣传中将吴福防线喻为新的"兴登堡防线"，后者是第一次世界大战末期德国的一条几乎坚不可摧的防线，许多人曾经对此宣传嗤之以鼻，但是它却蕴含了几分真实。[45]

　　同样也是在 11 月 19 日，更为偏南的古城苏州也沦陷了。攻陷苏州城的是日军第 9 师团，两天前这支部队占领了昆山市，然后沿铁路西进。[46]根据《纽约时报》所载，攻城部队一枪未放。一支由 15 个日军士兵组成的小分队大摇大摆地进入城内，悬挂起日本国旗，而中国守军则仓皇出逃。[47]一个日军发言人在上海反复强调了日军不费一枪一弹便占领了苏州，他说："我们把在这种情况下攻占这座伟大的城市（苏州）看作现代战争史上最不寻常、最具悲喜剧色彩的战绩。"[48]

　　"苏州附近的敌军部队完全丧失了战斗士气，"松井石根大将在日记中写道，"一些士兵弃械投降，其他人则趁乱西逃。……我们的军队没有遇到任何令人担心的抵抗。到目前为止，上海派遣军已经实现了其所有目标。我对此感到非常高兴。"[49]

　　事实上，所有这些不过只是宣传而已，也许松井石根本人也受骗了。苏州并没有那么轻易地落入前进中的日军之手。即

86

使就在第9师团的士兵们能够从远处看见城里著名的古塔之前，他们也还是不得不先攻下城外纵横交错的中国守军所筑的碉堡群，而一旦穿过古老的城墙入城之后，他们还被迫逐个逐个地消灭此起彼伏的零星抵抗。根据日本的消息来源，有1000多名中国士兵在这些肃清残敌的行动中被杀。[50]

确实，在第一个日本步兵涉足苏州城之前的好几个星期里，苏州就已经饱受战火的洗礼了。日本飞机每天都轰炸这座城市，这反映出苏州作为吴福线上主要枢纽的重要性。在整个前线的大撤退中，苏州的中国守军决定于11月14日撤离这座城市。高级将领顾祝同如此描述了这场随之而来的骚乱："是日，苏州遭日机大肆轰炸，我离苏州时，苏州城内外多处大火焚烧，难民扶老携幼，沿途充塞，部队亦络绎西进，秩序混乱已极。过去战地情景，我虽已见惯，而此时一幅乱离惨痛的画图，深印脑际，历久竟不能磨灭。"[51]

尽管大火熊熊，等待着日本兵的是苏州城中丰富的战利品。根据一位西方记者的描述，在第9师团攫取的战利品中，有100门大炮和其他不同类型的装备。[52]历史上苏州城一直是中国最富有的城市之一，即使在数月的战争之后，仍然到处都有着取之不尽的战利品。许多日军士兵去了一趟卷烟厂之后，口袋里便塞满了香烟；其他士兵则扛着装满硬币的圆桶，他们刚刚抢劫了一家银行。[53]

24岁的山本武，新近被晋升为上等兵，也带着他的小队在苏州城搜寻战利品。在最后一批中国守军被杀戮之后，苏州已经变成了一座鬼城。他们进入了一座被遗弃的大型豪华别墅，里面的床榻柔软舒适，一些出身农家的士兵以前从未见过这种奢华生活。其中有个士兵在翻抽屉时，惊喜地发现了不少隐藏起来的色情照片。"现在我们有话题可聊啦。"他如此说道。

山本打开一个衣柜,里面装满了昂贵的皮草和彩色刺绣的中式衣服。他还发现了一本相册,里面有在日本拍摄的快照:第二大城市京都和神圣的富士山。每个场景前都站着相同的一群人:一个穿着西装的中国男子,他那穿着中式旗袍的妻子,还有他们的孩子,行为端庄,乖巧整洁。山本想道,这户人家一定是有钱人。如果没有战争,他很可能会成为日本人的朋友。[54]

* * *

11 月 20 日晚 6 点,苏州和常熟沦陷后第二天,在南京所剩不多的报纸中的一家刊发了一份号外,考虑到战时对出版物的限制,这是极不寻常的。号外登载了一篇重大新闻,中国政府已决定离开首都南京,迁至数百英里外长江上游的重庆。没过多久,南京广播公司证实了这一消息。[55]

政府发布了一个声明来解释这个举措。迁都是为了提高政府的效率,绝不意味着抗战决心的削弱。中华民族已准备好与侵略者战斗到最后一人,宁死不当亡国奴。"宁为玉碎,不为瓦全",这是每个爱国的中国人的愿望,声明中如此说道。[56]

此时,政府即将搬迁成为公开的秘密已有好几天了。在大约一星期之前,交通部的走廊和办公室就已经堆满了各种大大小小的箱子,其他各个部也同样在匆匆忙忙地打包收拾准备离开。[57]尽管已经计划了好几个月,这次搬迁行动还是来得很突然,超出了大家的预期。"离宁之日,一般员工都是行色匆匆,没有思想准备,"一个名叫丁绍兰的官员回忆说,"精神很紧张。"[58]

蒋介石政府甚至还考虑过将中华民国的创始人孙中山的遗体从紫金山中山陵迁走。他们不知日本人会怎么对待这个现代中国影响力巨大的标志。最终，出于实际考虑，他们做出决定还是将遗体留在南京。遗体被安置在一个地下墓穴中，上面覆盖着厚厚的好几层砖块和大理石，因此要想入内只能使用炸药。尽管如此，在最后时刻到来之前，还会有一队卫兵留下来守卫陵墓。[59]

早在 8 月，蒋介石就曾权衡过从南京迁都的利弊，在那时，重庆就被提出作为一个可能的选择对象，尽管在历史上重庆一直可以说是一处穷乡僻壤，而且显然也不是中国东部世界性大都会文化的一部分。然而，重庆足够遥远，这使得日本陆军鞭长莫及，但又非过分遥远，以至于完全丧失治理中国的可能性。[60]

政府机构搬迁至重庆并不是一次性就全部到位的。如外交部就先搬迁到位于长江之滨的临近城市武汉，那里居住着相当多的外国人士。大量的外交官也先后停留在武汉。11 月 23 日，美国大使乘坐美国"吕宋"号战舰离开南京，英国驻华大使乘坐"蜜蜂"号炮舰也在同一天离开。在原先数百名英美籍人士中，有 30 名美国人和 19 名英国人继续留在南京。那天晚上，唐生智会见了留下来的外国使团成员，并保证"即使在极端危险的时刻"，也要保护他们的生命和财产安全。[61]

同样，留在南京的外国人士也在考虑，一旦南京城被战争吞噬，如何去保护城里的平民。他们有一个模式可供借鉴，那就是最近淞沪战役中在上海设立的一个特殊非军事区。那个名为饶家驹安全区的非军事区是以其创始人法国耶稣会神父饶家驹（Robert Jacquinot de Besange）的名字命名的。[62]11 月 19 日，为南京非战斗人员建立中立区的国际委员会成立了，11 月 22日，约翰·拉贝出任委员会主席。[63]

委员会成员明白，安全区的成立必须得到日本军方的同意。就在拉贝被选为主席的当天，委员会致电驻上海的日本大使，表明了请"日本当局出于人道主义的考虑，能尊重安全区的平民性质"的希望。同时，电报也承诺得到了中方的保证，不让军事人员或武器装备进入安全区。[64]

与此同时，蒋介石也清楚，整个政府的搬迁实际上发出了一个相当清晰的信号，即危险迫在眉睫，这时候保持士气尤为重要。首先，他自己就留在南京。其次，他确保自己在公众视线内。迁都重庆的决定公开后第三天，他和夫人宋美龄坐在一辆密闭的汽车里围绕南京城行驶，以此来鼓舞那些留下来的人的精神。消息迅速传开，那辆车所到之地都吸引了大群充满好奇心的围观者。[65]

正在进行着的准备工作还包括安排哪些部队应留守南京以及哪些部队应向西撤退。从本质上讲，这就是决定谁将生存，谁将牺牲。11 月下旬的一个深夜，南京装甲兵团的指挥官杜聿明被召唤到总参谋长何应钦的指挥部，何应钦说明了蒋介石保卫首都的计划，以及中国的这支弱小的装甲部队应如何配合这些计划作战。

他说："现在决定唐生智守南京。委员长要将德国战车全部留在南京抗战。"这里他指的是中国最近从德意志帝国购进的 Sd. Kfz. 221 装甲车。杜聿明认为从军事角度来看这样做毫无意义。"德国战车虽然是我们现在最好的战车，"他说，"可是有枪无炮，威力不大；而且为数只有 15 辆，它们也不适于在南京周围河湖密布的地带作战。"

杜聿明建议配备英国制造的维克斯·卡登·罗伊德坦克来代替德国坦克，中国也拥有这种坦克的两栖型。"这些坦克都有枪有炮，又可以水陆两用，适宜于南京附近的作战。"他还建议，一旦希望渺茫，这些坦克还可以横渡长江，开往江北。"不"，何应钦说道，他认为杜聿明并没有理解。坦克是否可以水陆两用其实无关紧要。"你不要想撤退到江北，委员长说要死守南京，应照命令将德国战车留下。"[66]

* * *

也许中国的军事指挥官不应该对 1937 年秋他们所处的境况感到惊讶，他们当中最敏锐的人早在二十年前就已经预测到了。1917 年，被誉为"民国最重要的军事理论家"[67]的年轻军官蒋百里，就曾以令人难解的先见之明撰文指出，日本侵略扩张的帝国主战略迟早会导致一场在中国大陆上旷日持久的战争。[68]

随后的几年中，蒋百里制定了他认为应对该挑战所需的战略。"我们对敌人制胜之唯一方法，"他在 1922 年写道，"即是事事与之相反，彼利速战，我持之以久，使之疲弊；彼之武力中心在第一线，我们则置之第二线，使其一时有力无用处。"[69]

这一思路使蒋百里成为"持久战"这一理念的睿智的首创者之一。这是一种非常适合中国的独特的战争策略，本质上可以收到不战而胜的效果。"感谢我们的祖先，"蒋百里说，"中国有地大、人众两个优越条件。不打则已，打起来就不能不运用拖的哲学。拖到东西战场合流，我们转弱为强，把敌人拖垮而已。"[70]

中国的地形对于如何在实践中运用这个战略具有重要影响。"大机动性部队宜于北方平原地，"蒋百里在他的论著《机动兵团之组织》中写道，"不能使用于南方地及水田地。"[71] 面对具有技术优势的敌人，中国只有一个选择：把敌人从可以发挥他们装甲优势驰骋战场的北方引诱到长江周边区域，使他们困在泥潭之中。

蒋百里有充足机会将他的思想传递给下一代。在强调"万般皆下品，唯有读书高"的文化背景下，知识上的影响主要都是通过学校这一渠道，对下一代思想上的影响力没有人能超越倍受尊敬的教授。[72]这种文化使蒋百里受益匪浅。他在北京附近著名的保定军校任校长多年，在这个职位上他能够用自己的思想理念来深深地影响中国武装部队的未来领袖。其中一人便是唐生智。

反过来，唐生智也能够把蒋百里的理论付诸实践。1935 年秋，他曾全面深入地参与了十年来规模最大的军事演习的计划和执行。共有两万多兵力参加了那次在长江以南南京和上海之间展开的军事演习。这种前所未有的参演部队的规模，使得中国军队能够真实地模拟实际战场条件，其主要宗旨就是对"诱敌深入"战略的一次检验。[73]

演习结束后总结了经验教训，唐生智评论说演习地点选择得非常好。这样的地形地貌对于坦克部队指挥官而言不亚于一场噩梦。江河密布，山坡陡峭，道路狭窄崎岖，几乎没有哪座桥梁能支撑坦克的重量。用来间隔成千上万小块水田的田埂，几乎都不到两三英尺宽。对于在阵地间快速移动的步兵来说，这个宽度足够了，但对于履带车辆而言，它们就无计可施了。

这种地形似乎是任何机械化军队的葬身之地。

1937年秋季对日战争的发展态势似乎初步证明了蒋百里的观点是正确的。蒋介石细心地避免了调派他的最精锐部队到华北的北京地区，而是选择在上海周边地区打响了一场大战，这里的地形确实证实了蒋百里所描述的日军装甲车碰到的不利条件。[74]

日军逐步引入了一些创新战术，甚至使他们在上海西面和北面半干半湿的稻田里也照样能够使用自己的装甲部队。但在通常情况下，日军坦克仍被迫沿垫高的道路移动，这就使得它们非常危险地暴露无遗，成了隐藏在它们前进道路两边的中国步兵的活靶子。9月和10月的几个星期内，上海地区确实看上去就像一个泥潭，在逐渐消耗日本军队，直至弹尽粮绝。[75]

日军11月初的成功登陆——首先在杭州湾，然后在长江南岸——戏剧性地、出人意料地改变了局势。僵局已被打破，尽管当地的地形仍然造成重重困难，但日本军队还是能够重新进军了。之后战局的变化将证明蒋百里十年前的观点是否仍具指导意义，抑或日本人的坦克在长江以南的水乡也能纵横驰骋。后者似乎日益成为现实。

92   *   *   *

昭和天皇裕仁的士兵并没有像蒋百里和其他指挥官可能希望的那样被困在长江以南。尽管如此，他们在战场上赢得的胜利与其说靠的是现代机械化的武器装备，还不如说靠的是古老传统的严明纪律。11月23日，当日军第20联队的上等兵东史郎到达长江战场的第一天，残酷无情的战争现实就让他意识到自己已深陷其中。他所在的部队是沿长江边登陆的第16师团的一部分，登陆数小时之后，他听到了响亮、愤怒的日语斥责声。声音出自一栋被人遗弃的中国农舍里。

"你害怕上前线吗？你害怕打仗吗？"随着责骂声传来的是打耳光的"啪啪"声，接着是啜泣声，"你还是日本人吗？你能把自己看作是个日本兵吗？你这个胆小鬼！"一个小队长正在惩罚一个年轻士兵，只是因为这个年轻士兵想请假去野战医院治个小病。在日本军队中，只有战场上受的伤——而且是重伤——才被视作前往野战医院的门票。[76]

日本军队在很大程度上与其在南京战役中的残暴名声是相符的，但要驱使其士兵上战场，常常需要严厉的纪律，外加野蛮的强制暴力。事实上，远远不是所有日军参战部队都具有相同的作战素质。在上海地区的两个日本师团，第13和第101师团，均是由预备役军人临时组成的战时部队。这两支队伍中充斥着丈夫们和父亲们，他们都不愿意去冒无谓的风险、做无谓的牺牲。[77]

有一次，第101师团的大炮几乎将一个村庄夷为平地，眼看着中国守军在撤退，部队却没有上前追杀。[78]另外有一次，同一师团的一个大队长试图召集他的部属乘夜去偷袭中国军队的防线，结果却发现自己几乎独自身处无人地带，跟随他的只有两三个忠诚的士兵。在他设法返回的路途中，敌人的火力杀死了他。作战部队的领导力是至关重要的，由能干且勇敢的军官率领的部队才能在战争中凸显出来，缺少优秀军官的同类部队只能甘拜下风。[79]

即使是精锐部队，在上海外围的烂泥里战斗数月之后，其士气也会逐渐低落，并越来越明显地表现出尽可能避免参战的倾向。当上海之战终于结束，大量中国军队潮水般向西撤退

93

时，第 9 师团从接到追击敌人的命令到仅仅开始准备将部队从阵地上召集起来就花了整整十四个小时。[80]

大量的兵力消耗是这种士气不振的主要原因。华中战场犹如一个绞肉机，士兵的生命被以惊人的速度挥霍着。天谷支队[81]第 12 联队在上海附近登陆时兵力多达 4000 人，但十天之内，仅剩 900 人。[82]这场战役比 20 世纪初日俄战争以来日军所经历过的任何一场战争都更加血腥。

但这并不是说日本士兵不是可怕的敌人。他们的枪法如传奇般的准确。这是他们在日本家乡的射击场上无数个小时射击训练的结果，中国步兵的恐惧在很大程度上都来源于此。军营里流传着许多日本士兵隔着极远距离准确击中目标的故事。

尽管如此，在几年后的太平洋战争中日本士兵身上所具备的某些令人敬畏的品质在南京战役期间还不曾形成。此时，他们还不是骁勇的夜间战士。保存下来的记载描述了日本装甲连队夜晚亮着前灯驰骋在中国乡间的情况。这种做法很快就停止了，因为他们意识到前灯会招致隐藏在靠近路边掩体里的中国步兵的注意，而日本坦克指挥官们也学会了借助星辰来导航。[83]

夜间的效率低下并不是因为日军军事手册缺乏明确的指令，事实上手册给出的指令非常清晰。士兵在日落之后须保持头脑冷静，遇到敌人须待其靠近到 100 英尺时的地方才能开火。但这一切在 11 月太湖南岸的黑夜里都变得不切实际，第 18 师团的士兵们在那些日子里被困在战壕里，有时候与中国防线的距离近到连彼此说话都能听到。这是一次噩梦般的经历，有些士兵的反应已接近于极度恐慌。

在无人地带，哪怕是一丝微小的动静都会引起紧张的步兵的一阵扫射，由于缺乏食物和睡眠，许多人都产生了幻觉。子弹通宵达旦不停地划破天空，这是因为士兵们感觉他们看到了移动的影子。有时这不过是他们的幻觉，有时则不是。不止一次，他们自己的战友遭到误杀。日军指挥官逐步了解到他们的步兵训练中存在的不足之处并从中吸取了宝贵的经验教训。几年内，他们的训练就得到了改进，这使得西方将士在太平洋战场上发现这一点的时候感到特别懊恼。[84]

94

* * *

日军战地指挥官将他们的作战重点从击败上海附近的中国军队转移到乘胜追击直捣南京，这一决定给日军部队带来了一系列连锁反应。各部队须重新考虑他们的计划，但没有哪支部队受到的影响大过第6师团。第6师团的士兵是第10军11月初在杭州湾涉水登陆的第一批部队中的一部分，他们进展迅速，就像谚语中说的快刀切黄油一般利落。

然而，由于现在做出的决定是部队朝西面南京方向运动，他们奉命要转一个巨大的U形弯掉头朝南，差不多又要回到几天前他们曾经经过的同一地区。部队的行动受制于地形，在太湖地区更是如此。原上海派遣军在得到第16师团和刚到的其他部队的增援后，将要向太湖以北推进，第10军则向南推进。

这就意味着第6师团不得不加快步伐，迅速与第10军的其余部队会合。突然间，该部队的士兵，在战役开始时曾经行动非常迅速敏捷的士兵，此刻却似乎遭遇了不期而至的厄运。在转身向南行军之后，他们于11月21日到达嘉善。刚一到达，部队中就暴发了霍乱，因此而耽搁了三天的进度。同时，第10军的其余部队——国崎支队、第 18 师团、第 114 师团——则迈着轻快的步伐，一路挺进，于 11 月 23 日进入湖州。[85]一路上，他们征用了能找到的每一艘船，通过直接从太湖南岸到西岸的捷径来运送部队。[86]

行军经过太湖以南乡村的日本军队惊奇地发现此地的景象非常熟悉。"环绕在我们四周的群山与家乡的景致毫无区别。"11 月底，国崎支队的末永健一郎少尉在他的日记中写道。[87]一天之后，同一支队的炮兵大佐槻木雅夫在他的日记中也表达了相似的看法："水稻田、桑园、茅草屋、远处的群山——这一切都与家乡十分相似。你会感觉好像正在参加秋季军事演习。"[88]

* * *

第 10 军的士兵当时可能还不知道，但这些注定要在战场上残酷地拼死拼活的士兵此时此刻正在到达长江战区。尽管中国政府正在撤离南京，来自中国西南的四川省的生力军却正在首都的码头上登陆，他们将朝着另一个方向进军，向着危险进军。

这些从 11 月 20 日开始登陆的士兵组成了国民革命军第 23 集团军。他们戴着宽边草帽，以保护自己免受中国南方的烈日暴晒，草帽上常常涂抹着伪装用的黄绿色图案，看上去有点儿异国情调。有些士兵看起来像是刚刚穿上新制服，而其他人则可怜地都穿着适合亚热带气候的薄棉衣，完全没有准备好去应付华中地区的寒冬。少数士兵"衣衫褴褛，犹如贫困潦倒的苦力"。几乎所有士兵都穿着草鞋，在路上行军一整天后，每晚都必须修修补补。[89]

他们的装备都是些最基本的，武器也近乎原始。新到达的士兵所配备的最常见武器，就是四川本地生产的一种老式步枪，但还有不少士兵根本没有武器，只是简单地扛着"粗棍和背包"就投入了战斗。每个师最多只有十几挺轻机枪。无线电通信设备只有在旅级及以上指挥部才有。非常明显，该部队缺乏大炮或其他类型的重型装备。这样一支军队原本只是用于20世纪20年代以来就一直此消彼长、技术低级的国内的内战，他们从未被指望过会用来对付像日本军队这样富有作战经验的敌人。[90]

尽管川军的成效可疑，但他们进驻南京对蒋介石来说是一次政治上的胜利。他们已经长途跋涉了好几个星期，有些人甚至好几个月，而他们这种不辞辛劳甘愿如此长距离行军的精神表明了中国在团结起来、齐心协力反抗日本军事威胁的道路上已经取得了很大的进展。相比之下，他们在前往战场途中的行为表明，在统一指挥下要有效调动其庞大的资源，中国仍然还有很长的路要走。

这支川军部队编成五个师和两个旅（原文如此），均由当地军阀刘湘提供给养，刘湘那年初曾走访南京，并对唐生智的直率表示了欣赏。刘湘成为蒋介石反抗日本的新盟友，这完全是出于民族大义而不是一反常态，尽管不到一年前他还是蒋委员长最坚定的敌人之一。现在，刘湘的部队在与蒋介石的部队肩并肩共同对日作战，但他们依然保持了强烈的地方忠诚性。他们只听命于刘湘，而不是蒋介石。

田钟毅就是这么一个只忠诚于刘湘的人。他是第13独立旅的旅长。他率部从四川跋山涉水远道而来，但就在离南京几百英里的地方停止了前进，即使是蒋介石亲自下达命令，他也拒绝继续向首都开进。他只接受刘湘下达的命令，直到那位南方军阀亲自签署的一道命令到达之后，他才指挥部队继续前进。[91]这不是唯一的一段插曲，不久，蒋介石和他的指挥官们决定他们的命令都以刘湘的名义来发布，即使刘湘本人还在去南京的途中。这些表面上由刘湘签署的冒名命令持续了一个星期，直到最终到达南京之后，他才开始亲自发布命令。[92]

蒋介石清楚地明白这些川军部队的价值，同时也觉察到他自己在川军普通官兵当中几乎没有什么威信可言。为了赢得川军指挥官的好感，蒋介石把他们都安排在南京城中最舒适的饭店里住宿，并且当他们先后来到首都时，特地亲自一一接见。[93]蒋介石真心需要他们的帮助，为此愿意不计代价尽力而为。也许蒋介石还有其他动机，但即便如此，他也是十分聪明而不会公开说出。通过调动川军出川，使他们远离家乡效力国家，蒋介石能够在一定程度上削弱一些地方军阀的影响力。[94]

将川军部署在何处？在这个问题上是不存在疑问的。正在沿太湖南岸进军的日军第 10 军必须加以阻止。虽然对敌人的详细计划一无所知，中国军队的指挥官也能看出，一旦日军到达南京以南的长江港口城市芜湖，这最后一条从首都南京撤退的主要陆上通道就将被关闭了。因此，中国军队急需保卫该地区，而日军则同样急需征服它。[95]

顾祝同，这位曾亲眼看见苏州撤退时的混乱情景的将军，早已下令从中国南部的广西调两个师去阻止日军的推进。这两个师立即出动了。刘湘的部队也被派往同一个战场。到 11 月最后一周时，两支大军——日本的第 10 军和新到达的川军——在太湖西南同一地区交汇了。两支部队都经过急速行军，此时冤家路窄，注定要在此相遇，而且，他们最终将在整个南京战役最血腥的一场战斗中拼个你死我活。

98

4. 日军进军路线图
（1937年11月下旬）

第四章 太湖之战

1937 年 11 月 24 日至 30 日

　　11 月下旬向太湖战场挺进的川军士兵中间有位叫饶国华的将军。这位时年 42 岁的第 145 师师长身上反映出过去几十年来中国在转变成为一个现代民族国家的过程中所经历的深刻变革。他出生于四川一个贫穷的家庭，在 1911 年末推翻远方北京城中皇帝的大革命时期，他剪掉了自己的辫子然后加入了当地的一支军阀武装。[1]

　　尽管饶国华的军事生涯几乎全都是在他的家乡四川省展开的，但他的忠诚却超越了省界，扩展到了全中国。当卢沟桥事变使中国陷入与日本的全面战争之际，他一直坚持要上前线去抗击日军。如今，他的愿望得到了满足，在率部开往北方之前，他还回到故乡的村庄为老母亲 70 岁生日祝寿。"与日军作战不一定以胜利告终，但国家兴亡，匹夫有责。"他曾对朋友如此说道。

　　11 月底他亲临战场，此时他痛苦地意识到他的士兵去对付现代日本军队准备是如此不足。川军各部队以最快的速度朝太湖方向前进，但部队行军主要都是在日落之后，为的是躲避日军飞机的骚扰。士兵们碰到的一个大问题是此地新修的铺了

碎石的道路，使得他们穿的草鞋都磨成了碎片。深夜里再怎么修补也无济于事，有些士兵于是只能赤脚上阵。[2]

　　途中，他们遇到大量国军士兵在向后方撤退，其中有几路纵队士兵特别使他感到吃惊。那支部队衣着齐整、装备良好，似乎根本就没有经历过战火的洗礼，反而看上去好像刚刚

离开军营，吃饱了肚子，精力充沛。许多川军士兵心头都在问着相同的问题：难道我们就该冒着生命危险去确保他们这些士兵撤离吗？难道他们不比我们更有战胜敌人的优势吗？[3]

第145师一到广德，马上就开始修筑工事，尤其是位于城市附近的一个具有战略意义的机场。该师还派出部队沿路到泗安镇。但是，留给他们做战斗准备的时间不多。日军也很快就到达了，并立即展开无情的攻击。11月25日，小规模战斗从早到晚一直不断，而第二天，中国士兵则领教了敌人进攻的全面威力。

日军飞机轰炸了泗安镇前的中国阵地，接着，为日本第18师团的进攻铺平道路而提前派出的坦克迅速出击。只习惯于打低级战术内战的中国士兵以前从未遇到过装甲部队，故惊慌失措，不战而逃。日本战车碾过被炸毁的中国守军阵地，一路前进，未遇什么抵抗就攻占了泗安。[4]

就在这重要关头，当川军部队正在与外敌做第一场殊死战斗时，能够掌控全军的刘湘却病倒了。一场严重的胃病击倒了他，他只能被护送回后方。为了填补刘湘走后的空缺，蒋介石任命他最信任的指挥官陈诚来指挥这支川军部队。尽管陈诚对南京政府的忠诚毋庸置疑，但他对川军部队的关注就要大打折扣了。同样，川军官兵也没有对陈诚留下好的印象。虽然他们尽职尽责地每天都向南京发送有关他们行动的详细报告，但几乎没有得到任何回复。[5]

*　　*　　*

并不是只有中国人才面临着内部沟通不畅的麻烦，日本人也有着类似的严重问题，不仅各部队之间难以交流，而且高级军官和政客之间的对话也几乎是不可能的。从敌对行动酝酿之

101

初，日本首相近卫文麿就对自己和其他政府官员被封锁消息而一直感到愤愤不平，他们无从得知任何涉及中国的重大决定。"内阁大臣们在严肃地讨论着一些议题，而相同的内容早已被报纸报道了。"一位日本历史学家如此写道。[6]

这种文官影响力的缺乏也许能部分地反映出近卫文麿的个性。据说他的眼睛能看出"有点淡淡的惰性"，熟悉他的人用"倦怠文化"（a culture of languor）[7]这个词来指责他。这种懈怠的态度可能更加容易使军方在中国自行其是。然而，把一个政治领袖排除在关乎国家利益这样最重要的大事之外，此种情形哪怕是对像这位没有特别强烈的权力欲望的近卫文麿一类的人来说也是难以接受的。[8]

1937 年 11 月，他成功地推动了一次改组，将政府和军队两方面的决策者紧密联系在一起。此举导致了御前联席会议（Imperial Liaison Conferences）的诞生，会上最高军事指挥官与内阁成员同桌就座。有时候，会议会在皇宫召开，天皇裕仁也亲自出席。一旦天皇出席会议，那么会上所做出的任何决议就获得了一种几乎是神圣的地位，无人可以逆转。[9]

与御前联席会议并行的还有在 11 月颁布的一项法令，成立了帝国大本营，其中包括了陆军和海军参谋本部的负责人以及战争大臣和海军大臣。帝国大本营本质上与 1894 ~ 1895 年第一次中日战争以及 1904 ~ 1905 年日俄战争时所建立的同名总部类似，和他们的前辈一样，其目的是为了简化决策过程并减少不同军种间的对立。[10]

帝国大本营的运作并不像日本计划者所希望的那样成功。根据战后记载，从一开始，帝国大本营就"对解决眼前问题无所作为，反而在考虑微小细节上使用了额外人员及更复杂的组织结构"。[11]在新的体制里，类似的这种内部关系被继承了下来。鹰派和鸽派还在其中一决雌雄，只不过是在利用这个新近设立的机构作为其争斗的竞技场。

这种成功的欠缺在 11 月 24 日星期三这一天越发明显，当时帝国大本营举行了其成立以来的第一次会议。对于东京的强硬派下村定少将来说，这次会议的主要目的就是要消灭最后的阻力来大大扩展在上海西面的军事行动。这种阻力来自多田骏，尽管敌人已经被大大削弱了，他却仍然和以往一样，担心过度陷入中国战场会带来长期风险。

多田骏的权威不仅被在中国的战地指挥官所削弱——两天前他们在违抗命令的信中表示他们想怎么做就怎么做，完全不在乎东京是否满意——而且他还失去了陆军参谋本部的支持。甚至连河边虎四郎，这位在 11 月中旬赴华视察刚回来的作战课课长，也改变了主意。回到日本后，他确信从苏州到嘉兴的停战线是事与愿违、适得其反的。[12]

在多田骏的支持者逐渐减少的同时，下村定决定继续施加压力。此刻，陆军参谋本部的大多数成员都站在他的身后，他利用召开帝国大本营会议的机会来强烈地表明他正在策划一场全面进攻南京的战役。[13]尽管仍然没有人能说服多田骏去相信夺取南京是明智的，但他在跨越停战线一事上妥协了。[14]战地指挥官们现在拥有自主权可以任意深入中国腹地。对扩张主义者和他们的首席代表下村定来说，这是一个胜利——但是他还不满意，在接下来的一周内可以看清这一点。

＊　　＊　　＊

在东京举行帝国大本营首次会议的同一天，在布鲁塞尔则

102

是《九国公约》缔结国的最后一次相聚。代表们以一个很快就被众人视为一纸空文的宣言结束了为期三周的毫无成果的谈判。"武力本身不是解决国家之间纠纷的公正和持久的办法"，声明如此说道，该声明获得了除意大利之外所有出席国的批准，意大利是日本在欧洲的极少数朋友之一。声明"强烈"敦促"停止敌对行动，推动和平进程"，但声明中只字未提如果交战双方中某一方不遵守的话，将会发生什么。[15]

103　　温文尔雅的中国代表顾维钧毫不掩饰对多国会谈的虎头蛇尾的厌恶心情。两天之前，在谈判结局已经明朗的大会倒数第二次会议上，他已经声明了"对谈判显然缺乏有成效的结果而表示遗憾和失望"。[16]由于缺乏自身的影响力，中国沦落到只能试图采取使世界感到羞辱进而采取行动的地步，但不出所料，收效甚微。

　　这次会议结束之后，美国首席代表诺曼·戴维斯来到顾维钧面前，为自己在最后声明中没有更强烈地表示他对中国的同情而做出道歉。他说他只是忘了。"不过，"他补充道，"总体上这件事为中国创造了普遍的善意。中国比以往赢得了更多的朋友。"[17]私底下，戴维斯更加诚实坦率，他说，中国人很自然会对最后宣言感到不快。"他们喜欢原则性的声明，"他在电话中告诉美国国务卿科德尔·赫尔，"但不幸的是，这并不能阻止日本残害他们的国民。"[18]

　　那些自由世界的报纸，就其所关注的程度而言，同样也对这次会议嗤之以鼻。"从一开始，会议成功的可能性就微乎其微，"《泰晤士报》在其社论中写道，"没有任何一个大国会觉得主动提出一种不那么被动的政策是理所应当的，在这种情况下，铁的事实对各国都具有约束力。"[19]总部位于巴黎的《费加罗报》以一个法式耸肩来告别这次会议："代表们无法达成一个令中国满意的具体结果，"它说，"相反，他们只是采纳了一种外交礼节，只是反复强调为什么先要召开这次会议。"[20]

谈判结束之后，一些代表意犹未尽，感觉本可以多做些事情。其中之一就是与会者一直不愿意用武力来支撑他们对东亚和平的呼吁——也许，这是可以理解的，毕竟在那个年代，对二十年前的最近一轮发生在战壕中的屠杀还记忆犹新——但另一件事，也许是更严重的事，是他们甚至都未能去讨论中日冲突的实际情况。与会者没有关注冲突的演变过程，也没有详尽地分析局势以便发现可能的使双方和解的途径。[21]

会议结束后的那天晚上，柏林的外交官组织了一次社交意味更强的活动。日本大使馆举办晚宴，庆祝《反共产国际协定》签署一周年。来宾中有阿道夫·希特勒，尽管他平时并不愿意参加这样的活动。[22]来宾听取了日本递信大臣永井柳太郎的广播讲话。"中日冲突对我们来说是一场圣战，"他说，"我们的目标是要让南京政府解释它的抗日态度，将中国人从赤色恐怖中解放出来，并保证远东地区的和平。"[23]德国通过出席招待会发出了一个明确无误的信号。第三帝国将放弃其中国老盟友，转而与日本结交，后来的轴心国即由此而诞生。世界日益被划分为两大阵营，用美国代表戴维斯的话说，就是"守法者和违法者"。[24]

而布鲁塞尔会议则是另一个迹象，如果还需要那么一个的话，表明了第一次世界大战之后发展起来的遏制国家之间冲突的机制是有很大缺陷的。由于它无法遏制侵略行径，其结果就是战争在远东一直持续着，随着日军西进，一些大战相继在许多外国人闻所未闻的城市里爆发。像江阴这样陌生、鲜为人知的新地名不断出现在西方报纸上。

＊　　＊　　＊

1937 年秋，年轻的政训处处员郭心秋与第 112 师的官兵一起抵达长江港口城市江阴。该部战士都是彪悍的东北汉子，也是征战多年的东北军阀队伍的老兵。他们吃苦耐劳，无所畏惧。但郭心秋只是个毛头小伙，还不能与他们一样。11 月下旬，他与一队纠察队员被安顿在城边码头附近的一处私人住房里，但一堵无形的墙把他们分隔开来，一边是一个是从未听过战场上激烈枪声的新手，另一边是久经沙场的老兵。[25]

在中国那新的积极性很高的现代军队中，郭心秋的工作是提高部队的士气。由于战争临近，他感觉必须也要鼓舞自己的士气。令人不安的是，大炮声一天天更近更响了，谣传日本兵也已经距离此地不远。谣言不假。11 月 27 日午后不久，江阴城的南边和西南边升起了日本人的两个观测气球。敌人会在发动攻击之前先实施侦察活动。

江阴城大约位于长江沿线的上海和南京之间的中段，具有极其重要的战略地位。江阴所处的位置正好是在长江江面从 3 英里宽急剧变窄至 1 英里左右的那一点上。几百年来，江阴一直被誉为"长江真正的入海口"，它也是长江上下游往来运输的一处至关重要的要塞。[26]

江阴本身不是一座大城市，特别是按中国的标准。这里人口总计只有 5 万，到 11 月底，大多数人都已经逃离了。在 9 月下旬的一场海战中日军击沉了中国舰队的一半战舰并迫使另一半撤回长江上游之后，江阴对日军构成的军事威胁大大降低了。即便如此，中国军队在陆上仍占优势。这就使得江阴成了继攻陷苏州和常熟并导致吴福防线崩溃之后日本的关注焦点。

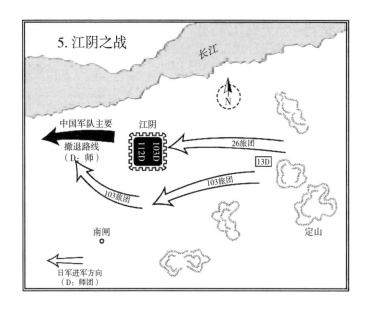

这下一道防线是锡澄线，江阴正位于此防线的北端。

这座城市也坐落在位于前线最右端的日军第 13 师团的通 106
道上。该师团已经为攻打江阴做好了准备。江阴在周围 33 座
小山丘上都修筑了防御工事，像本地区的许多其他城市一样，
江阴最重要的防御工事是由砖头和石块砌起来的一道 10 英里
长的坚固城墙。这道城墙高 30 英尺，墙内另有一道宽达 25 英
尺的土墙作为支撑。五百年前，明朝的工匠建造了这道城墙以
抵御长时间的围攻，即使在 20 世纪，该城墙还能够发挥这个
作用，至少中国的指挥官们希望如此。[27]

整个秋天，江阴都是由拥有 5000 名武装士兵的第 112 师
单独守卫着，直到 11 月，参加了血腥的淞沪战役并在日本获
胜之后向西撤退的第 103 师才加入了守卫。像第 112 师一样，
第 103 师也有大约 5000 名来自前军阀部队的士兵，只不过他
们不是来自寒冷干燥的东北，而是来自炎热潮湿的中国西南地

区。同驻扎在太湖边的川军一样，他们面对的也是在装备和训练两方面都远远超过他们自己的敌人。

日军没有等待多久就采取了行动。就在观测气球出现在地平线上数小时后，他们的火炮开始轰击了。最初，飞来的炮弹约有三十秒的间隔，后来速度越来越快，直到形成高潮。最后，整个攻击听起来像是一阵连续不断的轰鸣声。绝大部分炮弹都落在长江边，炸毁了周边所有的房子。电话线也被炸断，分散在各处的中国部队之间的通信被切断了。

郭心秋第一次尝到了战斗的滋味，当他在这间别人的住房里寻找稍厚一点的墙以求得到更多一点的保护时，他看到他的战友们准备了米饭和鱼罐头，围成一圈坐着吃饭聊天，好像什么麻烦事儿都没有一样，他既羡慕又难以置信。他想，他自己最终也会习惯炮声的，只是目前还没有。

＊　　＊　　＊

当第一波炮弹开始在江阴上空落下时，唐生智在南京会见了国内外记者，他毫不掩饰眼前任务的艰巨性，但仍然誓言要为南京战至最后一兵一卒。"中国在物质上虽乏准备，但精神上则具无上之抵御决心，"他在 11 月 27 日的新闻发布会上说道，"自卢沟桥事件以来，我军在各地多遭挫败，但吾人将屡败屡战，至最后胜利为止。"他保证南京不会有什么不一样的地方。中国守军将战至最后一人，要让敌人为这座城市付出高昂的代价。[28]

1937 年中国在所有的战线上都被击退，日本人打赢了每一场战斗，但中国普通士兵不折不扣的顽强意志却引发了世人的钦佩，尽管有时候带点无奈。他们勇敢地去抗击在近代战争中从未输给任何一支外国军队的日军，这一事实使人越发对他们表示钦佩。"在现代历史上，中国士兵第一次从滑稽可笑的传奇迷雾中显露出他们的真正面貌，"在淞沪战役结束时，《泰晤士报》在一篇社论中写道，"在多数情况下，他们仍然是训练不足、武器低劣……但是他们在原本只能守一周就会丢弃的阵地上足足坚守了十周。"[29]

《泰晤士报》的社论作者着重提到了中国士兵低劣的装备——"他们还带着雨伞，因为买不起防水雨衣"——几乎每个外国记者都指出了这一同样的问题。"中国人已经并正在打一场精彩的仗，尽管他们没有飞机和大炮——只有士兵和机枪，"美国亚洲舰队司令、海军上将哈里·雅内尔（Harry E. Yarnell）在1937年11月的一封信中写道，"如果他们有同样的装备，我认为受过训练的中国士兵每次都是会打败日本人的，因为他们更主动，资源也更丰富。"[30]

问题是受过良好训练的中国士兵极其稀少。蒋介石曾雄心勃勃，试图打造一支现代化的战斗队伍，可他的努力还没完成一半，抗日战争就爆发了。他把越来越多没受过多少教育的军阀队伍逐步吸收并编入自己的军队中，并且还制定了一套征兵制度，但在战争开始的时候，只有50万年轻人接受了基本的军事训练，这个人数还没有后来投入淞沪战役的人数多。[31]

一旦日本发动了全面侵华战争，中国军队往往没有时间训练新兵，这导致士兵会犯一些基本的错误。例如，部署在南京东面的第48师的增援部队就发生了不拉导火索扔手榴弹的情况。[32]如果运气好的话，在开往前线的路上，新兵们会被教给一些基本的当兵要领。被征入第41师当兵的年轻小伙子，以前从未摸过枪，他们就在开往南京去的长江江轮上靠着船边进行射击训练。[33]

与以往相比，中国人现在拥有更高的士气，以及一种为自己不屈不挠的祖国而战的紧迫感。"仅仅就在十多年前，中国的士兵还差不多被当作商品来使用，他们出多大力打多少仗是与付给他们多少钱成比例的，"美国海军陆战队上尉埃文·F.卡尔森写道，他在 1937～1938 年作为海军部的官员在中国各地考察，"这一期间，民族主义指导下的政治教育在他们心中激发了一定程度上的社会意识和民族责任感。"[34]

当然，任何规则总有例外。富裕家庭的子弟往往能够逃避征兵，而且绝大多数中国士兵都来自贫穷的农业地区。[35]军队内部裙带关系盛行。一位高级军官把他的部队从南京战区撤出，给出的不是别的冠冕堂皇的理由而竟然只是为了自保，就这样的人后来还居然从团长晋升为旅长，原因就在于他的父亲有上层关系。[36]正是这些实际情况使得中国在与日本的巨大军事冲突中处于劣势，但也许中国最大的弱点在于其指挥官所误认为的自己的最大优势：愿意去承担难以想象的损失。

自从全面抗战爆发，尤其是在上海，中国一直试图依靠其最丰富的人力资源以弥补其技术落后的劣势。中国士兵被消耗，或更确切地说，被浪费在毫无希望的抗击机械化敌人的战斗中。派出"不怕死"的敢死队携带炸药去炸坦克，常常连自己也一块儿炸死，这种战术用得非常普遍。

"此次抗战为死中求生的一战，唯有牺牲到底始有光明前途。"蒋介石在 1937 年 10 月的国庆演讲中说道。[37]他的讲话完全是实事求是的。中国人被期待迎着死亡而上，连眼睛都不要眨一下。有时，整个师都是被这种方式消耗的。由此对日本人造成的影响主要都应该是心理上的。这是一种大规模的、凶残的"懦夫博弈"，旨在向日本人表明他们发动战争是徒劳的。无论他们准备牺牲多少人，中国人都愿意而且能够做出更大的牺牲。[38]

每一个战前和战时被派到中国军队任军事顾问的外国人都憎恶中国的这种做法，包括德国将军亚历山大·冯·法肯豪森，作为第一次世界大战的老兵，他对大规模屠杀毫不陌生。尽管遭到如此的反对，蒋介石也从来没有偏离他的战略，甚至还把他最精锐的部队派往毫无生路的战场上去。在淞沪战役这场持续几个月的战争中，他于20世纪30年代花费巨大代价建立起来的几个师的精锐部队都被打残了。一个华裔美国军事史学家战后如此写道："成千上万的将士以死表明，中国随时准备做出牺牲。"[39]然而，这么大的牺牲却没有保住上海，同样也不能保住南京，这确实是苦涩的讽刺。

*　　*　　*

到11月的最后一个星期时，南京城已是一片混乱。那些不幸还仍然留在首都的人都想跟随着政府及时脱身。从南京城中心开始，连绵不断、缓慢移动着的疏散人流从城里的主要大街中山路一直延伸到下关码头，足有3英里长。另一支较小的士兵人流正朝着另一个方向移动。防空警报几乎不断地在发出刺耳的尖叫，给整个乱哄哄的景象增添了一种末日来临的感觉。

"黄包车和汽车上都高高堆着包装箱、包袱、家具，还挤着人。"瑞士记者莉莉·阿贝格（Lily Abegg）如此写道，尽管是为德国《法兰克福日报》工作，她却保持着客观、公正的声誉。"从早到晚，没日没夜，一群群居民都舍弃了家园，走上了逃难的路程。商店也一个接一个地关门停业了。由于大多数房子的电源已经被切断，商人们都在烛光下抛售剩下的库存，而且，在任何地方都不可能再买到包装箱或牛皮纸了——商店里的货都卖光了。"[41]

人们离开这座城市的顺序也很清晰。首先是富人离开，然后是中产阶级。最后留下来的只有军人，因为他们不得不留下，同他们一起的还有穷人，后者不知哪里可去。[42]许多等了很久却还未能离开的人就只能漫无目没头绪地到处游走。"住在城北的人逃到城南，住在城南的人逃到城北，"一个中国记者写道，"农村人逃进城市。人们来回逃窜，似乎仅仅逃离自己的所在地这种做法就足以让你得到安全了。"[43]

还留在南京的几份报纸登载的不真实和矛盾的报道更加剧了紧张气氛，虽然国民政府威胁用严厉的惩罚以图杜绝造谣生事的现象，但这个问题继续存在着。[44]"恐惧已往下弥漫到穷苦人当中去了——难怪许多社会上层都逃离了城市，"明妮·魏特琳写道，"下人们都害怕当日本人来时，他们会被抓去当兵，或者被杀头。谣言四起，无奇不有。"那时的她可能还不知道，但在1937年被日本人占领的部分中国地区里，斩首以及更残酷的处死方式绝不是离奇的谣传那么简单。[45]

当民众逐渐意识到政府也无能为力，无法提供多少帮助时，这无异于火上加油，加剧了越来越强烈的恐慌感。早在11月14日，国民政府就下令疏散南京的妇女和儿童，要求"所有交通工具"都用以实现这一目的。但很快这项命令就变成了一纸空文，因为几乎所有的资源都被用于政府的西迁。办公桌椅和档案柜的搬迁甚至都优先于普通民众的撤离。[46]

国民政府本身征用了600辆卡车和220条大小船只来协助

完成这项任务，一旦失去了这些运输工具，留给普通老百姓的就所剩无几了。在 11 月的最后几天里，南京市市长马超俊试图就这种令人遗憾的事态采取补救措施，他给交通部发了一份电报，要求协助政府机构搬迁的船只尽快返回南京，帮助疏散百姓。但大多数船只都没有足够的返回时间，南京百姓只能依靠自己。[47]

"大撤退变成了一种竞争，"莉莉·阿贝格写道，"汽车非常难以得到。政府机构之间互相争夺卡车。汽车的标价高达几千美元。"[48]起初潮水般涌出首都的难民所乘坐的汽车和客车都消失了，取而代之的人力车成为主要的运输方式。[49]他们别无选择，只能沿长江往上游方向逃离，因此人山人海的难民都拥挤在下关码头上。根据一位美国军官的观察，长江江边就像是"一个巨大的旧货市场，马鞍和炮弹与成堆的炉子及各种家庭用具在争夺着岸边的位置"。[50]

正是在这旋涡般的混乱中，嫁给了一个中国人的美国教师比伊·埃克斯纳·刘，也成了 11 月最后几天中拼命试图逃出城去的人群中的一个。她和丈夫冒着瓢泼大雨，带着沉重的行李，在南京码头非常凄惨地待了四十八个小时，在这对年轻夫妇的周围是一片"难以形容的混乱"。他们一获得去长江上游的船票就马上赶到江边，却不得不眼睁睁地看着船只不停就开走了，因为船上已经人满为患。[51]

好几个小时过去了，他们也无法找到其他运输工具。比伊·埃克斯纳·刘只好和她的丈夫找了一家旅馆稍事休息，刚刚安顿下来他们就被告知有条英国船出现在江中。虽然他们没有船票，但他们决定试一试。他们把行李装到一条舢板上后，有人告诉他们在设法上船之前还有吃饭的时间。他们刚在一个

111

小吃摊坐下，马上又被告知有一个新的紧急情况。他们不得不换一条舢板，因此要把行李从这条挪到另一条上去。

那条新来的舢板被推离了码头，但是当船夫想要扯起帆篷时，绳索却断了。船身失去了方向，在江中打转，碰撞到其他船只，但最终还是设法驶到了英国轮船旁。起初，船长拒绝接纳新乘客上船，但比伊坚持要求，争辩道不让她上船的话，她就只能步行逃离南京了。船长在舱板间为她丈夫找了一席之地，而将她本人安排住进了一间头等舱。她后来写道："我讨厌这种特权，但没办法，我只能接受。"

* * *

刚从布鲁塞尔返回的苏联外交人民委员马克西姆·李维诺夫 11 月 27 日对在列宁格勒集会的学生和工人发表讲话。当谈及刚刚结束的《九国公约》缔约国会议时，他对西方民主国家未能援助中国表达了公开蔑视。"各国，"他说道，"都承认和平面临着一个巨大威胁，但未采取超越文字声明的任何措施。而侵略者是不能仅仅用声明来对付的。"[52]

尽管他没有直接确认，但苏联领导人在苏联与中国的关系上采取了远远不止是文字的行动。大量重要的援助物资被远距离运送到东亚地区。第一批满载炸弹和其他军用物资的 ZiS – 5 和 ZiS – 6 重型卡车车队 10 月从苏联出发，经陆路跋涉近 2000 英里到达前线。用现代作家的话来说，这支车队的长途跋涉是"沿着一条荒凉的商队路线，途中经历了沙尘暴，通过了盐沼地，翻越了陡峭的山坡，穿过了极热的沙漠和极冷的冰河"。[53]

飞行员完成这项任务要更容易些，他们能够空运。安德烈·雷托夫，几个星期前还在为一道突如其来的去中国的军令吃惊不已的年轻政委，如今即将现身于长城的另一边。此时他身处兰州市附近一个海拔5000英尺的机场，兰州作为飞机长途飞行的一个中继站，是苏联飞机进入中国战场的必经之地。这座机场当时在弗拉基米尔·阿基莫夫的控制之下，此人是个传奇人物，曾与中国共产党游击队并肩作战了十多年，因作战勇敢而获得过苏联红旗勋章。

雷托夫获悉他的一个朋友早些时候驾机来中国时经过此机场。他问阿基莫夫是否认识此人。阿基莫夫回答说认识，然后接着说道："他死得很惨，飞机在这里降落时起火被烧死了。"这位朋友是一个经验丰富的飞行员，但他没有考虑到兰州的空气稀薄，这意味着飞机着陆所需要的距离要比在正常情况下更长。"多么可惜啊，"雷托夫心想，"历经千辛万苦，好不容易一路飞到中国，居然还没有参战就死了。"[54]

在南京，俄国飞行员和他们的飞机逐渐来华的消息没有被公开报道，但私下已经流传开了。11月的最后一周里，有个谣言在外国人的圈子里流传，说总共有十架俄国飞机飞到了中国首都。据说有三分之二的飞机在沿中亚航线紧急降落时被"淘汰"了。[55]有些俄国战机开始加入南京城的保卫战。11月25日，有一架飞机遭到了四架日军飞机的攻击并迫降，有个外国记者将其描述为俄国飞机。[56]

113

*　　*　　*

即将到来的形势与古代"空城计"故事中的情形惊人地相似，第144师的师长郭勋祺和他手下一些军官说道。[57]中国人个个都知道那个故事。它说的是传奇人物诸葛亮军师有一次只带着一小队人马躲在一个城楼里，面对的则是一支强大的敌人军队。他该怎么办呢？他不但没有惊慌失措，反而高坐城头，喝酒弹琴。敌人从远处看到他自信的神情，觉得他必定有一支大军隐藏在旁。敌人上当了，他们相信这支并不存在的大军即将向他们发起攻击，于是便仓皇逃走了。

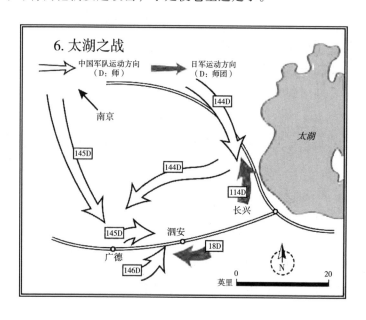

114 　　这是一个有关心理战的寓言故事，强调用超强的冷静来压倒敌人。近两千年后，这个故事在太湖之滨再次上演。11 月末，激烈的战斗还在太湖南面和西面继续。这时日军第 18 师团在向广德进发，目标是最终到达芜湖和长江，而日军第 114师团则接到了不同的军令。该师在太湖西岸原地后转，显然意图向南京进军。

　　中国的第 144 师正等候着他们。这支川军部队像太湖附近大多数其他中国军队一样，已经选择了有利地形来修筑防御工事。挖掘的工事横穿一条沿太湖西边延伸的公路。公路一边是宽阔的水面，另一边则是起伏不平的乡野。这就迫使日军只能在狭窄的正面展开攻击，如此中国军队可以弥补一些面对技术上如此强大的敌人时的劣势。

中国军人把他们所拥有的少量火炮集中了起来，这些火炮大多是山炮，能够拆开由骡子甚至是士兵来搬运。当日军实施密集攻击时，大炮就能发挥作用了。确实，中国军人很聪明，大炮在他们手中发挥了极大的威力。中国士兵任凭日军炮轰阵地而不予反击，等到敌人步兵前进到 1000 码（合 914 米）之内时才下令山炮开火。结果是灾难性的。日军进攻队形被打散，进攻也停止了。[58]

就在中国炮兵即将赢得重大胜利的关键时刻，他们被命令撤出战场。负责山炮的军官辩称日军必定在数小时内会攻破他们的阵地，最好抢先采取措施，以免他们的宝贵装备落入敌人之手。第 144 师的指挥官只好勉强同意。就是在这种情况下，他们半开玩笑地相互说着，现在到了实施"空城计"的时候了。[59]

中国军队的将士依然尽他们的最大力量抗击着敌人，仿佛他们的火炮仍然还在，但日军很快就注意到防守已经削弱，于是重新鼓起勇气发起了进攻。尽管遭受挫折，但中国士兵们看到他们的师长郭勋祺腿受伤后仍躺在担架上在前线指挥作战，他们又重新焕发了斗志。然而，由于缺少火炮，中国军人身陷逆境，被迫全线撤退。

部队伤亡惨重，一些士兵伤势极其严重。有个士兵被子弹从耳朵打进，从脸部飞出。即便如此，他的意识仍然完全清醒并能开口说话。更使人震惊的是，全师的伤员救助设备极其短缺，每个团只有十到二十副担架。[60]

就在中国军队的防线即将崩溃时，第 144 师的军官又面临着另一个挑战。日军步兵利用前些日子征用的船只，横渡太湖，逐渐逼近。由于没有大炮，国军只能用轻武器向船只射击，日军因而能够几乎毫无阻碍地登陆。这是最后一根稻草。由于来自这两方面的压力，第 144 师别无选择，只好放弃阵地，他们一路向西撤退，向广德附近的中国军队主力靠近。[61]

* * *

11 月末的一个夜晚，明妮·魏特琳和其他志愿者被召集到下关火车站来接大约 200 名中国军队的伤员。他们看起来都像普通的男人和孩子，与魏特琳在自己住的街区可能遇到的人没有什么两样，但战争使他们变成了残废，没有医生或护士在场护理。她在日记中写道："我希望所有那些在去年七八月间认为战争是必需的人事先就能够看看这些缺胳膊断腿的受难士兵。"

这些士兵似乎对现代战争毫无准备，魏特琳如此想道。一个士兵在可怜地呻吟着，他的鼻子和一只眼睛受了重伤。另一个伤势严重的士兵躺在被雨水浸泡多日的担架上，魏特琳所能找到的就是一些麻袋，可以用来充作毯子。还有一个士兵的腿从靠近臀部处被炸掉，伤口却好几天没有得到治疗。"我永远永远不会忘记那腐肉的气味，"魏特琳在日记中写道，"回到家里，我先用来苏尔溶液洗手，然后再用肥皂洗，但气味就是洗不掉。"[62]

魏特琳和她的志愿者伙伴们只能对这些伤兵说些安慰的话，而在其他时间抵达的伤兵们却连这点运气都没有。11 月末的一天，一列火车运送了 2000 名受伤的士兵抵达南京，火车就这样停了，听任伤兵自己留在车厢里。过了两天之后，才有人最终将他们同那些已经死了的士兵一起挪到站台上，然后又被弃之不顾。[63]

《纽约时报》的一个记者记录了这地狱般的情景："躺在混凝土地面上的伤兵中最幸运的有一张单人草席和一床单人棉毯，而那些躺在车站月台上的伤兵则遭受着难言的痛苦，因为月台上没有墙，有些地方的屋顶也已经破了，所以他们暴露在凛冽的寒风和不时降下的暴雨中。"最糟糕的是，由于缺乏镇静剂，那些重伤员的哀哭声隔几个街区都能听到。[64]一些平民百姓，就是士兵们在前线用自己的生命去保护的那些人，反应却是极其冷漠，令人吃惊。一位德国记者写道："那些逃难人员就从伤兵身上跨过，他们随身带的行李还撞到了伤兵们身上。"[65]

这种冷漠无情并不是普遍的。一个从上海开来的火车车厢里爬出来的伤兵想去国立中央医院，但没有钱。一个三轮车夫便免费送他。"我不要钱，因为你是打日本人受伤的。"他说道。[66]诸如这样的事情都是些例外。即使抗日战争激发了爱国主义情感，特别是在城市里，但中国仍然没有形成一个有凝聚力的国家。许多伤兵来自中国遥远的地方，说着难以听懂的方言，几乎得不到任何同情。

南京市的医疗设施即使在和平时期都显不足，在战时更是不堪重负。到11月底，每天都会有2000～3000名伤兵运到南京，数量是淞沪战役开始时的两倍，他们都是"在拥挤不堪的、颠簸的卡车里或噪音刺耳的货运车厢里躺在稻草上二至四天"后才到达的。伤兵中包括来自前线的新伤员以及先前就负伤的老伤员，后者是赶在日军到来之前从首都东面的其他城市转移来此的。[67]

抗日战争初期，中国的军事医学还处于发展的最初阶段，几乎是作为一种事后补救措施被附加到其他服务上去。为受伤人员安排救治是每个师长的责任。名义上，每个师都应该有96名医护人员，但在现实中人数远远不够，只能征用一些技术不熟练的人员来完成这项任务。通常情况下，不适合战斗的士兵就转到医疗岗位，普通农民或工人被征召去抬担架，甚至去当护士。[68]

传教士兼医生巴慕德（Harold Balme）叙述了许多师缺乏熟练的外科医生和适当的医疗器械的情况："救护车、担架、夹板、外科绷带、抗破伤风血清、药品——所有这一切都数量极少，更多时候根本就没有，经过多次战斗之后，大批伤兵躺在战场上无人照管，或爬到一些可藏身之地去等死。"[69]战地记者胡德兰（Freda Utley）将前线附近的一所伤员接收站描述为"几间陈旧、肮脏、低矮的房子"，房子里"伤员躺在地上，身上还穿着鲜血浸透的肮脏的衣服，伤口包扎粗糙，没有人留在那里照顾他们的需求"。[70]

大多数情况下，中国士兵只能接受命运的安排。遇见他们的人都对他们的坚忍态度表示敬佩。1937 年秋，美国海军一位军官在探视了芜湖的一所医院之后，对那里所有病人的乐观态度印象深刻。"我们走遍了医院的各个角落，"他在给美国大使的信中写道，"只有一个中国人在轻声呻吟，他的头部严重烧伤，并且失去了一只手。"[71]

南京医院的一名西方外科医生罗伯特·O. 威尔逊亲眼看见了战争的残酷现实和现代武器对人体造成的恐怖后果。他的病人当中有一个中国军官，此人被达姆弹头击中，尽管国际公约已经禁止使用达姆弹了。"子弹从一个很小的洞口进入手臂的一侧，打碎了骨头，从另一侧钻出来时造成了宽达两英寸的裂口。要保留这条手臂的可能性微乎其微。"威尔逊在一封信中如此写道。[72]

威尔逊在哈佛受过教育，他试图搞清楚为什么每天都在发生这种恐怖事件，因而想从亚力克西斯·巴雷尔（Alexis Barrel）所著的《人类：未知的领域》一书中寻求答案，此书揭示了科学技术的发展已经远远超过了道德和精神的发展。威尔逊在信中写道："这种现象的一个极好的例子现在正在发生，而我正好也在亲身经历着。"[73]

*　　*　　*

1937 年末沿着长江下游发生的战争中有一件事情非常令人惊讶，那就是非战斗人员能够相对容易地从上海逃到南京以及其他地方，经常还成功地绕过前线。就在日军进攻的同时，数目惊人的难民还能向西部逃亡。许多人利用日军将主力集中在长江以南的机会，横渡长江，沿长江北岸行进。在这压倒一切的极度不幸之中，人们也苦中作乐。流动歌手和演员会给人们带来些简单的娱乐表演。[74]

德国战地记者沃尔夫·申克（Wolf Schenke）11 月从上海公共租界出发进行了一次这样的旅行。他乘坐其中一艘小船沿着长江以北狭窄的水道行进，经过一些落后闭塞的村庄，当地的村民们看到突然来了这么多船只，一个个都目瞪口呆。"到处都是一片非常和平安详的景象，你突然感觉到已经远远地离开了战争，"他在回忆录中写道，"只有我们的存在和村子里吊在木头架子上作为空袭警报器的大钟，才提醒了我们一场血

118

腥战争正在日本和中国之间进行着。"[75]

尽管申克体验到了这片土地上的宁静，但这些交通工具很可能被日本人视作极大的麻烦来源，因为中国的特工人员可以不断地监视日本人沿长江的战争准备。此外，令日本人格外恼怒的是，一些在中国的抗战中能起重要作用的人物也能借此自由出入南京。在申克乘坐的船上，有一位乘客是个官员，负责为几乎已经全军覆没的中国空军获取外国制造的战斗机和轰炸机。[76]

当时，离开上海踏上西行之旅的另一个外国人是一位年轻的丹麦人，名叫伯恩哈尔·辛德贝格。他曾是已故《每日电讯报》记者菲尔·彭布罗克·斯蒂芬斯的助手。自从他的老板在淞沪战役的最后一天被杀害之后，他便失去了工作，后来，一家名为史密斯有限公司的丹麦水泥制造公司联系上了他。这家公司拥有一个还未建成的大工厂——江南水泥厂，位于南京东北面的栖霞山。令公司忧虑的是，日军对中国首都南京的进攻可能使公司这项重要资产遭到严重损失。[77]

因拥有不同寻常的中国知识而闻名的辛德贝格获得了水泥公司的聘用，被派往水泥厂实地查看，并且在日本人发起进攻时看管好这家工厂。已受聘于该工厂的德国工程师卡尔·京特将同他一起接受这项任务。这项任务的风险很大，但除此之外看起来却似乎相对简单。事实上，对这个丹麦人和他的德国同事来说，这项任务被证明是既危险又复杂的。

119

＊　　＊　　＊

在日军步兵发起进攻之前，江阴连续遭受了两天的炮击，但这座城市的构造使它可以承受如此强度和持续时间的轰炸。

自古以来，城内外的33座山头既可作为观光景点又可作为天然要塞。其中最高的山叫定山，有900英尺高，居高临下，可以一览无遗。随着战争的临近，防御工事的修建也加快了速度，1936年蒋介石曾亲临此地视察。同年晚些时候，曾经在这座山上进行远足和狩猎活动的西方人突然发现他们已被禁止登上此山了。到1937年夏时，山上的防御工事已恢复至以往那么坚固，大炮总数超过了100门。[78]

虽然城区规模属中等，江阴却是一个盛产棉花和丝绸的地区的中心，总共有50多万居民，分别住在5000个大小不等的村庄里。[79]当日军于11月末到达江阴地区时，绝大多数平民已经逃离，但他们的房屋留了下来，中国守军充分利用了这些被遗弃的房子，将它们转变成隐蔽的据点。

11月29日，日军第13师团开始进攻，其第103旅团和第26旅团分别从左右两侧接近江阴。由于不断遭到中国军队的伏击，日军行进艰难。当一排日军士兵小心翼翼地穿过空旷的田野时，一串子弹就会嗖嗖地划过空中，其中一人便应声倒下，他的战友们就会争相抢占藏身之地，然后狂乱地试图确定子弹飞来的方向。同时，他们也常常会遭到中国军队频繁的反击，日军小部队有好几次被切断与大部队的联系，不得不等待救援。[80]

尽管在当地遭到一些挫折，日军第13师团还是取得了令人满意的进展，在陆上炮火和舰载炮火的掩护下，日军很快就包围了江阴，除了通向城西的一条狭窄的通道之外。然而，中国的炮兵部队已做了充分准备，他们用大炮瞄准长江上的日本舰艇进行反击。双方的炮战持续了三个小时。有几艘日本舰艇被击中，但中国的炮台也遭到了严重破坏。[81]

在中国军队的第103师方面，这支防御部队花了不少时间

120

挖出了又深又宽的反坦克壕沟，以此阻断日军装甲部队的进一步推进。11 月 29 日晚至 30 日晨，第 103 师组织了自杀性行动，越过敌人防线去破坏敌人的装甲优势。士兵们精简装备，只携带最重要的几样——皮带、格斗匕首、步枪和炸药，潜入日军阵地，去寻找敌人的装甲车。他们不出声响地爬上装甲车，将手榴弹扔进炮塔，或引爆放置在履带下面的炸药。[82]

打掉了日军在装甲车上的优势为中国军队赢得了一些时间，但并不能阻止日军的进攻势头。11 月 30 日，日军向江阴地区的制高点定山发起了无情的进攻。在飞机、大炮和海军舰炮的掩护下，日军步兵攻击了据守在山顶的中国连队，一场血战之后，他们占领了阵地。连长夏民安将他的部队撤退到江阴，以便向团指挥所汇报损失情况。[83]

当第 103 师的副师长戴之奇听到这个消息后非常生气，想当场枪毙夏民安。夏民安所在团的团长从行刑队的枪口下救下了他。团长提出让夏民安戴罪立功，从日军手中夺回定山。夏民安又被任命指挥迄今为止一直留作预备队的另一个连。随之而来的是一场持续了四个多小时的激战。最终，日军被迫放弃定山，但胜利是付出了惨重的代价的。双方伤亡均很大，在阵亡将士名单中就有连长夏民安。[84]

*　　*　　*

121　　像江阴这类的个别地区，以及更加偏南靠近太湖的广德，给日军带来了麻烦，拖延了日军向南京进军的步伐。然而，对日军大多数士兵来说，向中国首都南京的推进是一次没完没了地穿越荒凉乡村的行军，只是有时候遭遇到被打散的中方小股部队，会发生残忍的短时间小规模冲突。这些部队都面临着一个经常被战争忽略的挑战：后勤。

由于道路简陋，补给车队几乎不可能赶上正在快速推进的部队，至少有一次松井石根不得不求助于空运这种昂贵的办法来为前锋部队提供补给。[85]绝大多数日军部队当然是享受不到这种奢侈的，相反，他们只能按自古以来远征军的解决方法去做：靠山吃山，靠水吃水。

对日本人来说，幸运的是他们正在中国主要的产粮地区作战。他们可以轻易地从平民百姓手中获取所需，大多数老百姓一听到敌人来了，都吓得逃离了他们的农舍和村庄。常常饿得半死的日本士兵会闯进途经的各家各户去寻找食物，他们高兴地发现中国人吃的食物和他们自己吃的一样：米饭、豆浆、酱油等。他们把这些食物称为"蒋介石送来的礼物"。[86]

有些士兵还把不去过多关注后勤问题看作是件光荣的事。一支轻型坦克部队极力想赶上友邻部队，以免延误参加攻占南京的军事行动，但他们几乎已经没有任何东西可吃了。当一个军官向他的指挥官提出这个问题时，指挥官的反应很快："笨蛋，"他脱口而出，"我们已经晚了，你就光想吃！如果我们落在别人后面怎么办？让我们到了南京后再去吃吧。"[87]

尽管如此，许多日军部队在开往南京途中仍花费了大量精力去搜寻粮食。他们主要寻找大米，这是东亚的主要农产品之一，如果碰巧能找到猪肉，那会被认为是他们最大的幸运。就在到达无锡城之前不久，第9师团的一群士兵穿过一处刚发生过激战的现场。阵亡士兵的尸体仍东一具西一具地散布在战场上。士兵们开始寻找食物，但一无所获，直到有人发现死亡的中国士兵肩上还挂着米袋。大米浸泡在阵亡战士的鲜血中，不过仍然可以食用。[88]

122   在极少数情况下，日本士兵也会大交好运。在南京战役初期，第 6 师团的士兵们进入昆山城，占领了当地的火车站。他们发现一列中国军队的火车，车厢里装满了米袋和冬季军服。冬季军服特别使他们欣慰，因为他们都还穿着单薄的军装，而温度却在下降。车厢里的货物被分配给了各支部队，抢到了粮食和衣服的士兵们欢呼雀跃。[89]

日军薄弱的后勤系统不仅意味着物资补给不到位，还意味着日本士兵在向前方搬运自己的武器装备时，不得不临时想办法。当第 16 师团的士兵 11 月初在长江边登陆时，他们的大炮被卸在岸上，却没有任何运输工具。士兵们只好自己来拉大炮，直到他们找到了另一个解决办法——水牛，这种千百年来一直供人使唤的牲畜。[90]

最终，大量的日本兵都转而利用平民百姓来帮他们。在路上行军几天或几星期之后，日本兵个个都精疲力竭，他们随意抓住中国的老百姓，强迫他们扛包裹，就像 19 世纪探险家雇用本地人当搬运工一样。随着日本兵在向南京进军的路上经过更多的城市，并逐渐积累下更多的战利品，对当地挑夫的需求也增加了。有些士兵需要三个中国人来为他们扛赃物。[91]

许多中国人被迫随同日军一路到南京。而一旦被放行，他们又不得不面临极大的风险，他们得自己设法返回家乡去，如果归途中遇到一群多疑的日本兵，甚至可能会被枪杀。因此，他们常常要求日本人出具一张证明，表明他们曾帮助日本军队。这是他们的人身保险。有时候，日本士兵会对那些他们认为干活不够卖力的中国人开一个残酷的玩笑，用他们看不懂的日语写道："这个苦力是一个懒虫，任何一个日本士兵都可以随意杀了他，或放他走。"[92]

*　　*　　*

日本参谋本部的主要鹰派人物下村定此时已经拥有足够的权力，能够实行一条他认为对中国具有足够进攻性的路线。即便如此，当鸽派势力在东京全面退却时，他表现得似乎已经获得了正式批准，可以向南京推进。他深信最终他能克服最后一个主要障碍，并让多田骏同意进攻南京，然后，他要确保战场指挥官不受干扰，继续追击已经溃败的敌人。

因此，11 月 27 日，下村定向华中方面军发出一封电报，对他们重申陆军参谋本部攻占南京的"决心"。如何实施进攻这个问题还在研究当中，他解释说，并要求对此造成的延误予以谅解。同时，他一直在给多田骏施加压力，要求他同意对南京展开全面进攻，双方的激烈争论在东京总部已成为家常便饭。[93]

随着大多数支持者的离去，面对中国战区日本部队看似不可阻挡的势头，多田骏最终妥协了。11 月 28 日，他收到了一份由下村定的作战部起草的进攻计划，最后他批准了这项计划。现在，东京的军事精英们正在密切合作，共同策划一项军事行动，长驱直入并征服南京，他们中许多人认为这将是给蒋介石的极大羞辱，他的政权也将难以为继。[94]

但是，几乎就在东京的军事精英们对攻占南京达成共识的同一时刻，其政治精英们却卷入了一个平行的努力：试图为中国的战争问题找到一个最后一分钟的外交解决方案，这是极其自相矛盾的。就在多田骏给军事占领南京打开绿灯的那一天，德国驻华大使奥斯卡·陶德曼与在武汉的国民政府财政部部长孔祥熙取得了联系，武汉是蒋介石政府一部分机构的临时所在地。德国大使传递了一个令人吃惊的消息：尽管最近在战场上取得了胜利，日本政府仍然对和谈感兴趣，条件与月初，即上海沦陷之前日本政府所提出的相同。[95]

毫不奇怪，孔祥熙做出了积极回应。毕竟，布鲁塞尔谈判的结果甚至低于中国政府的预期。希望着能减轻在前线的中国军队受到的压力，孔祥熙还询问了在谈判进行的过程中，是否能劝说日本停止向南京进军。与陶德曼会谈后，他即刻与在南京的蒋介石通了三次电话，试图得到他的批准去参加谈判。蒋介石并没有立即表态，而是要求陶德曼从武汉前往南京当面商讨此事。德国大使定于 12 月 1 日动身。[96]

*　　*　　*

伊藤敏夫是国崎支队一名 21 岁的日本炮兵军官，经过多日行军，到达广德并与那里的川军展开了旷日持久的战斗。现在，他终于身处前线，躲在战壕里面，离中国阵地只隔着几英尺的无人区。他第一次感受到夜战所具有的特殊的、充满恐惧的不确定性。11 月末的一个晚上，他正在准备露营地并烧火煮饭时，突然间枪声和惊慌的呼喊声响彻天空。"把火扑灭！敌人来了！"一个沙哑的声音喊道。每个人都在原地趴下，眼睛紧紧地盯着黑暗中看不见的敌人的方向。

进攻并没有随之而来，倒是经过了好几个小时令人几乎无法忍受的紧张。黑暗给出了足够的空间让想象力来作弄人，伊藤认为他看见了自己母亲的脸。他心想："我会想要最后一次和她道个别。"黎明的第一个迹象终于来到了，紧张的气氛得到了部分缓解。有个人影在接近伊藤，他的战友开了一枪，但没打中——幸亏没打中：这是个落伍的日本士兵，在无人区度过了孤独可怕的一夜后，正要返回自己的部队。这件事引发了一阵神经质般的傻笑。

渐渐地天亮了，伊藤受命参加一支巡逻队，去寻找在夜间混乱中失散的士兵——这不是任何人会自告奋勇去做的事。他们小心翼翼地前进，突然看见两顶中国军人的帽子。他们匍匐向前，发现两名敌兵平躺在野外，睡得很死。日军士兵射出了一串子弹。两名中国军人中有一个再也醒不过来了，另一个只是受了伤，他站了起来。伊藤一枪击中他的肚子，他应声倒下了。他们简单地搜查了尸体，然后返回自己的阵地。[97]

11月的最后几天里，在广德周围也爆发了混战，因为交战双方对地形都不熟悉。对于中国士兵来说，他们的上级指挥官下达的命令使得他们越发不知所措，这些命令自相矛盾，有的指示部队前进，同时有的又命令撤退。川军第23军军长潘文华准备采取夹击行动，责成第13独立旅从北面向广德前面日本人占领的泗安镇发起反攻，同时第146师从南面发动进攻。这两支部队立即出发了。

也许因为缺少无线电设备——这是川军部队的普遍问题——他们没有接到新的对所有在广德地区中国军队发布的撤退命令。这些命令不是潘文华签署的，而是忠于蒋介石的陈诚下达的，在刘湘病倒之后他全面接管了刘湘的指挥权，他也急于行使这一权力。幸运的是，第13独立旅的军官通过邻近部队得知撤退的命令，及时在泗安镇停止了进攻。

第146师却没有这样的好运，该师继续向被日本人占领的城市进击。刚刚从芜湖赶来且同样没有接到撤退军令的第14独立旅，会同第146师实施反攻。中国军队到达泗安后，与日军打了一场近距离激战。这就是大家熟悉的日本科技针对中国肉体的战斗故事。日军从后方调来了装甲车开路。中国军队在道路两旁埋伏，它们一到士兵们就爬上去从炮塔往车里塞进手榴弹，然后，一起跳上着火的车辆杀死那些还活着的车组乘员。[98]

随着两侧的战斗逐渐减少，广德正前方的区域成为主战场。日本兵白天向广德城进军，一路上经过成堆的中国人尸体以及由撤退的守兵放火点燃的大量房屋。晚上，他们停止前进。对日军来说，这是一段最糟糕、最可怕的时间，因为中国军队会在夜幕的掩护下潜入他们的阵地。在黑暗中摸索时，双方的小部队都会迷路，可能会碰到友邻部队，也可能会遭遇敌人。

尽管在前线战斗打得很乱，但是很明显，日本人赢得战争完全是依赖物质上的优势。日军炮火猛烈，广德上空弹如雨下，城中大部分房屋都中弹起火，同时日本步兵也从几个方向逼近广德城。由二十五年前剪掉辫子投身军阀队伍的师长饶国华所率领的第 145 师此时已经被逼到崩溃的边缘。11 月 30 日，他孤注一掷，下令他的一个团进行反攻，但该团团长感到此举是徒劳无益的，直接违抗了命令。在饶国华看来，这是他个人的一个失败，一个无法容忍的失败。[99]

饶国华撤出广德，深感愧疚。夜深时分，他和一小群参谋在一处竹林附近找到一间房子休息过夜。内心充满痛苦的他提笔给刘湘写了一封信，当时他并不知道刘湘因胃病已经被送往后方。在信中，他为没能守住广德表示歉意。他让随身警卫休息一会，自己朝外边走去，一会便消失在竹林中。不久，他的属下听到了一声枪响，他们一起跑出房子到竹林深处搜索，发现饶国华靠着树坐着，他的佩枪在他身边。鲜血从他的太阳穴汩汩流出，已经气绝身亡了。[100]

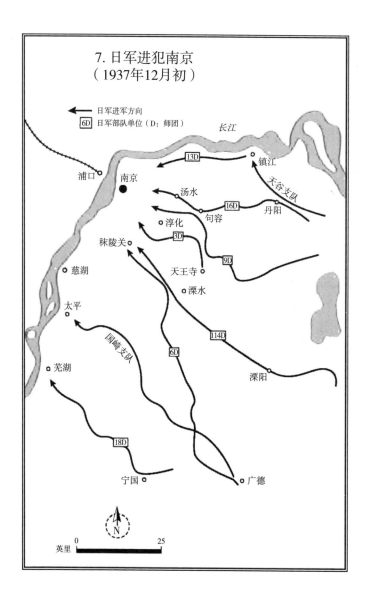

7. 日军进犯南京
（1937年12月初）

第五章 严冬

1937 年 12 月 1 日至 6 日

　　中国军队第 112 师的刘纪祥中尉期待着与日军的正面交锋。好几个星期以来，他的部队一直严阵以待，直到 12 月 1 日，等待终于结束了。敌人如期而至，此时就聚集在几百码开外的不远处。好几天前刘纪祥及其部下就知道敌人已在路上，并一直据守在长江要塞江阴城厚厚的城墙后面。日军空袭越来越频繁，随之而来落在城里的炮弹也越来越多，猛烈的爆炸声预示着战斗正在迫近。日军企图削弱中国军队的防御工事，为最后的猛攻创造条件。[1]

　　同第 112 师的其他部队一样，刘纪祥的部下大多是原军阀部队东北军的士兵，他们只接受过最基本的现代战术训练。因为前几周都没有任何行动，所以他们现在都急于和敌人打一仗，于是就从城墙上面开了火。然而，由于开火的时机过早，不但无一命中，还白白暴露了自己的实际阵地所在。日军呼叫炮火支援，随后的一小时内，炮弹就在他们的头顶上呼啸而过。在炮击暂停的间隙里，突然的安静马上被伤员的尖叫声所充斥。炮击恢复时，伤员痛苦的呻吟声又被爆炸声盖住了，这几乎成了一种解脱。可怕的一小时炮击结束后，刘纪祥的连队统计了伤亡人数：共计 14 人。

　　炮击一停止，日军便继续向城墙方向进攻。这一次他们是
大规模出动，由一辆装甲车在前开路。刘纪祥把目光转向旁边，看见旁边一个班的班长周长庚，也是他的老战友，突然站了起

来，完全暴露在敌人眼前。他端着一挺捷克式轻机枪，鲁莽地朝正在逼近的装甲车扫射。射出的子弹未能在装甲上留下哪怕一点儿凹痕，只是在钢铁表面上到处反弹出白色的火星。

"老周，"刘纪祥在战斗的嘈杂声中尽可能大声地喊道，"快停下！不行的！"周长庚听不见，还在继续射击。装甲车内的日本士兵发现了城墙上他一个人的身影，便缓缓地甚至是懒洋洋地将炮塔对准他的方向。刘纪祥正想再喊一声，此时装甲车上的火炮已经开火了。一刹那，震耳欲聋的爆炸声晃动了整段城墙。周长庚原先站着的那一段城墙消失在浓重的灰土尘烟之中。刘纪祥立刻明白他的老朋友阵亡了，为了不必要的逞强白白牺牲了。

冬季的第一天是星期三，这天早上，中国军队围绕江阴城的防御工事已经岌岌可危。尽管他们有几个星期的时间来加固工事，抵御进攻，但准备仍然不充分，城内的几个阵地都无人防守。一些官兵们争相去打开碉堡，以便驻守，却发现碉堡都被锁住了。即使能找到钥匙，也不全都能和锁匹配。再加上中国的大炮没法降低炮筒从而能近距离轰击敌人，所以用处有限。此时战况迅速恶化，形势十分危急。[2]

日军第26旅团二等兵石井清太郎同他的部队正在向肖山进攻，这也是江阴33座山头之一。为了躲避子弹，大半的时间里他们都在爬行，子弹不仅有敌人射来的，也有自己一方射出的。随着山势越来越高，他们眼前的一切显得越发险要，中国军队的一挺机枪在他们头上开火了。石井蜷缩在一道低矮的山脊后面。他能听见敌人的子弹在他头顶几英尺的地方呼啸而过。然而，他们接到的是进攻的命令。石井迅速起身，刚巧看到中国士兵的机枪枪口发出的闪光。他朝着那个方向连开了三枪。机枪哑掉了。他心想，我肯定是击中了目标。[3]

130　　　他向前冲过去，跳进中国人的战壕。这是一条交通壕，弯弯曲曲绕着山背延伸。他朝前方继续行进，经过一些中国军人的尸体，大部分尸体都被日军的弹片炸得残缺不全，十分恐怖。有些尸体缺胳膊断腿，还有些尸体的内脏流得满地都是。有个阵亡中国军人的半边脸都不见了。一个日本士兵站在这可怕的场景旁看得目瞪口呆，两只眼睛直愣愣地盯着，又想看又害怕。石井很快敲了敲他的头盔，他才回过神来。"他们已经完蛋了！"石井说道，示意他继续往前走。[4]

12 月 1 日这一天，中国军队开始通过西边仅有的一条狭窄通道撤退，然而这条通道上同样混乱无序，这种混乱情况已经成了大多数中国军队撤退的特点。负责守卫这座城市的两个中国师团来自这个国家的不同地方，这是非常不利的。大多数军人只会讲一种别人听不懂的方言，即使彼此能听懂对方，他们相互之间也丝毫谈不上有什么责任感去为对方负责。本来应该掩护第 103 师撤退的第 112 师，结果没等对方撤退就自己先跑了，第 103 师发现之后才开始向西撤退，但退路却已经完全暴露在敌人的进攻面前。[5]

年轻的政工干事郭心秋一度和那些久经沙场的老兵不太合得来，这天他接到命令，要在当天日落前撤退。江阴城南边一个名叫南闸的小乡村此时大火冲天，火光照亮了半边天。风裹着浓烟向他的部队直吹过来。为避免被这又浓又呛人的烟所窒息，他们不得不用毛巾或布条捂住嘴脸。他们在浓烟中摸索着向西前进，但遇到了埋伏在他们侧面的日本机枪手的伏击。曳光弹在空中"嗖嗖"飞舞，中国士兵四处逃散了。在这令人恐怖的时刻，郭心秋发现只剩下自己独自一人。他陷入了恐慌之中，直到他碰上自己队伍里的另一名士兵之后，他才得到解脱。[6]

他俩和其他几个国军士兵一起设法到了长江边上，发现了一艘之前被用来运送弹药的小船。他们划船过河，正要上岸时，突然发现有一排步枪枪口正对着他们。一支国军部队的士兵沿着长江北岸一字排开，他们接到的命令是不许从阵地上逃下来的士兵过河，那些人必须回到对岸去打敌人。郭心秋尽力把他们的情况给对方讲清楚。有那么一会儿，他们的命运一直悬而未决。后来，岸上的士兵让步了，允许他们下船。一起逃回来的 13 个人终于如释重负，有几个激动地哭了，他们互相搀扶着跟跟跄跄地走上了岸。[7]

长江对岸，石井清太郎和日军第 26 旅团的其他士兵们在江阴城外 33 座山中的一个的顶上休息着。他们发现从东边地平线上飞来了一架飞机，越飞越近，然后识别出是一架日本飞机。他们站起来欢呼，比着胜利的手势挥舞着。飞机在他们头顶上掠过，转个弯又折了回来。但是，这一次飞机却投下了炸弹。飞行员把他们误认为是中国士兵。日本士兵四散开来，拼命想在这暴露无遗的山顶上寻找任何可以躲避炸弹的藏身之地，但对他们中的大多数人来讲，已经为时过晚。就在江阴战斗结束后的几小时内，死神来到了他们的身边。[8]

*　　*　　*

就在同一天，12 月 1 日星期三，日本陆军参谋本部参谋次长多田骏飞抵上海地区视察前线，并亲自传达东京的命令：占领中国首都南京。[9]命令极其简短："华中方面军联合海军向南京发动进攻。"[10]多田骏拖延了三天，才把这项他在东京已经表示最终同意的命令传达给前线部队。他以这种消极的、不那

131

么激进的方式表明，他对战争转向新的方向是否明智仍然持怀疑态度。[11]

当天晚上 7 点，华中方面军颁发了更详细的命令。第 10 军于 12 月 3 日开始对南京发动最后进攻，沿两条主要路线向北推进直逼南京，左翼取道芜湖，右翼取道溧水。上海派遣军比第 10 军在前线待的时间更长，因此更加疲惫，所以将在两天后再发动攻击，其主力将集中在丹阳和句容周围地区。[12]

这些命令发布后的第二天，松井石根获得了一次晋升。他被任命为华中方面军总司令，而上海派遣军的具体指挥权则移交给刚到上海战区的一个新人——皇室成员朝香宫鸠彦王。"这是一项伟大的荣誉，"[13] 在接到电报通知获悉朝香宫鸠彦王即将到达的消息后，松井在日记中写道，"我随即将电报内容传达给整个部队，并颁发命令以一切必要的手段确保亲王的安全和舒适。"[14]

50 岁的朝香宫鸠彦王是天皇裕仁的叔父，拥有成功的军事生涯，包括曾在日本驻巴黎大使馆担任武官。这一经历在他身上留下了两种不同的印记：一是他在法国因车祸落下了瘸腿的残疾，二是他能说一口流利的、堪称完美的法语。尽管他很有天赋，也很努力，但他并不是裕仁最为看重的人。这是因为就在一年前当一部分军官叛乱时，他没有表现出对天皇应有的忠诚，自此备受冷遇。到中国指挥战争是他在日本那如神一般的统治者眼中挽回昔日地位的最佳机遇。[15]

*　　*　　*

轰炸机飞行员米哈伊尔·格里戈里耶维奇·马钦，现年 30 岁，出身于伏尔加河畔一个贫穷的工人家庭，他于 12 月 1

日投身战斗行动。就在他操纵着他的双引擎三座图波列夫 SB 轰炸机在南京大校场机场着陆时，一大群日本轰炸机正在该地区上空实施着攻击。长途飞行后的马钦有点头昏体乏，他磕磕碰碰地爬出了驾驶舱后，马上就被一个熟悉的景象所震惊：一群俄国波利卡波夫伊－16 战斗机升上了蓝天，随即与日机展开了激战。[16]

空战发生在离他所站的地面足有 1 万英尺的高空，相差这么远的距离，马钦无法确定战况如何。他可以听到远处机枪发出的哒哒声，也能看到飞机中弹起火。他注意到有一些降落伞张开了，但他还不能判断出究竟是哪一方占据了上风。第二波中国飞机从机场起飞了，恢复了激烈程度的空战在继续着。一架飞机坠落了下来，机尾拖着一长条浓烟。当它接近地面时，从机翼上两个明亮的圆圈可以判定这是架日本飞机。一具降落伞缓慢地落在地上，表明至少有一名飞行员生还。

马钦被请进中国司令部所在大楼。在二楼的一个大房间中，有一群中国军官和俄国飞行员正在等候着。三个身材矮小的男子沿着一面墙一字排开。他们都穿着飞行夹克，脖子上还系着白色围巾。他们都是日本飞行员，刚刚被他们的俄国对手所击落。尽管他们的处境危险，但他们却流露出自信和傲慢，仿佛捕捉者和被俘者的角色被调换了。

133

他们解答说，他们当天早些时候从上海起飞，那时的上海早已落入了日本人手中。其中一人轻蔑地笑着。"天皇下令要我们使中国臣服，"他说道，"因此这就是将要发生的事情。我们要迫使中国跪在我们面前！"一名中国军官失去了冷静，他二话不说，上前就扇了那个飞行员一个耳光。之后，那三名飞行员被带了出去，命运未知。

此时，苏联援助正开始大批进入中国，马钦和他的飞行员战友就是其中的先锋。就在南京看来必定会遭到日军攻击的关键时刻，俄国飞行员和飞机也大量到达南京。马钦刚才所见到的直冲云霄的伊－16战斗机群是一个有着23架飞机的中队，这个中队只比他早到几小时。有些飞行员，在长距离飞过了整个中亚地区之后，已经筋疲力尽，然而他们还是在到达中国的第一天就驾机出击了五个架次。[17]

第二天，日本针对南京的机场实施了一系列空袭，这使得俄国战机更加忙碌。日机攻击强度如此之大，迫使中国指挥官不得不将他们的飞机暂时迁到离前线几百英里外的后方基地。尽管还不清楚日本人是否已经意识到他们前一天遇到的对手是俄国人，但他们还是选择了为自己的轰炸机群加强护航的做法，派出了20架三菱单翼九六式战斗机来给轰炸机护航。[18]

俄国人尽了他们最大的努力，当他们在为一个外国的生存而战斗的同时，却屡屡将自己置于危险之中。一位名叫刘庸诚的中国排长，见证了苏联志愿者驾驶飞机为保卫南京和日军飞机在空中缠斗。有一架俄国飞机被击落了。飞行员的身体从很高的高度掉了下来，带着很大的冲击力狠狠地摔到了地上。刘庸诚的部队拾起了飞行员散落的遗体，然后在城墙附近给这位飞行员举行了一个充满荣誉感的葬礼。[19]

* * *

134   12月2日是星期四，这天上午9点，一艘从武汉出发悬挂着纳粹旗帜的海关缉私艇沿长江顺流而下，航行一夜后抵达了南京码头。德国大使陶德曼迅速上了岸，同行的还有使馆参赞海因茨·劳恩夏格以及中国外交部次长徐谟。[20]陶德曼的使命十分机密，即使是他于离开武汉之前几个小时还在与轴心国伙伴意大利大使馆的秘书共进晚餐，也未透露半句接下来的南京之行。该秘书事后戏称道："罗马－柏林轴心在东方似乎并不起作用。"[21]

尽管是个秘密，但陶德曼到达南京的消息还是几小时内便在德国人中间传开了。智力超群的商人约翰·拉贝准确地猜出了他来南京的原因。"我认为他这次回来是和德国想当调停者有关的。"他在日记中如此写道。[22]当陶德曼还在海关的船上时，他在柏林的老板，即外交部部长康斯坦丁·冯·纽赖特，已经会见了中国大使程天放，并传递了一个简单的信息：尽快媾和。"不论中国做出多大的努力，"纽赖特说道，"日军的军事胜利已经不可逆转。"[23]

就在会见陶德曼之前，蒋介石召见了他最亲近的幕僚，他们大多是将军。外交部次长徐谟给在场的人士通报了日本差不多一个月前就已提出的和平条件。许多会议出席者还是第一次听到这些条件。他们很吃惊日本居然没有要求中国削减军备。"如果仅仅是这些条款，"白崇禧将军惊呼道，"那为什么还要打仗？"因为日本的提议似乎允许中华民族的生存，包括唐生智在内的参会将军们都同意将这点作为谈判的基础。[24]

蒋介石于当天下午5点会见了陶德曼。德国外交官很崇拜这位中国领导人，尽管面临着灾难性的军事形势和前不久在布鲁塞尔谈判中的失败，蒋介石仍然极其友好，精神抖擞并且毫不紧张，这给陶德曼留下了深刻印象。[25]但这又使得陶德曼敦促蒋介石在目前蒙羞的情况下去接受和谈变得更加困难。同时，他认为作为一个外交官，他的职责是保护各个民族，而不是把他们推向悬崖。[26]所以，他觉得他只能给蒋介石大元帅提

135

出一条建议。陶德曼说："我认为中国应宣布将本着和解的精神准备就日本的条款展开协商，这很有必要。"蒋介石回答说："我打算这么做，但我希望日本也同样如此。"此外，蒋介石还列出了一些必须得到尊重的中方认为应优先考虑的重点，如果与日本的和谈能开始的话。他不会接受任由日本控制中国北方领土，他也不愿意为了实现与日本的和平而牺牲掉最近与苏联缔结的友谊。[27]

在蒋介石答应与日本谈判之后，陶德曼便立即前往德国大使馆向柏林的上司汇报。之后，他回到码头登上了送他来南京的同一艘船，乘着夜色沿长江溯流而上。有一件事情在这位德国大使脑海中始终挥之不去，那就是蒋介石要求对即将到来的中日谈判绝对保密。陶德曼的意见是德国应该"全力以赴"支持这个要求。蒋介石愿意与恨之入骨的日本人谈判，如果这个消息被走漏风声，那么他相信这会是蒋介石政府在中国的统治的终结，取而代之的将是一个"亲俄集团"。[28]

12月初，整个德国外交社团弥漫着对蒋介石脆弱政权的担忧。"中国政府越是推迟和平协议的达成，中华帝国被分裂的危险就越大。"外交部部长纽赖特如此指出。[29]出人意料的是，日本的决策者们也担心这种风险。即使在鸽派已经让步愿意接受占领南京的意见时，还有许多人都急于避免使蒋介石政府倒台，因为他们担心随之而来的后果。

"抛弃蒋介石政权会使其处于完全绝望的困境，他只能孤注一掷，背水一战，全力对抗日本，"最近刚巡视过上海的参谋本部官员河边虎四郎写道，"无论我们是否摧毁它，最终我们将造成一个长期四分五裂的中国……这样的一个中国将在未来不断地大量消耗大日本帝国的实力。"[30]

＊　＊　＊

12 月 2 日早上，几乎就在陶德曼走下那艘海关缉私艇的 **136**
同时，上海的居民有幸看到了一幕过去六周都未曾看到的景
象：带有中国标记的飞机在他们的城市上空飞过。有一位目击
者，爪哇—中国—日本航线的荷兰籍员工 J. W. 克拉嫩堡，亲
眼看到两架飞机袭击了停泊在吴淞口北面的日本船只。"我看
见两架单翼机以极快的速度在头顶呼啸而过，"他告诉记者
道，"当飞机接近吴淞口时，迎接它们的是停泊在那儿的日本
军舰发射的猛烈的高射炮火。"[31]当时很少人知道实施攻击的飞
机实际上是俄国人的。

克拉嫩堡所看到的两架飞机是图波列夫 SB 轰炸机，绰号
为"喀秋莎"，然而他所目睹的战机的行动只不过是针对上海
及其周边日本阵地进行的大规模袭击中的极小一部分。这些俄
国飞机是前一天晚上刚刚与它们的飞行员一起到达南京的那一
批。即使那些飞行员刚刚结束了长达数千英里的一次多阶段远
距离飞行，他们仍然丝毫不浪费时间，立即加入战斗，深入敌
后狠狠地打击敌人。

当天破晓时分，吃过简单的早餐之后，飞行员们就从南京
机场起飞。爬升到一定高度后，机关枪手们就立即开始寻找天
空中任何日本飞机的迹象。他们中很少有人能有足够的睡眠。
毕竟，这是他们第一次投入战斗。"我们对战争仅有模糊的看
法。我们在书上读到过有关战争的描写，但我们从未亲身经历
过战争的残酷现实。"来自伏尔加的年轻人米哈伊尔·马钦如
此写道，他已经被任命为中队的副中队长。[32]

马钦指挥一个小队九架轰炸机去袭击日本在上海的重要机

场。另一个小队由中队长尼古拉·基德林斯基率领，他们的目标是停泊在上海和长江口附近的日本舰船。俄国轰炸机希望用一个计策来实现他们的整个奇袭任务。他们先沿长江南岸向东飞行，然后在海上转向东北，直到他们离海岸线20～25英里处，之后，他们再向右急转，接着直飞上海。他们将从靠海的一边接近上海，这就是从日本人最意想不到的方向发起攻击。

他们的策略非常奏效。飞机在海上1.2万英尺的高空成功地调转了方向，然后飞向上海。马钦从远处看着这个城市，他注意到空中并没有日军战斗机在迎接他们，这使他松了一口气。但他还是看到了停泊在上海黄浦江畔的日本军舰上的高射炮射击发出的火光。马钦一边搜寻着下方地面上的飞机场，一边希望日军的炮弹不会紧贴着他的飞机爆炸。一层薄薄的晨雾覆盖在城市上空，模糊了他的视线。他眯着眼，尽力去分辨下面朦胧的地形，突然间，他发现了并排停放着的日本飞机，机翼上有一层伪装。这就是他一直在寻找的机场，但此时投掷炸弹已经太迟了。

马钦做出了艰难的决定，再次攻击日军的这个机场。他率领着这群"喀秋莎"绕了个大圈来冒险做第二次尝试，也再次将自己暴露在高射炮对空拦阻射击的火力之中。日本人也有了时间去操控飞机，有些飞行员已驾机升空了。有六架日本战斗机朝俄国轰炸机猛扑过来，但他们未曾料到图波列夫SB轰炸机上配备的四挺机枪具有异乎寻常的强大的防御火力——两挺在机头，一挺在机侧，另一挺在机腹。一串灼热的铅弹迎面射向来犯的日机，马钦看见其中两架日机被击中起火了。

第二次飞行到机场的上空，马钦下令将机上的炸弹投放下去，其余八架也紧随其后投掷了炸弹。从上空看，接二连三的爆炸看上去就像快速开放的一朵朵花，有着一种奇怪的、超脱尘俗的美。飞行员们向下俯视，看到好几架停放在机场上的日本飞机已被炸毁。随后，他们开始了返回南京基地的回程。有一架苏联轰炸机受到了一些损坏，但没有人受伤，机组人员的心情好极了。"天空是那么明亮，我们的感觉是那么好，"马钦后来回忆道，"我们已经旗开得胜，初试身手就取得了圆满成功。"[33]

*　　*　　*

12 月 2 日，中国与其俄国盟友有机会在空中品尝了成功，但在陆地上，中国人的日子并不好过。十天前在长江岸边登陆的日军上等兵东史郎，此时正在和第 20 联队的其他日本兵一起向东行进。当他们到达基本上未加抵抗就已沦陷的常州城时，[34]他们看到了一道又一道刷在墙上的同一条消息——"在丹阳集合"。这种情况实际上在告诉他们，中国的指挥系统已经相当混乱，军官们都落到了只能通过在墙上刷标语的方式与部队联系的地步。同时这也告诉他们，丹阳之战将比常州之战要激烈得多。[35]

有城墙环绕的丹阳城位于常州西北约 25 英里处。两地之间的道路几乎是笔直的，与上海至南京的铁路平行，因此第 20 联队的进展也十分快捷。当他们到达丹阳前方时，等待着他们的有好消息也有坏消息。坏消息是，东史郎所在的联队将成为先锋部队；好消息是，他自己所在的小队将作为预备队，而联队里的另外两个小队将会被投入实际进攻中去。但是，他的宽心没有延续多久。因为一位指挥其中一个进攻小队的少尉过于性急，很快就阵亡了，所以他的小队被撤了下来，由东史

138

郎所在的小队接替。

几分钟之内，他的小队小心翼翼地接近了一片能掩护中国军队阵地的竹林。一挺捷克式轻机枪开了火。日本人弯着腰进入了一片墓地，墓地里头一个个小坟包为他们提供了掩护。日军小队用八九式掷弹筒[36]向中国军队的阵地发射炮弹，打哑了那挺机枪。他们抓住这个机会发动进攻，拔出了军刀，上好了刺刀，用尽了吃奶的力气大声喊杀。当他们冲到离竹林还剩一半距离的时候，那挺机枪又开始了射击。一个日本兵倒下了，接着后面又倒下了几个。当他们离得很近的时候，其中一人向中国军队的阵地投掷了一枚手榴弹，但手榴弹没有爆炸。他们继续往前冲，然后跳进战壕里。但战壕里已经空无一人，中国守军在几秒钟前已经离开了阵地。[37]

丹阳于 12 月 2 日被攻陷了，这样第 16 师团前往句容途中的主要障碍就被清除了一个。在它的南边，第 9 师团正沿着从天王寺到淳化镇的道路行军，距离首都南京仅几英里远。再往南，第 3 师团的部队也在取得进展。在前线的北端，天谷支队正在接近长江港口城市镇江，他们准备渡过江之后沿对岸向西突进。[38]松井石根在日记中写道："到目前为止，敌人的整个防139 线已经被突破，敌军的士气急剧下降。我相信未来在我们前进的道路上将不会有很多的抵抗。"[39]

上海派遣军仍然还没有对首都南京发动最后攻击，但即使全面进攻尚未展开，这支部队的士兵们的进军速度也令人十分满意。这使得松井石根能做出何时到达首都城门的计划。"我打算有条不紊地占领南京。在进入南京之前，我们必须向蒋介石或卫戍司令长官劝降，"松井在 12 月 4 日的日记中写道，"在占领南京时，我希望不会对城市造成不必要的破坏，并且我们也能够避免伤害百姓。"[40]

日军的进展是如此之快，以至于连日本人自身都感到惊讶。东史郎的小队到达了丹阳西面一个被遗弃的小村庄。他们被告知将在此停留一周。于是他们便安营扎寨，就地住了下来。他们在废弃的房子里寻找能使自己感觉舒适的住处，并挖了茅房。他们宰杀了一头猪，然后便躺下抽烟，放松着他们的疲惫，并享受着锅里煮开了锅的猪肉的香气。他们刚刚度过了快乐的一个小时，营房里就充满了大声呼喊着的命令声。"赶紧收拾行装，"军曹们大喊着，嗓音中没有丝毫的同情，"我们现在就要出发了。"士兵们的牢骚声在空中飘荡。"这是最短的一个星期，"他们相互间戏谑着，"只有四个小时。"[41]

*　　*　　*

眼看着他们的目标就要达到，日军非常担心南京城的防御。亨利·约翰·迪德里克·德·弗勒梅里（Henri Johan Diederick de Fremery）是一位来自荷兰的中国军队的顾问。他在战前视察了首都的防御工事，但没留下任何深刻印象。德·弗勒梅里同时也是荷属东印度群岛殖民地情报机构的间谍，他观察到南京城北面和东北面已经修筑了沿海炮台，包括已经过时了的前膛炮。"这些防御工事在保护城市抵抗军舰攻击方面或许还有些用途，"他在一份秘密报告中对自己真正的上司说道，"但究竟有谁会想用军舰来攻击这个城市？"[42]

显然，城墙上的其他地段也都设置了各种火炮，但数量不够。由于缺乏物资，有些阵地的质量极其成问题。例如，中山门和光华门之间的一段城墙是用所谓的"永久性结构"来加固的。城墙外侧是混凝土，但城墙内侧却是脆弱的竹编藩篱。

140

这只是一个波将金村庄①，日军第一波炮弹打过来就会分崩离析。[43]

南京城也有天然屏障，其中最重要的是东边的紫金山和南边的雨花台丘陵地带，但中国军队却没有做到将这些天然屏障和人造防御工事有机结合起来。那条能起到护城河作用的河流在东边变得很浅，不用花多大力气就可以过河。德·弗勒梅里写道："要说南京是个防守严密的城市，那是缺乏完整依据的。"[44]

问题之一是，南京的城墙并没有反映出过去几个世纪的军事演变。它没有向外凸出的堡垒，可以使守军同时从多个角度置暴露的敌人于致命的火力之中。此外，从城内登墙几乎同从城外登墙一样困难，所以中国守军失去了灵活性，无法如其所愿地尽快将部队集中到出麻烦的地段。[45]"几千年来，城墙在中国的防御战中起到了重要作用，"他在秘密报告中写道，"这或许能解释为什么中国不能或不愿看到城墙在配备现代化军事装备的进攻面前是不起作用的。事实上，更糟的是，城墙还给守军自己造成了地形障碍。"[46]

城墙仅仅意味着可以充当最后一道防线。至少在理论上，随着日军越来越接近南京，在远处的东边还有着一道难以克服的障碍正等待着他们。中国人已经花了几年时间准备应对入侵者，1932 年初在上海打响第一枪后，中国的领导人在德国顾问的帮助下，已经制订了详细的应急计划。然而，这期间的几年对蒋介石政府来说是非常忙碌的几年——他的政府一直在疲

---

① 俄军将领波将金为取悦叶卡捷琳娜女皇而沿途搭建的造型悦目的假村庄。——译者注

于对付共产党人以及各式各样的军阀——因此修筑防御工事便成了次要事项。[47]

1937年夏全面抗战爆发后，蒋介石的指挥官们才匆匆忙忙地重新试图完成这项任务。军事工程学校的学生和教职员工以及军警被调来仓促地修补防御工事，使其可用于未来的保卫战。大量的平民也被征用，但绝大多数都是充当配角，如厨师或搬运工。无论他们如何努力，这项工作仍然不能按时完成，城外的情况则更加糟糕。[48]

当中国军官和他们的德国顾问在日本人即将抵达南京之前视察南京城外的防御工事时，他们必然是极为震惊的。某些地段上的阵地只完成了一半，因为修建工程在半途中计划有变，而中断后的工程再也没有得到恢复。其他阵地则太容易被发现或过于暴露。有不少混凝土碉堡的射击孔被修得过大，以至于看上去就像是为敌人设立的巨大的标志牌，告诉他们"往这里打"。[49]

如果这些中国军官和德国军官能有时间视察完所有防御工事的话，他们可能还会遇到更多不愉快的意外，但他们没有。由于行程匆忙，他们略过了几个防御工事的主要部分，而只是用铅笔在1：50000的军事地图上画上红线标出了他们认为应该是阵地的位置。因此，中国的指挥官没有完全了解南京城内及其周围的战术形势就进入了战争。[50]

*　　*　　*

到12月的第一周时，南京被笼罩在幽灵般的安静之中。在金陵女子文理学院内，没有秋季入学的学生，留守的几位工作人员在一栋楼里围着一张桌子吃晚饭。几个月前，这栋楼还是喧闹的学生宿舍。[51]南京城本身已经停止了所有正常的运作。事实上，几乎所有的商店都停了业并用木板封门，银行也没有一家继续营业的。与之相反，有三家外汇兑换店生意还挺兴隆的。由于外币供应量有限，每个人最多只允许兑换 5 美元。[52]

有一种生意一时间特别兴旺。那就是对外国旗帜的需求突然高涨，因为外国国旗既可以用于免遭空袭，或者一旦日本人入城，也可以充作护身符。裁缝们将全部时间都用于缝制英国米字旗、美国星条旗甚至德国的纳粹乡字旗。[53]入夜，所有的活动都停止了。大街上很快就空无一人。多停留片刻就会有安全问题。警察部队中的逃亡导致犯罪率急速上升。[54]抢劫案越来越多，对他们的惩罚也非常严厉地加快了。头天晚上被抓的六名中国的抢劫犯，第二天一早就全部被枪决了。[55]

142

中国军队在紧张地备战，准备迎击预期中的日军的猛攻。"街衢交通要点均置沙包电网，"《上海泰晤士报》（*The Shanghai Times*）报道说，"城外各军事要点亦均布置炮位，埋藏地雷。"[56]工程师们做好了准备，将要去炸毁具有战略重要性的桥梁，多处村庄也被付之一炬，黑烟遮住了整条地平线。农民们从世世代代本属于他们的家中被驱赶出来，场面令人心碎。[57]这是"焦土"政策的一部分，但很多人认为，军事需要和肆意破坏之间的界线被随意跨越的次数太多了。[58]

冬季第一个星期结束后，仍然可以听到远处的轰炸声，爆炸声浪也强大到足以使城内的窗户发出咯咯的声响。[59]前线越来越近，中国的伤兵已经开始步行到达南京城了。[60]末日的感觉笼罩着这座城市。想到即将到来的死亡，一些传统意识较强的中国人开始把早几年前就准备好的棺材搬到安全的地方，等待着即将来到的死亡。[61]就在金陵女子文理学院的教职工把书装箱存放到地下室从而腾出空间收容难民时，商人弗朗西斯·陈（Francis Chen）突然有种不祥的预感，他说："好像我在准备葬礼一样。"[62]

与悲观情绪交织在一起的还有这么一种感觉，那就是不管发生什么，生活还是得设法继续下去。许多中国人坚守的时间循环理念对他们也是一种帮助。困难的时刻不会一直持续下去，好日子还将回来。虽然日本舰艇将在随后几天内出现在长江上的谣言还在扩散，明妮·魏特琳家的园丁仍然为来年开春种下了豌豆。"他不相信事物的古老的顺序会改变——他因循守旧的日子过得太久了。"魏特琳在日记中写道。[63]

尽管如此，但国民政府并没有心存侥幸，特别是在关系到民族独有的文化遗产的存亡问题上。12月3日早上，一艘满载着中国三千年积累的历史珍宝的船离开了南京。数千个装满了价值连城的艺术品的箱子被随船送往上游地区，其中包括"无可取代的青铜器、瓷器、书画及其他艺术品"。[64]这些箱子是四年前从北京运来的，一直保存在南京的保险库里。《泰晤士报》的记者报道说："自从离开北京之后，这些珍宝翻开了它们奇异且多灾多难的历史中又一页新的篇章。"[65]

与外界的联系一个接一个地被切断了。只有下关有一个邮局还开着门，但是在12月初，最后一架载着信件的飞机离开了南京飞往武汉，这些信件都是寄给那些担心自己所爱之人安危的亲人的。[66]南京城城墙的大门也被封住了，只留下一半城门开着供人进出，这都是为即将到来的战争做的准备。由于出口被封，留下来的居民们开始怀疑——当然一半带有玩笑性质——最后时刻的撤离可能就意味着要用绳子把自己从城墙上放下来了。[67]

显然，形势很可能突然间迅速恶化，而且可能不会有多少时间留给人们做出反应。12 月 5 日，所有在南京的美国公民得到警告，要他们收拾好自己最重要的财产，并要做好准备在接到紧急通知后能立即离开这个城市。[68]第二天，最后的指令就发出了。所有持美国护照的人都被命令赶去长江码头登上在那里等候着他们的一艘内河炮艇，这艘炮艇就是美国的"班乃岛"号。[69]

* * *

12 月 5 日，日军飞机在南京上游的港口城市芜湖上空飞行，在 6000 英尺的高度朝港口投下了炸弹，造成了两艘英国轮船严重受损和一艘皇家海军军舰轻微损坏的后果。强烈的爆炸震撼了"德和"号轮船，这艘船为英商怡和公司所拥有，船上载有 2000 名中国乘客。爆炸当即造成 8 人死亡，失去了舵的轮船漂浮到河中央燃烧了起来。另一枚炸弹击中了属于太古洋行的"大通"号轮船上的发动机和锅炉，导致轮船搁浅。一阵弹雨横扫在英国皇家军舰"瓢虫"号的甲板上，海军少校 H. D. 巴洛舰长受了轻伤。弹片也落到了岸边，一座飘着英国米字旗的英商拥有的仓库被炸得七零八落。[70]

在获知这些事件之后，长江沿岸的外国人士确信，英国作为当时仍是远东地区最有影响力的帝国，将会对其非交战国权利遭到粗暴侵害而做出强有力的回应。出乎意料的是，皇家海军只是致信日本在华中地区的最高海军司令长官长谷川清，敦促其未来行动要更加谨慎。[71]除此之外，什么要求也没提出。

144　鉴于皇家海军在中国水域内的弱势，大不列颠的海军将领们不想与日军发生对抗。身在伦敦的海军参谋长厄恩利·查特菲尔德勋爵努力安抚外交部的官员，"防止他们做出任何可能激怒日本人的行为"。[72]

英国远远没有试图挑衅日本，事实上它的外交官们就在那个时刻还积极参与试图撮合东京和南京之间实现和平的努力。12月6日，英国外交部决定致函美国国务院，试探其对英美联合扮演日本和中国之间"邮差"角色的意愿。[73]这反映出了日中冲突的一个基本事实，但当时的公众并没有看清楚这个事实。这个事实就是：就12月初中国极易激化的形势而展开的斡旋行动，要比明面上看到的多得多。尽管交战双方走向南京决战的步伐似乎不可阻挡，但外交力量仍然在幕后发挥着作用，试图终止双方的敌对行为。

德国作为调解人还在继续努力着，准备向日本转达蒋介石同意谈判的意愿。同时，德国驻日大使赫伯特·冯·德克森给国内发出的报告都还有着乐观的语调。"在日本参谋本部的圈子里，"他写道，"他们又在考虑尽快实现和平谈判。鉴于中国遭受的惨败和对布鲁塞尔谈判失利的失望，和谈对中国是有益的。""由于其不断扩大的军事行动范围和不断增加的战争开支"，日本也将从中受益。[74]

所有的外交活动都是在极其保密的状态下进行的，但相关消息流传到一些交际广泛的外界人士耳朵里也是不可避免的。南京的德国商人拉贝，就是从德国公使馆秘书乔治·罗森处得知陶德曼确实为了和平使命已经造访了南京。拉贝在他的日记中写道："罗森博士希望在日本占领南京之前就能实现和平。"[75]突然间，黑暗中出现了一个亮点——这是杀戮最终会停止的一丝希望。

* * *

与此同时，随着日军向西挺进直逼南京，其在身后留下了种种纵火、强奸和谋杀等暴行。无助的平民落在打了胜仗的日本兵手中，遭受了难以想象的令人发指的残酷虐待。南前头村38名村民的命运就是一个例子，可以反映出日军在南京战役期间实施的成百上千次类似的大屠杀暴行。

日军放火烧着了南前头村全村12间房屋，并强迫被抓的村民眼睁睁地观看自己的家园变成一片火海。一些村民挣脱了日本人的控制，奔向燃烧着的房子试图救火，却被日本人反锁在屋内，很快因屋顶烧塌而葬身火海。有两个妇女，其中一人还怀着孕，被多次强奸。事后，日军士兵"剖开孕妇的肚子，并掏出了胎儿"。

有个两岁的男孩被这混乱嘈杂声吓哭了。一个日本兵一把从他母亲怀中将他抢过来，抛进了火里。那个母亲还没反应过来发生了什么事，就被刺刀刺中，扔进了一条小溪。其余被围困的村民也被以同样的方式处置，日本兵把他们拖到河边，用刺刀捅死后将尸体扔到河里。[76]

上海和南京之间相距170英里的这片地区成了充满死亡和毁灭的噩梦般的炼狱。几英里开外，唯一能见到的人都是死人。一个日本骑兵军官在一个小村庄过夜，看到了大路上有什么东西在动。他开始时以为是一条狗。当他走上前去，却发现这是一具烧焦的尸体——这也许是一个中国农民，勉强从烧着的屋子里爬了出来，却死在了外面——尸体上烧烂的肉成了七八只饥饿的野猫的美餐。[77]

这种虐待狂行为在日本步兵中尤为普遍，但绝非仅限于他们。在南京城东一家医院工作的一位美国医生描述了他在日本进攻期间所接收的一个病例。这是一个中国人，被飞过的一架日本飞机击中，内脏都被弹片扯出来了，这导致他失血过多，无法救活。

"当日本飞机飞近的时候，他跑到一个桑树林子里去躲起来，"这名医生写道，"飞机追赶着他并用机枪向他扫射。同时，另外三个农民也被打死了，还有四个被打伤。方圆几英里内都没有中国士兵。为什么，或出于什么目的，那些日本兵还要袭击这些对他们不构成任何威胁的可怜的农民呢？"[78]

残暴的日本士兵还没来到就早已臭名远扬了，所以，毫不奇怪许多中国平民宁愿选择自杀以求速死，也不愿落入日本人之手被慢慢折磨死去。在刚离开平湖镇前往南京的途中，西泽牟吉中尉和他第114师团的部属看到了两位中国姑娘正在过河。她们两人手牵手走着，或许是俩姐妹。刚一踏上桥，两个姑娘似乎迈着小而快的步伐朝日本兵的方向走来。然后，停住了，仍然手牵着手，她们一起跳入河中，很快就消失在湍急的河水里。[79]

* * *

日本1937年秋在华中地区进行的战役与两年后德国入侵波兰及1941年进攻苏联在一个方面特别相似，那就是战场上的成功都伴随着难以想象的暴行。在战场上与武装军人的战斗胜利后，随之而来的便是对手无寸铁的妇女和儿童的屠杀。往往同一个士兵会在同一天干出两件不同的事，从英勇杀敌不假思索地转变为残杀无辜。[80]

这里存在着同样的一个根本性问题：他们怎么能这样干？

有些罪犯不过只是十八九岁，这个年纪极易受人影响。同时，许多在中国实施了难以启齿的暴行的日本人都是二十多岁三十岁刚出头的年轻人，他们中有些人已经有了家室，留在家乡的女儿的年龄同那些被他们在前线强奸和刺杀的女孩差不多大，这是一个本质上无法解释的事实。

这一点同德国在东方战线难以理喻的行为是相似的，但两者之间也存在着非常显著的差异。德国人把自己视为优秀民族，比他们的俄国、波兰和其他斯拉夫敌手更加优越，他们把那些民族污称为"劣等人"。相比之下，日本人没有否认，也无法否认他们与他们的中国敌人有着很多共同点。中国是日本文明的主要来源，这是不争的事实，像书面文字系统这种既简明又应用广泛的一类事物就能很好地反映出这一点。

147　　来自第10军的士兵横山胜之助感觉自己同那些被自己的部队强迫做挑夫的中国农民有着一定的联系。从他们脸上看不出一丝情绪表明他们想要战争。相反，他们和他们的祖先自古以来就一直在自己的土地上劳作，只是每隔几十年，当残匪败兵经过时，他们的正常生活才会遭到短暂的暴力的侵扰，会遭受强奸、抢劫和纵火蹂躏。横山真诚地相信，战争是由西方列强精心策划、由蒋介石一手操纵的结果。他觉得有必要打破那堵将中国平民与日本人隔离开来的愚昧无知的墙垒。[81]

对日本人而言，他们与中国的民族关系就像是两兄弟的关系——一个是年轻正直的弟弟，另一个是迷失了方向需要经引导返回正道的哥哥。松井石根就代表着这种观点。与他的军事生涯相对照，从他个人的角度来说，他热衷于见到仍然处于西方帝国主义枷锁之下的亚洲各国人民间的合作。从青少年时期开始，他就对中国特别着迷。当其他雄心勃勃的军官都热衷于去西方国家的首都，如巴黎或伦敦时，他却申请去中国，并作为一个外交代表在中国待了近十年。[82]

20 世纪 30 年代，他对大亚细亚事业的奉献反映到了政治层面上。1933 年，他是大亚细亚协会（Greater Asia Association）最为突出的创始人之一。虽然该组织是由日本主导，但它一直具有"可能是在 1933～1945 年传播泛亚细亚主义方面最具影响力的组织"的特色。1935 年末，在造访中国期间，松井曾协助在北部港口城市天津建立了中国大亚细亚协会。[83]

对松井石根这样的人而言，日本在亚洲大陆的活动本意是帮助"解放"亚洲人民。在他们眼中，1932 年在中国东北建立的由日本控制的"满洲国"傀儡政府是国家建设的一项大胆尝试，他们希望中国的其他地方也能以同样的方式获益。"下一步，"松井在 1933 年写道，"我们必须将我们给予'满洲国'的同样的帮助和深切的同情扩及全中国四亿人民，把他们从世界各国强加在他们身上的政治、经济和文化压迫的困境中解救出来。"[84]

松井石根在 1937 年还没有放弃他的泛亚细亚理想。在攻克上海以西的地区后，他的第一个目标就是要"根除"代表欧洲和美国利益的大亨，此处暗示了为实现政治目的他将毫不犹豫地使用暴力。[85] 除了这种危险的、潜在的侵略性之外，日本人在他们侵略的国家面前暗自感到自卑，因此在自以为优越的同时私下里还存在着一种挥之不去的自卑感。中国疆域的广袤和悠久的中国文明都能助长这种自卑心理。"太湖实在是太大了，"一个日本士兵在向南京进军的途中于日记上写道，"当你望着太湖的时候，你会感觉它就像海洋一样大。"[86]

最明显的是，日军对中国施加的暴力是出自一个荒诞无稽的误解：许多日本人无法理解为什么中国如此"不领情"。日本人还以为他们到中国来部分是为中国人着想，他们是被一种救世主一般的欲望所驱动而来拯救中国人的。他们被激怒了，就好像是父亲被不听话的儿子所激怒一样，所以试图惩罚这种不听话的行为。

日本军队中的普通士兵自己可能对此并没想太多，但这种理念自上而下地渗透了他们的心灵。美国军官弗兰克·多恩在日军侵华期间也在中国，他把日本人的残忍看作一种挫败的反映，因为中国人自己不想要别人来拯救："日本士兵被洗了脑，他们被灌输了一种虚妄的理想主义信念，即他们的使命是充当十字军，去把中国人民从压迫中解放出来。当他们试图解放中国人的努力遭到拒绝后，普通日本士兵都感到震惊。"[87]

* * *

日本人不过是虚妄的中华民族的救星，相比之下，俄国人才是真正的救星，他们的飞行员 12 月 2 日空袭上海就是一个明证。虽然他们一直保持低调，飞机上涂的是中国的标志，飞行员穿的也是民航飞行员的制服，但他们的真正目的很快就被受困中的南京市民所知悉。大家都已明白，大多数中国飞机此时都被逐出了南京上空，所以保卫南京上空的使命现在已经留给了俄国人。[88]任何一个在南京大街上被认出的俄国人都会很快就被欢呼的仰慕者所团团围住。[89]

最终日本人也注意到了这个变化。12 月 2 日上海上空的空袭击中了日军在城里的阵地，这是六周以来的第一次。[90]日本人猛然觉醒，更糟糕的是他们要面对俄制图波列夫 SB 轰炸机的特殊性能，这种型号的轰炸机是 20 世纪 30 年代中后期最为先进的轰炸机之一。即使大多数时候飞机是在没有护航的情况下飞行的——俄国的战斗机需要被用来保卫中国的大城市免遭日本飞机轰炸——但凭借它们装备的四挺机枪就能够抵挡日本的空中来袭。

俄国飞行员也受到了来自他们同行的吝啬的赞赏。"俄国飞行员不屈不挠、意志坚定，并且表现出巨大的活力，"克莱尔·陈纳德，当时任中国空军的顾问，在他的回忆录中如此写道，"他们能够把十二个小时的警觉、激烈的空战和通宵的狂饮结合在一起，所达到的程度任何其他民族都望尘莫及。"在战斗中，他们表现出"蚂蚁般的团队精神和韧劲"，但同时也展现出"一种对严格的空中纪律的极度偏好"。[91]

蒋介石夫人对空军特别钟爱，也许这是因为"空中骑士"所具有的不可否认的魅力。俄国飞行员也是她所关注的对象。当两位俄国飞行员12月初受伤躺在南京的一家医院里时，她带了糖和水果去探望他们。[92]即便如此，俄国飞行员对她的印象却并不很好，认为她的兴趣是相当肤浅的。每当她接见新到的一批俄国人时，她总是会以一个完美的女主人的礼仪来接待他们，询问他们身体是否健康，从苏联来的旅程是否愉快。至于来自空中的日军的威胁，以及俄国人准备如何去对付，这些方面她似乎完全不关心。[93]

从12月开始，当日本下决心要猛攻南京之后，日军飞机空袭的强度就大大增加了。12月1日，日机出动了9个批次，2日出动了11个批次，3日出动了15个批次。沈咸是守卫在南京城城墙上的一个高炮连的军官，他发现他和部下总是成为日机特别的攻击目标，他们不得不一天换八次阵地来避免被日机摧毁。在他们眼里，这是来自日本人的一种间接恭维，沈咸明白他们正在发挥重要的作用。他们的防空火力扰乱了日军飞机的目标定向，他一次都没看到过日本的轰炸机能直接命中南京的城墙。[94]

150   在南京的一个冬日早晨，他还赢得了他个人的一次胜利。空袭警报在上午 8 点响起，几分钟后，日本轰炸机黑压压的影子就出现在紫金山上方。沈咸一直等到飞机飞得足够近，然后才一声令下："开火！"炮弹爆炸飞出的弹片击中了一架轰炸机的油箱。拖着一条长长的黑烟，这架飞机急剧下降并坠毁在城内一座古寺附近。虽然空袭仍在继续，但欣喜若狂的南京居民纷纷从藏身处出来，爬上炮台与中国士兵握手致贺。给他们的奖励并未就此结束。当天晚些时候，一名到访的军官给他们传达了蒋介石本人的信函，祝贺他们这个炮台所取得的胜利，并给予了 500 元现金的奖励。

         *   *   *

    由拉贝和其他几个留在南京的外国人士费尽心血催生的南京安全区在 12 月的第一周开始成形，随之正式对外公开宣布，并相应成立了四个委员会，分别负责食物、住房、财务和卫生。[95]一旦当地报纸详细报道了这个安全区的计划后，数以百计的惶恐不安的中国平民开始拥入安全区，他们确信日本占领南京只是时间问题。[96]一家小报一再声称，所有爱国的中国人都有"义务"留在安全区外直面日军的轰炸，但这种宣传几乎无人再去相信了。[97]

    安全区从一开始就面临重重难题，既有实际问题也有官僚机构产生的问题。数千袋原本是为安全区将来的居民准备的大米和面粉无人看管，结果很快就消失得无影无踪。许多人都觉得应该是被军队偷掉的。[98]还有更多潜在的问题不断涌现，因为国军开始在安全区内挖掘壕沟并铺设野战电话线，这样做自然会使安全区去承受日军攻击的风险。[99]国军军官承诺他们会离开，但他们一拖再拖，使得安全区的组织者都失去了耐心。直到最后一个国军士兵离开之后，他们才能够绕安全区插上一圈旗子，将该区域标明为真正的非军事区。[100]

日本人不愿公开承认这个安全区，但保证会予以尊重。[101]他们的这种冷淡态度是完全不足为奇的，但令人诧异的是，一些中国军官也毫不掩饰地表达了对安全区的敌视态度。"我们应当用自己的热血来保卫祖国，不让日本人占领一寸土地，"一位愤怒的官员对拉贝说，"南京应当守卫到最后一个人。如果你们不建立安全区，那么现在逃进安全区内的人们本来是可以帮助我们的士兵的。"[102]他们不想给日本人留下任何有用的东西，这也包括了要完全摧毁安全区内的一切建筑。有些民族主义意识较强的国军军官原则上也持反对意见，因为他们把出现在他们国家首都中心的一块基本上由外国人治理的地区视为是对中国主权的不可容忍的侵犯。[103]

建立安全区并不是人们为了帮助减轻战争所造成的痛苦和苦难而做的唯一努力。在淞沪战役爆发之后，凡是军医跟不上的地方，中国红十字会都介入了，并成立了许多急救队和急救医院，以此确保伤员能得到现有医疗设施的救治。10月，红十字会在国立中央大学（今南京大学）的校园里建立了一所医院，共有3000个床位，以及一支由300名医生和护士及400名看护组成的医护队伍。[104]截至10月底，医院共收治了1200个病人，每天做50台手术，而且大多数是截肢手术。[105]

然而，随着日军逼近南京，医生和护士都转移到了长江上

151

游的西部。整个红十字会医院都撤离了，美国教会医院也从开始的时候有将近 200 名医生、护士和受过培训的工作人员减少到冬天来临时的仅有 11 人。[106] 有些人是奉命撤离南京的，而其他人是没打招呼就自己离开的。威尔森在一封信中叙述了他如何在一位经验丰富的中国护士的帮助下完成了一台给一个爆炸受害者做的复杂手术，这位护士同时还兼任 X 光技师。"这天下午那位护士偶然离开了，"他补充道，"现在手术室里我们一个人都没有了。"[107]

随着医疗设施几近瓦解，一群外国人士主动出手相助，试图改善医疗状况，并取得了小小的成绩。一个以美国圣公会传教士约翰·G. 马吉（John G. Magee）为首的委员会从蒋介石那里获得了一笔可观的资金，他用这笔钱在美国圣公会的校舍里设立了一个临时急救站。[108] 总的来说，这是一件缓慢且没有回报的战场上的工作，许多中国官员还认为这样的工作是多余的。为了能够帮助在站台上越积越多的伤兵，一些外国志愿者向中国政府索要救护车。他们得到的答复是，救护车确实有，但是没有汽油，也没有钱去买。[109]

* * *

12 月 6 日，藤田实彦少佐有点着急。他同日军第 10 军的其他部队一起登陆后已经有一个月了，他感觉时间正在飞快流逝。他听说沿着长江南岸前进的一些部队几乎快到南京了，其他部队也已经渡过了河，可能会从背后向南京挺近。但是，他本人及他指挥的第 2 轻型坦克车中队却被困在他们的猎物南京城之外 120 英里之遥的地方。藤田生性有点放荡不羁。他蓄着日本军人中最有派头的胡子，在国内也是一个成功的作家。不过此时此刻，这些都已不再重要。眼前首要的是他是一个战士。"我不能被别人甩在后面。"他急躁地念叨着。[110]

12月2日，第10军接到向南京挺进的命令后做出了狂热的反应。第114师团作为右翼，几个小时内就行军穿过了溧阳城，随后两天里每天都走完了40英里，并于12月4日到达溧水城。在第114师团后面的第6师团，由于在太湖东面转了一个很大的U形弯，所以落到了第10军其他部队的后面，此时正在努力追赶。国崎支队接到的命令是赶到长江边的太平城，从那里渡江，然后前往南京对面的浦口，在那里切断中国军队的退路。[111]

第18师团在第6师团和第114师团的左边，他们在12月2日接到的命令是从广德附近的地带出发，大致朝西北方向直插南京。这时日军的指挥官们接到情报，称大批中国部队正在撤离南京地区，向南退往宁国，此举明显是为了避免被包围的厄运，因此第18师团的任务也发生了改变。12月4日，重新给第18师团下达的命令是改变方向直接向西，尽可能地设法困住中国士兵。[112]

换句话说，日军第10军中的每个人都被调动起来了。藤田实彦觉得他的那列九四式小型坦克也应该行动起来。没等上面批准，他就下令立即向南京开进。挤在坦克里面的坦克手们一边互相开着玩笑，一边给马达加速，坦克喷出了一阵阵废气，就像香烟的烟雾一样。[113]

藤田实彦坐在领头的坦克里，整支坦克部队沿着一条泥泞的道路开始行进，这条路将把他们带往中国的首都南京，并带往胜利的荣耀。他们一路上大都进展顺利，除了有小范围的耽搁之外——这都是中国人的"焦土"政策所造成的。即使有

153

些小的挫折，但在 12 月 6 日日落时分，赶了一天路的藤田还是觉得他们已经走过了很长一段距离。

半夜时分，他们到达了一条河的岸边，河上的桥梁已被撤退的中国军队完全炸毁。日军工兵们搭起了一座便桥，但第一辆驶上这座脆弱的便桥上的坦克就把桥压塌了，陷入烂泥里 3 英尺深。坦克兵们只能把宝贵的时间花在等待上，一直等到便桥修好，然后才能继续前进。破晓之后，藤田查看了地图。他的这份地图的比例尺很小，几乎是供游客用的，但这却是他唯一可以依赖的。从地图上获知，过去的 24 小时内他们已经行驶了 100 英里。在他和南京之间现在只剩下 30 英里了。[114]

第六章　兵临城下

1937 年 12 月 7 日至 9 日

12 月 7 日早晨 6 点不到，南京居民在睡梦中被飞机的轰鸣声所惊醒。声音来自蒋介石及其夫人宋美龄所乘坐的正在飞离南京的飞机。蒋介石特意一大清早登上他的"美玲"号飞机——当然，这是以他夫人的名字命名的——因为这样最有希望避开日本飞机。日本飞机要在白天更晚些时候才会开始绕着南京上空巡航。即便如此，还是有一队战斗机为他护航，以确保万无一失。[1]

蒋介石的第一个目的地是庐山，那里是他的避暑胜地，位于南京西南方向 300 英里外。在飞往下一站位于湖南的衡山之后，他将最终降落在长江岸边庞大的城市武汉，此地距南京约 300 英里。他政府中的绝大部分机构早已搬迁至此。[2]这只不过是"权宜之计"，蒋介石在飞离南京前给一位地区司令官发的电报中如此解释道。[3]或许他当时真的是这样以为，但对于他的政府而言，实际上这只是千里跋涉向遥远的西部迁都的开始。等他再次踏足南京，已经是漫长的八年之后，其间还牺牲了数百万人的性命。

蒋介石在南京的最后几天里，局势已经乱成一团。在他动身的前三天，日本人离南京已经很近，炮击也越加密集，他不得不从他在紫金山上的官邸搬到城门内的一幢别墅居住，这栋别墅原本属于一位颇有名气但已过世的文人。[4]这只不过是个短暂的停留。任何一个稍微留心的人都会看得很明白，因为几天以来蒋夫人一直在公开地为离开南京做准备。她把那些无法带走的东西都送了人，其中一架钢琴就送给了金陵女子文理学院。[5]

就在蒋介石准备离开南京时，在他心头占首要位置的是南京城内军队的士气和民心。于是，12 月 4 日晚，他召来了卫士队队长俞洁民，要他选一小队可靠的卫士身穿制服站在下关码头显眼的位置。当时，大批民众聚集在下关码头拼命想离开南京。蒋介石的目的是利用显眼的卫士来平息到处传播的他已离开南京的谣言。[6]

蒋介石做出的留在南京直到最后一刻的决定，"不仅于军事布置能强勉完成，而且于军心民心亦有裨益"，他在日记中写道，"应迁移之物品皆能如数运完，南京幸免兵难。若早十日离京，则败局更不堪问矣"。[7]

在他离开南京前的一个晚上，[8]蒋介石召集少将以上的军官全部到唐生智设在铁道部内的指挥部开会。在蒋总司令到来之前，参会者相互之间已经讨论了目前的形势，普遍的看法是：南京是守不住的。然而，蒋介石的乐观情绪使得他们大吃一惊。在夫人的陪同下，蒋介石为即将到来的战斗发表了一番鼓舞士气的讲话。尽管中国暂时遭受了失败，但也还是给了日本人一个沉重的打击，并且打破了侵略者速战求胜的希望。与此同时，中国还赢得了国际社会的同情和支持。[9]

"全国的至诚瞻仰在这里！全世界翘首切盼付与最大的注意力，也是在这里！"他告诉他的听众道，"我们不能轻易地放弃南京！"紧接着，他转向唐生智，正式将保卫南京的全权责任交给了他。蒋介石命令道，你们要像服从我一样服从他。这不会是个象征性的战斗，他说道，在南京打一场持久战能够牵制日军兵力，从而给中国军队的主力一个喘息和休整的机会。

因此，蒋介石希望卫戍部队能"破釜沉舟"，这和西方的"烧桥断后路"的说法意思差不多。他承诺很快就会有三个装备齐全的全员师从西南省份云南抵达武汉。他将亲自率领这支部队到南京来解围。"万一有什么不幸，那也是成了保卫国家的民族英雄！"他在结束时说道，"人谁不死？我们要看死的价值和意义，在这伟大的时代中，能做这件不平凡的工作，是何等光荣！"[10]

会议结束后，唐生智把蒋介石和宋美龄送到了门外候着的坐车旁。唐生智已经承诺战斗到底。他跟蒋介石发誓道："有统帅命令决不撤退，誓与南京共存亡。"蒋介石显然很感动，他敦促唐生智要小心从事，并在上车之前再次表示非常感谢唐生智所做的牺牲，特别是在他几十年来呕心沥血为之奋斗的事业看来就要分崩离析的时候。"患难见交情！"蒋介石说道。[11]

* * *

当蒋介石乘坐的飞机飞离南京时，日军第 16 步兵师团 24 岁的步兵东武夫正在诅咒自己的厄运。他所在的师团一整夜都在野外露营，此刻正在整理行装，马上又要向西朝中国的首都南京开拔，去迎接又一个漫长而令人疲惫不堪的白天。不仅如此，他的中队再次被选中担任右翼。这意味着他们将会非常危险地暴露于敌人的火力之下，敌人很可能就隐藏在他们行军经过的主要道路北面的乡村里。[12]

第 16 步兵师团早上 7 点开始行动。东武夫所在的中队沿着一条山路行进，路旁是一座高耸入云达 3000 英尺的山。日

156

军士兵们可以清楚地看到山坡上中国士兵挖的阵地，不过并不是所有的阵地都被废弃了，仍然有零散的小股中国士兵对着日军队伍打冷枪。虽然距离太远不能准确命中，但从头顶上呼啸而过的子弹还是让日本兵们非常紧张。当日军的先头部队遭遇阻击投入战斗时，部队的行军也就停止了，此时他们也松了一口气。[13]

日军师团在向西行进穿过仍然分布着中国士兵的山地丘陵时，不光是普通士兵在冒着生命危险，东武夫部队的旅团长佐佐木到一也尝到了危险的滋味。当时，他正在往前走，想了解究竟发生了什么情况阻碍了部队的行军。正当他和一位联队长在讨论战况时，敌人的一挺机枪在他前方只有 800 码的距离处开火了，子弹就在他脚下打得尘土飞溅，这促使他立马趴在地上。[14]

由于第 16 师团在向南京进军时部队沿几条狭长的路线延伸，所以只有在行军队伍最前端的士兵加入了战斗。对于离前线后面一点的大部分日军部队而言，这样的冲突就如同是在日本本土的一次秋季演习。第 12 联队的二等兵东史郎和他同一大队里的其他士兵被留作预备队。就在几百码开外的地方，战斗打得十分激烈，重机枪的弹药都快耗尽了。相比之下，东史郎所在的大队却仿佛置身事外。有些士兵就在不远处死去，而他们却看起来好像是在郊游，边聊着天边说笑打趣。[15]

对于日军而言，在阳光明媚的 12 月的这一天里，一切似乎都非常顺利。作为上海派遣军的先头部队，第 16 师团已经突破了南京城以东 30 英里中国人设在句容这个重镇的防线，并向汤水镇逼近。在他们南面，日军第 9 师团已经到达淳化，这是另一个扼守通往南京要道的重镇。在北面，第 13 师团的士兵正在镇江横渡长江，以期到对岸建立一个立足点。

在第 10 军方面，进展同样迅速。第 114 师团一路推进到秣陵关，其位于南京以南不到 20 英里处。而自 12 月初受命夺取南京以来，第 6 师团一直在全速赶往前线，很可能当天晚些时候就可以到达。在这两个师团的南面，第 18 师团也一路扑向长江，途中势必夺取宁国，以此完成对南京的包围。[16]

*　*　*

12 月 7 日，好像整个重心都在向西移动。就在蒋介石离开南京几小时后，松井石根同他的幕僚一起在上海附近登上了一列西行的火车，去指挥日军向南京发起最后的总攻。作为华中方面军的总司令，松井已经为此行筹划了一个多星期，[17]但没有办法尽早付诸实施。因为最近的战事，通往苏州的铁路才重新投入使用。[18]

松井石根有充分的理由感到满意，当他乘坐的火车经过被摧毁的城镇和乡村时，他透过车窗看到的并不是最近的战争所带来的创伤，而是农民们返乡后平静的乡村在逐渐恢复生机。在苏州，他注意到由当地中国人的代表组成的自治委员会已经成立起来了。或许，他正在看到他所想要看到的。这就是他梦想中的中国。他想把中国分裂成一堆较小的类似国家一样的独立实体，每一个都小到足以让日本随意对付。[19]

同一天，松井石根的参谋部完成了从上海到苏州的转移，并随即在苏州下达了粗略的占领南京的总攻令。参谋部预测了两种可能的结果。最好的情况是中国守军会被说服而放弃战斗并打开城门。在这种情况下，日军的每个师团都会派一个大队进城去完成城内秩序的平定，如果可能的话，去消灭拒绝放下武器的士兵的零星抵抗。

另一种情况则意味着一个血腥的后果。中国指挥官将无视日本对他们的投降要求并准备为捍卫首都而打一场持久战。如果发生这种情况，日军将集中所有炮火猛轰南京城，每个师团都将派出一个联队向城门发起强攻，进城后再逐街逐巷、逐门逐户地打一场残酷的消耗战，最后占领全城。[20]

南京城所将面临的噩运已经有了清晰的迹象，那就是具有野蛮透顶、毫不留情特点的南京城外的战斗。《纽约时报》记者窦奠安（F. Tillman Durdin）亲眼看见了日军是如何消灭第154 师和第 156 师的，这两个师都是从中国南方用船运到此地的。日军把他们包围在一个锥形的山顶上。"日本兵围绕着山顶周围燃起了一大圈火，"他写道，"大火烧着了树木和草丛，慢慢地逼近山顶，迫使中国士兵不得不往山上退却，直到聚成一团被日军用机枪无情地射杀。"[21]

*　　*　　*

159　　12 月 7 日，在黄海对面的日本，德国驻东京大使赫伯特·冯·德克森正在执行一项重要的使命。他会见了日本外相广田弘毅，向他转达了中国政府现在愿意考虑日本提出的谈判条件的信息。德克森解释道，一旦日本和中国双方都承诺在绝对保密的情况下进行停战谈判，那么德国元首阿道夫·希特勒本人将会公开呼吁结束远东战事。但是，广田的回答让德国特使着实吃了一惊。

日本外相说道："我怀疑现在是否还有可能根据一个月前日本起草的条件进行谈判；也就是说，在大日本皇军还未取得军事上的胜利之前。""但是，"德克森回答道，"就在 11 月中旬，也就是日本取得最初的胜利时，你还告诉我这些条件仍然保持不变的。"情况已经发生了变化，而且日本外交官再也不能说话完全算数了，广田做出这样的解释。"过去几周里局势已经不同了，"他说，"野战部队的要求已经变得越来越苛刻。"[22]

虽然德克森对日本这一新的立场很吃惊，但他对这样一个理念也有几分赞同，即中国在战场上的失败意味着中国需要付出更大的代价来换取和平。"考虑到日本取得的巨大的军事胜利和过去几天里中国军队的惨重败绩，日本在谈判重点上提高要价是不可避免的。"德克森在给柏林的报告中如此写道。[23]

广田外相没有向德克森提及新的附加条件，这是有原因的。日本人想给中国开出什么样的和平谈判条件，他们自己内部都未达成一致意见。事实上，日本变得越来越固执，这点恰好掩饰了东京幕后持续的意见分歧。12月初，日本帝国大本营发布的一份文件初稿成了内部讨论的依据，也表明日本的要求有了显著的扩张。这份文件包含了多项苛刻的条件，包括要求中国正式承认"满洲国"。[24]

尽管日本首都还未达成一致意见，但已经出现一个明显的趋势：鸽派正在输给鹰派。代表着参谋本部内少数人意见的多田骏，支持对中国采取宽宏大量的方针，认为日本应该具有政治家的风范。他醉心于一种部分建立在对欧洲前辈的研究之上的军事文化，由此他提出了一个恰当的比喻。他说，日本领导人的行为应该像普鲁士的奥托·冯·俾斯麦，后者在1866年赢得克尼格雷茨战役（也叫萨多瓦战役）后仍给奥地利开出了宽宏大量的条件。[25]

这种宽宏大量并不仅仅是基于利他主义的，而且坚定地依据了日本自身的利益。"一旦各国对蒋介石政府的承认被撤销

160

之后，也就是说，在南京沦陷之后，蒋介石政府就将会倒台。"近卫文麿在 12 月初如此说道，语气中带着几分愉悦。[26]与此同时，蒋介石政权的倒台也正是日本内部那些头脑清醒的人士所担忧的。中国如果缺少一个中央政权将会导致这个庞大的国家全面瓦解。"一个多年分崩离析的中国……将大量消耗（日本）帝国的实力，直到遥远的未来，"河边虎四郎写道，"此外，还将引诱英国和美国的势力介入整个远东。"[27]

河边虎四郎比大多数人都更清楚日本决策者受到了一个特别因素的严重制约，那就是民众。即使是在一个逐渐走向独裁的社会中，民意也很重要。如今这些民意被主张强硬外交政策的媒体所煽动，形成了一种狂热。日本民众不允许心慈手软，他们受到了蛊惑去相信日本军队是为了中国而到中国去但中国却不知感恩这样的谎言。河边写道："民众是最强硬的。"一位日本商人警告身为日本高级官员的原田雄夫说，除非公众复仇的渴望得到满足，且中国被迫做出巨额赔偿，否则日本"将会出现可怕的动荡"。[28]

此时的日本，内外环境极不稳定，处于危险之中的不仅仅是权利和威望。外交政策上的争论还会导致严重的人身风险，即使是东京的政治精英也不例外。举个例子来说，连广田弘毅外相也担心起人身安全来了。日军军官中年轻的鹰派截获了德克森和德国政府之间的一些往来电报，了解了德国人正在努力用外交手段解决问题。其结果是，他们威胁要"杀"了广田外相。[29]

*　　*　　*

中国政府没有立即被告知日本人拒绝和谈。12 月 7 日晚，外交部部长王宠惠在武汉会见美国驻华大使纳尔逊·T. 詹森

（Nelson T. Johnson）时仍然表达了乐观的看法。据媒体报道，日本外务省的一份声明表明东京仍然愿意接受第三国的调解，王宠惠满怀希望地如此说道。[30]

尽管政府部门的语调仍然乐观，但中国的战地指挥官们正做着最坏的打算。任何有军事价值的东西都绝对不会留给来犯的日军。南京周边地区的警察和军人都忙碌着把老百姓赶出他们自己的家门。如果有人拒绝，就会被威胁要以叛国罪处死他们。在多数情况下，老百姓的房子都会被浇上煤油，然后一把火烧成平地。随着越来越多的村庄成为目标，浓黑的烟雾越来越多地遮盖住了南京周围的地平线。[31]

据《纽约时报》报道，南京城南边有个面积相当于一个小镇的区被放火焚毁，下关火车站附近一个用于展示蒋介石政府先进性的示范村也遭受了类似的命运。[32]《纽约时报》的记者报道了在出城后一路向东考察前线战况时的所见所闻，他看到大火吞噬了化学战实验室。"公路以北，高官们宫殿般的住宅都被付之一炬，滚滚的浓烟从里面冒出来，"他写道，"沿着去前线的道路两旁的村庄现在已经变成了冒着烟的废墟。"[33]

在深刻的民族危难之际，这种做法似乎是个合理的选择，但也给南京地区的平民带来了巨大且显而易见的痛苦，对民心也是一个打击。一个78岁的老人来到了金陵女子文理学院前，他说自己是被赶出家门的。他独自一人前来，是因为他的老伴不肯离开。魏特琳写道："如果这种方法能使日军延缓12～24个小时进城，我不知道这是否值得，因为它给平民造成了如此大的灾难。"[34]

日军离南京越近，中国守军留下的对建筑物的破坏就越彻底。随着守军不断加强力量阻止日军进攻的步伐，南京周边已经没有一座桥梁是完好的了。[35]日军因轻装行军而未携带复杂的架桥设备，结果只能被迫不断地想办法来保持他们的进攻势头。此时，日本军人发挥了日本农民善于因地制宜的智慧。20世纪30年代末的日本军队在很大程度上都是由农民子弟构成的，他们在关键时刻很好地露了一手。[36]

162　　　到12月9日凌晨时，日军第9师团第19联队的一中队士兵连续行军和战斗已经超过了三十六小时。然后，当他们走到南京以东大约10英里的地方，一条汹涌的河流挡住了他们前进的道路。河上有座窄桥，桥的另一端有个由中国士兵守卫的碉堡。中国士兵手中的轻武器不断地射击，使得他们相信如果他们试图过桥的话，是不会有好果子吃的。然而，队伍后方的军官们对他们毫不同情。"赶快过桥，夺取碉堡，清除所有障碍，"军官们下令道，"这是去南京最近的路。"[37]

一个年长的二等兵很快打定了主意。他找到了碉堡火力的一个盲区，然后脱光了上身，跳进冰冷的河水中，身后拖着两股绳索。一旦游过了河，尽管接近零度的河水使他打着冷战，他仍坚持着把绳索拴在桥的另一端，使他的战友们能用附近农舍里找到的一些竹板搭起一座便桥。几分钟后，整个中队过了桥，并且从后面夺取了碉堡，部队得以继续前进。日本军队是受到严格的指挥体制和严厉的纪律的制约，但有时候也有让个人发挥主动性的空间。[38]

一名日本军官后来回忆道："每一位师团指挥官都加入了目标定为南京的赛跑，或更准确地说是马拉松，都痴迷于想成为第一个登上城墙的人。"[39]有一个师团在接到命令离开前线返回上海执行治安任务时，表示了强烈的抗议。"你该听听这个师团的指挥官们每天对我的抱怨和悲叹，他们痛恨被剥夺了参加向南京胜利大进军的权利。"松井石根如此对一个外国记者说道。[40]

各部队争先恐后地赶往南京，但也因此加深了日军内部已有的对抗。12月初，在通过一段丘陵地带时，第16步兵师团的士兵相信他们的精力是相当旺盛的，认为他们的行军步伐是快速有力的。突然间，他们发现右边出现了一支和他们平行进军的日本部队。他们很快就认出来那是第9步兵师团第35联队的士兵。这个发现并不令他们高兴，只是促使他们更加加快了速度。"不要让第35联队抢在我们前面到达南京，"中队长大声喊道，"加快脚步，赶快跟上！"士兵们立刻忘掉了疼痛的肩膀和酸胀的腿脚。最重要的是要先赶到南京。"前进，"他们心里在想着，"赶到南京！赶到南京！"[41]

* * *

在日军从多个方向多管齐下地向南京开进的路途中，他们经过了很多城市、乡镇和大小村庄。有些地方没打几枪就沦陷了，其他一些地方则由愿为保卫每一寸土地而战斗到底的士兵据守着。南京东南方向大约15英里的淳化镇就属于后者。据守该处阵地的是中国第51步兵师的士兵，秋天的时候他们在上海周边打过几场硬仗，这有力地证明了即使遭受了严重的损耗，中国军队仍然能够打出有力的一拳。[42]

第51师在撤回南京的途中发现退路已经被快速进军的日本部队切断了。各部只有在当地平民的帮助下才设法暗地里悄悄穿过敌人的防线，退回南京。[43]一回到南京，第51师的官兵就希望有机会渡过长江，进行急需的休整。然而，蒋介石又让他们重新投入战斗，命令他们守住淳化。[44]为弥补有战斗经验但已经伤亡的老兵，部队补充了一些新鲜力量，包括一些甚至缺乏基本训练的年轻人。[45]

部队于 12 月初到达淳化时，非常失望地发现碉堡和防御工事的状况很差。在整个南京战役期间，国军士兵一次又一次地面临着一个同样的问题——那就是廉价承包商的偷工减料。有些地堡深埋进地里，起不到防御工事该有的作用。其他的地堡射击孔又太大，面对敌人的火力无法或只能提供有限的保护。最让人沮丧的是，碉堡的钥匙还常常找不到，连进碉堡都成了难题。[46]

第 51 师用从当地征集到的少量材料日夜赶工来整修阵地，但仍然没有足够的时间把防御工事提高到能让指挥官真正满意的标准。[47]尽管如此，他们还是改进了许多：以碉堡群为中心，在淳化镇前建立了三道防线；两道铁丝网和一道反坦克壕将使日军难以推进；还有一些隐秘的机枪掩体，给日本步兵准备好了"意外的惊喜"。[48]

第 51 师先派了一个连的兵力到淳化镇前几英里的湖熟村去建立一个前哨阵地，并提供敌军动向的预警。日军的先锋是由第 9 师团的 500 名士兵组成的一支部队，12 月 4 日他们露了面。之后的两天里，坚守在湖熟村的那个连孤军奋战，经受了猛烈的攻击。[49]中国方面临时增援了一个装甲排，这是仅有的几个中国坦克迎战日军步兵的战例之一，而不是日军坦克打中国军队。此战中国军队损失了 3 辆坦克车，而日本的步兵据报道伤亡人数是 40 人。[50]

12 月 6 日下午，经过四十八小时的激烈战斗后，守卫湖熟的中国连只剩下不到 30 个幸存者。他们放弃了阵地，突围退回淳化，留下了殉难的官兵。[51]紧紧跟随在撤走的中国军队身后的是日军第 9 师团的先头部队。他们并未与中国的阵地直接接触，而是展开了先期的侦察。根据他们的观察，日本人认为即使中国的防御工作准备得很好，但也没有多少人把守。只要有足够的炮火准备，就能够轻松取胜，或者这只是他们的一厢情愿。[52]

事实恰恰相反。日军付出了很大的代价才突破了中国军队三道防线的第一道。再次依赖他们的炮火威力，顽固的日军继续竭尽全力夺取后两道防线。第 9 师团的炮兵山本武接到命令发起密集的炮火攻击，以便为步兵进攻扫清道路。为了产生心理上的作用，日本的大炮进行齐射，炮声震耳欲聋。令日本兵意想不到的是，中国人也预备了大炮，同样还以颜色。一发炮弹落到了山本武的阵地附近，造成一名二等兵死亡，一名分队长受伤。[53]

在这个节骨眼上，双方似乎陷入了僵局。此时六架日本飞机从后方飞来，在距离地面才几十英尺的高度投下了炸弹。炸弹爆炸产生的黑色浓烟一团团升起在中国防线的上空。烟雾还未散尽，日本步兵就从散兵坑里跳出来向中国的防线发起猛攻。日本军官的指挥刀在阳光下熠熠闪光，这让山本武联想起了阿修罗——他童年时代所接受的佛教教义中的战神。紧接着就是白刃战，日军仅用五分钟就拿下了中国的阵地。[54]

但并不是所有的日军进攻都同样顺利。日本第 9 师团的士兵们在前线好几处地方都陷入了中国军队机枪的交叉火力之中，对他们来说这实际上就是无处藏身的死亡区。对中国士兵来说，战场上的情况也同地狱一般。第 51 师师长王耀武写道："炮火连天，血肉横飞，我官兵有的被打断腿、臂，有的被炸出脑浆。"[55]该师第 301 团在战场上首当其冲，官兵伤亡总数达

165

到了 1500 人。[56]

日军继续保持着这种压力。在争夺淳化战斗的第二天，也就是 12 月 7 日，日军的左翼总算能够取得一些进展，他们潜入了村子后面。但是，真正的突破是在 12 月 8 日下午才取得的，当时落在第 9 师团大部队后面的整整一个联队都赶了上来并投入了战斗。他们带来的影响既有军力上的同样也有心理上的。日军的士气迅速高涨，很快就为进攻聚集了强大的动力。那天傍晚，淳化便落入了日军之手。[57]

在中国第 51 师被迫撤退几小时后，一支被留作预备队的日本步兵经过了刚刚结束了战斗的战场。他们觉得地狱也不会比这里更加惨烈了。整个地区到处堆满了刚刚被打死的士兵的尸体，空中充满着重伤士兵的号叫声。从旁边经过的士兵很难区分敌友，因为几个星期的尘土已经褪去了军装的颜色。只有一位孤零零的和尚在为死去的军人诵经，不论是日本兵还是中国兵。[58]

* * *

战争离南京越来越近了，留在南京的人也都明白剩下的日子屈指可数。自 12 月 8 日起，他们就能听到远处大炮的声音。[59]12 月 9 日，日本炮兵发射的炮弹第一次落到了南京城内，在市中心的新街口广场爆炸。爆炸产生的冲击波威力强大，使得好几个街区外的窗台上的花盆都摔了下来。[60]

形势已经变得很明朗，日军的全面攻击已迫在眉睫，此时，城里谣言四起，各种推测五花八门。中国人打算怎么办？他们会让南京几天后就被占领？或者还是会经历一次长期且痛苦的围城？[61]所有的媒体都逐渐消失了，因此没办法知道到底会发生什么。只有少数享有特权的外国人被允许参加南京国民政府召开的晚间新闻发布会。但对于城里的大多数市民而言，他们面对的却是新闻管制，以及还要去承受不确定的未来所带来的精神折磨。

由于南京城里人口越来越少，大部分地段都陷入了混乱和无政府状态，因此抢劫也成了一个问题。有人看到中国士兵从被遗弃而空无一人的商店里偷钱。[62] 几乎所有一切都停止了正常的运转。"此刻的南京只是她一年前的一个影子——一个悲伤和沮丧的影子，南京原本是那样地充满着热情和进步。"12月9日明妮·魏特琳在给朋友的一封信中如此写道。[63]

但就是这样一座可怜的、半被遗弃半无法纪的城市还不断地拥入了来自城外的战争的逃难者。妻离子散已经是不可避免。一个女人失去了她12岁的女儿，站在路边看着从身边不断经过的难民，徒劳地希望在人群中看到女儿的面孔。[64] 然后在12月8日，逃难的人流停止了。各道城门全被关闭，只有在出于紧急的军事目的的情况下城门才会开启。据传说，即使是在南京外围打仗负伤的士兵也不准入内，任其死在城外，离救死扶伤的医疗机构就差几分钟的路途。[65]

日本人的绞索已经牢牢地套住了南京，越来越多的南京平民开始向安全区转移。"我希望你也能看到从城里其他地方像潮水般涌入这片安全区的人，"美国传教士欧内斯特·H. 福斯特在给妻子的信中写道，"所有通往这里的路上全是一群群的人，利用他们所能用得上的任何工具——手推车、卡车、婴儿车，还有不知疲倦的黄包车，有的甚至由学生来拉，所有有轮子的东西都被用来搬运他们一切可带走的财产。"[66]

早已做好了准备的金陵女子文理学院，此刻变成了安全区

内的一座难民营，接收了首批难民。其中有些人先前生活在上
海和无锡，还有些人就住在城墙外的村庄里，当他们的家园变
成一片"焦土"时，被迫进了城。学校里的教职员工仔细地
为这些新到的人安排住宿，先前已经接受过培训的一些年轻姑
娘当起了接待员，把每个人领到预先分派好的住处。然而，随
后的时间将会表明，这样的秩序和纪律是不会持久的。[67]

* * *

167　　12 月 7 日晚，从紫金山上可以清楚地看到麒麟门附近日
本第 16 步兵师团士兵点燃的篝火，这使得驻守在紫金山上的
中国军队中的精锐部队教导总队格外眼红。在这支作为其他中
国部队的典范而被特别建立起来的教导总队的眼里，日本人是
个诱人的目标。教导总队的官兵们一直渴望有突出表现的机
会，即使马上就要面临战败的命运。[68]

　　周振强是教导总队第 1 旅的旅长，他建议对日军实施反
击，而且已经拟定了如何实施的行动计划。他计划率第 1 旅发
起正面攻击，驻扎在他左侧的第 3 旅则从侧面夹击，包围还没
有反应过来的敌军。这项计划很可能会成功，但从未给予尝试
机会。南京卫戍司令部反对这个主意。"现在消耗的兵员太
多，"唐生智的参谋回应道，"万一出击不成，守南京的兵力
就更不够了。"结果是，教导总队不得不只是简单地掘壕固
守，等待着敌军的到来。[69]

　　就在中国的守军接到命令按兵不动时，日军第 16 步兵师
团开始继续向西行进。他们胆战心惊地第一次爬上紫金山。紫
金山山坡上长满了针叶松柏，树林之间的空隙中则生长着茂密
的竹子，几乎就是一片丛林战的环境。"几步开外你就什么也

看不到了。更糟糕的是你都不知道敌人隐藏在哪里，"该师团第 20 联队的一名士兵写道，"当我们听到敌军开火时，我们只能胡乱地回击。子弹到处乱飞。"[70]

日军士兵艰难地爬上山坡，在距离山顶还有一半路的时候，他们看见白烟四起，并听到了竹子烧着之后发出的特别的爆裂声。中国军人占据了顺风的有利位置，并且利用这个优势放火烧着了竹林。日本兵立刻拔出刺刀和军刀，在他们前方的竹林中砍出一条防火带，宽度足够隔开火区。这个士兵后来写道："只能用这种方式，我们才不至于被活活烤焦。"[71]

紫金山前面的主要防御阵地叫作老虎洞，位于东面不远处的一个山头上。只要这个阵地还在中国军队手里，日军就无法攻下整座山。中国军队的指挥官们非常清楚这个阵地的重要性，所以从教导总队第 5 团派了一个装备精良且斗志高昂的营来驻守。

攻打老虎洞的战斗是 12 月 8 日下午打响的。日军首先用炮火猛烈轰击教导总队的阵地，紧接着，日军的步兵就开始沿着山坡向阵地爬去。凭着严明的纪律，在营长刚毅的命令下，这个营的士兵以精确的瞄准和集中的火力压制住了脆弱的敌军，给对方造成了大量伤亡。日军当天没有取得任何进展。[72]

第二天早上，日军增加了一倍的兵力来攻击老虎洞阵地，他们不仅用大炮轰击，还出动了飞机空袭。日本步兵再次凶残地向山顶爬去，希望烟幕弹会挡住守军的视线。然而他们再次失败了，并且这一次他们受到了额外的压力，因为邻近的一支中国部队对日军的右翼发起了反攻。

教导总队的士兵们虽然成功地守住了阵地，但也付出了沉重的代价。当日军下午再次发起炮击时，守卫老虎洞的这个营

168

有超过半数的人伤亡。由于这个山峰毫无遮掩且难以增援，教导总队的指挥官们做出了一个艰难的决定：放弃这个阵地。于是，这个伤亡惨重且连营长也牺牲了的营便撤回到紫金山的第二高峰。[73]

对教导总队来说，放弃老虎洞是个挫败，但也能使他们更好地发挥优势。中国部队退回到了一条准备充分的防线，他们非常熟悉这道防线所穿过的地带。防线以孝陵卫为中心，四年前，教导总队正是在这里住进了他们的新营房。对于总队里的绝大多数士兵而言，这里就好像是他们的家，他们熟知每一条小溪、每一个小村、每一片竹林及每一个池塘。而日本人即将面临的是一场恶战。[74]

*　　*　　*

169　　12 月初的一个早晨，南京机场上停着的伊－16 战斗机的驾驶舱内，端坐着身系安全带的俄国飞行员 D. A. 库图莫夫（D. A. Kydymov）。在冬日晴朗的阳光下，驾驶舱内越来越热，难以忍受，但他别无选择。因为他必须要能够在几秒钟内就起飞。现在前线如此接近，以至于日本飞机飞到他们头顶上时都来不及发出任何预警。

27 岁的库图莫夫来到南京虽然只有几天，但已经驾机执行过好几次任务了。和大部分苏联飞行员一样，他也是通过中亚航线来到南京前线的。但是，到现在为止他都还没有机会面对面地遇到日军飞机，所以他很渴望感受一下空战的刺激以及由此带来的荣誉。[75]

在驾驶舱里很不舒服地坐了几个小时后，库图莫夫听到中国机械师高声喊道："日本飞机！一架日本飞机！"在高高的蓝天上，他看到有一个黑点越变越大。这正是他一直在等待的机会。幸运的是，机械师没有等待示意飞行员出动的红色信号灯变亮就立即转动了伊－16飞机的螺旋桨。顷刻间，库图莫夫就驾机起飞了，并迅速爬升。

这时他发现了一个问题：起落架使飞机减慢了速度。由于起落架无法自动收回，他不得不用手摇曲柄来将它收回。他将飞机改成水平飞行后，就艰难地动手去收。与此同时，一架日本飞机正冲着他飞来。只差几秒钟就能收起起落架了，但此时库图莫夫只能放弃，他松开了曲柄。日本飞机现在离他非常近，近到他都能识别出这是架三菱九六式单翼机。敌机射出了一串机枪子弹，库图莫夫感觉有几发子弹击中了他的机身。几乎就在同一个时刻，日本飞机向下避让，飞了过去。

库图莫夫又去摇曲柄，拼命地摇着。他知道那个日本飞行员正准备再次飞来攻击他，如果他动作不够快，没几分钟他就会死。他告诉自己不要惊慌，最后，他又摇了几下后，终于成功地收回了起落架。此时的伊－16飞机就像脱缰的野马一样，飞快地加速。两架飞机再次全速擦身而过，互相朝对方射击，但都没有命中。

这只是一次超现实舞蹈的开端，感觉像是没完没了，但实际上只用了几分钟时间。两架飞机一圈又一圈地飞着，两位飞行员都经验丰富，不会上对方的当。最终，日机失去了耐心，决定返回基地。库图莫夫对着敌机的下侧盲目地射出了最后一串子弹——击中了。日军战斗机翻转了机身，肚皮朝上，很快一头栽了下来，最后化成了一团火球，坠毁在南京机场的外边。

170

*　　*　　*

在南京以南，日军第 6 师团终于赶上了第 114 师团，并作为第 114 师团的左翼向南京完成最后一段进军。到 12 月 8 日时，其先头部队已经到达了离南京约 15 英里的地方。此时，第 6 师团和南京城城墙之间隔着一片丘陵和不太高的山地，其间耸立着两座山峰，一座叫将军山，另一座叫牛首山。侦察部队已经侦察清楚，中国军队挖好了战壕，正在沿一条向北穿过两座山峰之间的道路等待着日本人的到来。[76]

沿着道路继续向北进军的任务落到了第 13 联队的头上，而第 23 联队的任务则是向左前进，绕过山之后再沿着长江向北。该师团的炮兵联队现在只有以前一半的实力，因为它的四个炮兵大队中有两个大队被留在杭州湾一带。炮兵联队接到的命令是集中火力帮助第 13 联队在山峰底下开辟出一条通道。但第 13 联队遇到了比他们预料中要强得多的中国军队的抵抗，无法继续行军，再加上炮兵落在后面太远，也不能给他们提供有效的援助。于是，师团长决定暂缓行军，等到第二天，也就是 12 月 9 日再继续前进。[77]

在夜幕掩盖下，炮兵联队沿着山路向上推进，炮兵指挥官们聚集在靠近前线的一座小山头上。破晓时分，他们朝中国军队的阵地开炮，炮弹比前一天打得准多了。这时，该师团的参谋长出现在炮兵指挥所，他很关心阵地是否太暴露。"你们在这里很容易遭到步兵的袭击，"他一边说着，话音里透着一种告诫的语气，一边拿着野战双筒望远镜观察着这片地区，"最好小心点！"仿佛是为了印证他的意思，当他话音刚落，一颗中国的步枪子弹就穿透了他拿着望远镜的手。他被迅速地护送下山去了。[78]

　　胡子拉碴、长相凶狠的藤田实彦指挥着坦克车队行进在将军山和牛首山之间的路上，他们是前去增援第 13 联队的。因为爱好写作，所以藤田决定让《每日新闻》的一名战地记者搭乘他的坦克。在一场激烈的交火中，那位记者蜷缩在坦克里，而坦克里的全部乘员都在用机枪向路边山上的敌人扫射，滚烫的弹壳雨点般地掉在记者周围。"烫死我了，"记者喊道，"烫得我好痛！"藤田很快冷冷地回答："嗨，你自己要来的。现在那边爬满了敌人，只要你敢探出头去，你就死定了。"[79]

　　顺着路不远处，藤田实彦看到另一支日本坦克车队从他们身边经过，去解救被中国军队的轻武器火力压制在前方一个村子里的一队日本步兵。藤田的一个熟人，井上中尉，在领头的那辆坦克里，离村子大约 100 码的时候，他突然遭到了隐藏在房子里的山炮的攻击。井上的坦克被好几发山炮炮弹击中了，他被迫拽着坦克驾驶员一起爬出起火燃烧的坦克。坦克驾驶员的裤子被火烧着了，井上上前试图帮他把火扑灭，这时中方的机枪突然开火，子弹撕开驾驶员的胸膛，把他打死了。

　　井上示意队伍中的第二辆坦克停止前进，但为时已晚。这辆坦克也中弹起火。坦克车长和驾驶员从炮塔中探出身子，看上去是要放弃坦克了，就在此刻，坦克又被另一发炮弹打中，两人的下半身仍然还在坦克里面，却再也无法动弹。最后，被困的这两人被活活烧死。整支坦克部队都没有察觉即将展现的灾难，于是继续前进，结果又有两辆坦克被摧毁。这场遭遇战使日军付出了惨重代价，四辆坦克被毁，总共七人被杀。

　　那位平时开朗健谈的战地记者突然间脸色变得像纸一样白。他本来是要搭乘第二辆坦克的，但被耽误了。"结果我坐上了第

171

五辆坦克，"他说道，"生死就在一念之间！"藤田的心情也闷闷不乐。仅仅两天前，他还跟第二辆坦克的军官聊过天，当时那位军官还给藤田看了一瓶很珍贵的陈年米酒。虽然这瓶酒他原本打算留到攻陷南京时喝，但是他还是同意和藤田共享了一杯。这一杯酒就是他对这个世界的告别，藤田心中这么想道。[80]

172　　尽管付出了巨大的代价，但步兵、装甲兵和炮兵的协同作战还是逐渐取得了成效，成功地把中国军队赶出了他们的阵地。12 月 9 日，当夜幕降临的时候，第一批日军士兵到达了南京南面不远的铁心桥镇。[81]与此同时，第 23 联队沿着山脉以西延伸的道路继续向北前进。这样的行动意味着该联队不得不放弃到目前为止在前往南京的路上一直在利用的相对比较硬实的道路，转而沿一条不适合车辆通行的简易山路继续去南京。如此一来，所面临的一个很大弊端就是火炮的运送大大减慢了。[82]

其后果马上就体现了出来。第 23 联队的一个大队接到命令，去扫清设置在标号为 154 号山头的一座不高的山峰上的敌人阵地，这座山就横卧在日军前进的主道上。这个大队既没有炮火支援，而且它的一半兵力——两个中队——也还在后面为火炮运输提供警卫。该大队剩下的两个步兵中队接到命令向山上进攻，炮兵部队则被要求换用小口径的八九式掷弹筒。[83]

当 154 号山头上的中国守军看见日军走近时，便用上了他们所有种类的武器——轻重机枪、步枪和迫击炮——向敌人开火。日军被压制住了，只能在八九式掷弹筒火力的掩护下缓慢地向山顶移动。当日军一挺轻机枪的几个枪手发现有很多中国士兵向山上运动去变换阵地时，他们迎来了一个突破机会。他们长时间的扫射纷纷击中了目标，应声倒下的已死和快死的中国士兵翻滚着坠下山坡。[84]

日军的小队长抓住机会，起身向山顶猛攻，机枪手紧随其后，小队剩余兵力跟在他们后面，相距 10～20 码。在向山上运动时，他们碰到了四个举枪正要射击的中国士兵。但日本的机枪手出手更快，扳机一扣，射杀了所有四个人。[85] 接下来的战斗如同一场屠杀。日本兵占领了山头，然后仔细瞄准被打败后向北逃跑的中国士兵的后背射出致命的子弹。其他日军士兵握着上好了刺刀的枪进入战壕，杀死了所有中国人——已经受伤的、想要投降的以及假装已死的。[86]

* * *

8. 赤尾纯藏的战斗
（1937年12月3日）

群山

英尺 0 1000

N

山谷

群山

1. 日军两个大队加入战斗
2. 赤尾纯藏的中队留作预备队隐身于农舍中
3. 驻扎在山谷旁山头上的日军小部队岗哨
4. 大批中国部队从东面开来
5. 赤尾纯藏的部下向农舍东面的山坡开进与中国军队交战

就在日本第 10 军从南面向南京进军时，上海派遣军则从东面逼近。日军先头部队的矛头深深楔进了中国军队占据的领土内，绕过了大量的中国部队，而这些中国部队只是事后才鼓起勇气从后面打击来犯之敌。这时候战场上的形势是无法固定的，

173

它瞬息万变，也难以预测。一位西方记者写道，双方都很少使用战壕，他还提到南京周围的战斗"在很多方面都和美国南北战争时期在野外的交战一样，除了会使用机枪之外"。[87]

第 16 师团的一个上尉赤尾纯藏就陷入了这样一种看不到有任何固定前线的战局之中。12 月 8 日，他正率领着自己的中队穿越句容北面山区的一个山谷，突然间这支联队的先锋部队遭遇到强大的阻击而停止了前进。当邻近的两个大队被派去对付中国军队时，赤尾和他不到 200 人的部下被作为预备队留在山谷里。这里离前线还不到 1 英里，赤尾派出一支小分队在一个 300 英尺高的山顶上放哨，密切关注战况。中队里其余士兵则在有一道土墙围绕着的几间农舍里舒服地躺下来休息。[88]

午饭时分，赤尾坐在一间屋子里正和一名同僚军官轻松地聊着天，突然连着山顶哨所的一部军用电话响个不停。"几千个敌人从后面来了。他们是直冲着你们来的！"电话那头大声喊着，声音听起来上气不接下气。赤尾冲了出去，发现一大片中国士兵正从后面的山谷冲过来。赤尾急忙跑到旁边的屋子，一脚踹开门，看见士兵们正在做午饭。"敌人来了！跟我走！"他大声喊道。士兵们丢下手中的炊具，抓起步枪，跟着赤尾冲上了农舍后面的山坡。

越来越近的中国士兵也看到了日本兵，双方在相距几百码的地方就开始交火。看上去有点势均力敌。然后，日军搬出了两挺重机枪，在相距 50 码的地方架了起来，以每分钟 500 发子弹的速度向中国军人扫射，在这样的交叉火力下，中国士兵犹如遭到屠杀。另外九挺轻机枪随后也加入了战斗，一瞬间，中国部队的阵型就瓦解了。部分中国士兵被打散，开始撤退。赤尾的部下没等他下令就端着上了刺刀的枪去追击敌人。在他们前面领头的是个年轻好斗的军官，他疯狂地挥舞着手中的军刀砍杀，以至于军刀都断成了两截。

赤尾很满意地看着。他和他的部下曾经日复一日的训练，为的就是这样的战争，他们的表现是完美的。赤尾把注意力转向山谷对面的山头，午饭前他布置了一个分队的兵力在那里作为观察哨。山上满山遍野全都是中国士兵，都朝着山顶开火。山顶上那一小群日本士兵正在做殊死挣扎。赤尾领着一部分士兵冲上山去，但被中国军人的炮火压制在半路上。

中国士兵似乎已经占领了山顶。赤尾命令一名少尉下山返回山谷寻找援兵。少尉站了起来，喊道："是，长官！"但他立马就被一颗子弹穿透了腹部倒了下来，痛得打滚。不一会儿，赤尾身边的另一名士兵头部直接挨了一枪。在他周围的士兵们上也不是，下也不行，就都做好了死的准备。就在这时，他们听到了山坡下较远处传来了一个声音："上尉！"

一支由三个分队组成的小部队终于成功地上了山，并带来了最需要的武器：八九式掷弹筒。那个军刀断成两截的军官也同他们在一起。赤尾将八九式掷弹筒对准山顶，然后注视着每发炮弹是怎样在密集的中国士兵人群中炸开的。趁着中国士兵突然陷入短暂的混乱和恐慌，赤尾和他的部下很快就登上了山顶，刀剑在手。

他们到达山顶时，发现只剩下很少的几个中国军人。其中一个拿着手枪对准那个带着半截军刀的日本军官，当这个军官意识到已经无法保护自己的时候，脱口而出骂了一句："混蛋！"这使得中国人在扣动扳机前迟疑了一刹那。这一刹那就注定了生与死的区别。另外一名日本军官，他手上握着的军刀是完好的，一个箭步向前挥刀砍死了这名中国军人。随后，赤

175

尾和他的部下找到了那个被围困的日军分队。他们的身体被砍得不成人形，无法辨认了。有的眼睛被挖了出来，有的鼻子和耳朵被切掉了，还有的连手脚都找不到了。一个幸存者都没有。

*　　*　　*

既然无法实现体面的和平，那么中国就要准备奋战到底。这是前外交部部长张群 12 月 9 日在武汉国际俱乐部演讲时传递的信息。[89]这不是虚张声势，而是呼应了中国领导层很多人都持有的情感，而且是基于中国比其任何邻国都更大、历史更悠久且更有能力承受更多损失这样一个根本性前提之上的。正如蒋介石在几年前讲过的那样："凡事成功不在起头，而在最后五分钟。"[90]

日本国家权力机构中的中国问题专家同意蒋介石在进行一场"持久战"，他们还相信，促使蒋介石采取这种行动的不仅有其深厚的人生信念，也有对当下的战术考虑。他仍然希望外国势力最终会站在中国一边进行干涉，尽管所有的证据证明的都恰恰相反。[91]毕竟，蒋介石曾在离开南京前夕发给战区指挥官的一封简要电报中说保卫南京极其重要，因为在即将到来的下个月里可以期待在国际事务中会有"重大变化"。[92]

问题是蒋介石和其他中国高官们心目中的"重大变化"究竟是什么？到 1937 年底，他们越来越把希望寄托在苏联身上。当德国在中国和日本之间摇摆不定时，美国和英国没有表现出任何愿意介入东亚事务的倾向，而且毫无实质意义的布鲁塞尔会议也表明期待多边会议产生效果是不行的。这样就只剩下苏联作为主要的潜在外国支持者了。

有迹象表明，蒋介石对苏联介入中日战争的可能性还是很有信心的。在国民政府的一部分机构搬迁到武汉后，武汉市市长突然间也需要接触外交政策了。据他说，蒋介石已经收到了"驻莫斯科军事代表发来的一封电报，就苏联在不久的未来直接进行干预的可能性做出了乐观的汇报"。[93]这份电报几乎可以肯定指的是杨杰将军发来的电报，他是蒋介石在莫斯科的最高军事代表。杨杰已经同苏联国防人民委员克利缅特·伏罗希洛夫见面，并且得出了这样的印象：如果南京沦陷，苏联将会对日宣战。[94]

中国驻莫斯科大使蒋廷黻听说了杨将军的电报内容，并对他以外交辞令所表达的"杨杰的丰富想象力"感到震惊。杨杰自从来到莫斯科后，一直有点我行我素。在早先的一个场合里，他敦促蒋大使单边宣布一项根本不存在的苏联将介入中日战争并站在中国一边的意图。以这样的方式，杨杰解释道，我们就可以诱使日本对苏联发动先发制人的进攻，结果是苏联也会被硬拉入战争。蒋大使礼貌地拒绝了。[95]

现在，面对杨杰电报中所概述的所谓的伏罗希洛夫的承诺，蒋廷黻判断这是这位将军的又一个计谋。于是他立即给蒋介石单独发了封电报，提醒他不要过于相信杨杰所宣称的苏联的直接干预。大家普遍认为，甚至杨杰本人也承认，苏联担心在中国参战会导致与西方民主国家之间的紧张态势或者也许是全面冲突。[96]

尽管如此，如果蒋介石对苏联干预的前景仍然很乐观，这就很可能在很大程度上与俄国人发出的信号有关。1937年底，苏联红军远东特别集团军司令瓦西里·K. 布柳赫尔（Vasilii K. Bluecher）公开表明，为了"维护世界和平"，苏联在必要的情况下将毫不犹豫地跨过边界。[97]实际情况正是如此，俄国人已经跨过了他们的边界，或者至少部分士兵是如此。就像在莫斯科的中国外交官们所完全明白的那样，俄国飞行员正在参加中国的空战，但他们为中国首都而战的角色马上就要结束了。

*   *   *

在中国战区出现苏联飞机，特别是图波列夫 SB 轰炸机，确实带来了一定的影响力，但这种影响力来得有点迟。已经逐渐习惯了在空中任意来回的日本飞行员，意外地发现他们在遭受危险的攻击。建在临近前线的临时机场不得不往后搬到远一些的地方。俄国人所做出的贡献得到了中国军队的广泛认可，他们都很高兴能得到这份预料之外的帮助。[98]

然而，俄国人的帮助并没有改变整体局势。一位师长写道："日本飞机仍占优势，且常向我轰炸及扫射。"[99]谣传蒋介石和其他领导人对俄国人起到的有限作用感到失望。"苏联飞机的到来也许是这种过分自信的来源，"美国驻华使馆二等秘书乔治·艾奇逊在给华盛顿的一份报告中写道，"这些飞机并未满足众人的期望，中国在陆上和空中取得军事胜利的希望已化为泡影。"[100]

尽管如此，苏联飞行员继续为保卫南京而一直战斗到最后。12 月 9 日，他们派出了一小队飞机飞往上海执行侦察任务。地面上的形势极度混乱，飞行员都不确定回去要报告什么。但是，他们不需要担心。当他们返回自己的基地时，他们的基地已经被匆匆忙忙地放弃了，甚至都没有时间去摧毁那些受损严重而无法升空的飞机。[101]

　　由于地面没有地勤人员，飞行员只能自己给飞机加油并准备飞往南昌，那个在西南 350 英里外预先设定的基地。当他们正要起飞时，一架由一个姓舒科茨基的飞行员驾驶的飞机无法发动。就在这个关键时刻，一位不知从哪里冒出来的中国机械师帮助修好了引擎的故障。这个帮助来得正是时候。刚修完飞机，日本轰炸机就出现在头顶上，日本步兵也出现在机场边缘。所有飞机都争相升空，再晚几分钟，如果不是几秒钟的话，就会被日本人抓住。

一个多小时后当飞行员在南昌着陆时，等待他们的是一个意外惊喜。舒科茨基推开舱盖，跌跌撞撞地爬出了一个不知所措、有点头晕眼花的中国机械师。就在日本人朝南京机场上的飞机发动猛攻的时候，这位俄国飞行员很快做出了一个决定，一把拽住了那个中国机械师并把他拉进机舱，随即沿跑道加速起飞。[102]

* * *

12 月 9 日凌晨，天还很黑，日本陆军第 36 联队的先头部队，步兵加上轻型坦克，遭到了中国教导总队一个营的阻击，后者据守在南京城东南方向的红毛山上。随后两军的交火持续了很长时间，中国守军伤亡过半后不得不撤离。日军穷追不舍。当地平线上出现了破晓的一缕微光时，日军看到了高高耸立在他们面前的南京城城墙的轮廓，若隐若现，雄伟壮观。土褐色的坚固城墙看起来像是自然地貌而不是人造工程。尽管精疲力竭，但日本步兵们爆发出胜利的呼喊："万岁！"[103]

日军士兵开始在黑暗中快速前进，直接朝城墙上巨大的城门进攻。就在此时，沿街的路灯毫无预兆地全都亮了，使他们全都暴露在一片不受欢迎的亮光之下。与此同时，轻武器射出的密集火力沿城墙上方向下倾泻。其中部分子弹是撤回到南京城内的教导总队的士兵射出的，他们现在有机会为不久前在城外的失败复仇了。

179   满身血污的攻城日军士兵拖着呻吟的伤员退回到暗处寻求夜色的保护。中队长山际喜一是最先看到城墙的日本兵之一，他花了片刻时间来确定一下方向。在他左边，他看到了一个建筑群的模糊轮廓，他判断这肯定属于中国军队的防空学校。他事先已对南京的地理烂熟于心，知道现在面对的是哪道城门。借着微弱的晨光，他辨别出了城门上方石匾上刻的汉字。他能看懂这几个字，因为这几个字在日语里也有。这几个字就是光华门——教化之门。他感受到一阵胜利的快感。他们已经实现了一个重要的目标——一个在他们行军打仗数星期中一直梦寐以求的目标。战斗即将进入决定性阶段。[104]

几分钟内，第 36 联队联队长胁坂次郎大佐就来到了城门前并下令他的三个大队占领阵地，做好攻城准备。天越来越亮，中国守军的火力也越来越强，他们的大炮也瞄准了几英里后的日军部队。胁坂次郎来到防空学校勘察地形。站在防空学校东北角的一个指挥塔上，视野非常清晰。当时，城门是关上的。南京城周围的护城河大约宽 500 英尺，深约 15 英尺，而城墙本身是 40 英尺高。一条反坦克壕和五道拒马——可移动的缠了带刺铁丝网的木架——封住了通往城门的道路。从城门到护城河的道路两旁各设置了五道带刺铁丝网。要攻入城门将是极其困难的。[105]

联队里有两门山炮，在快速向南京进军期间一直被拖着走过了崎岖山路，此刻被推入了防空学校，开始直接对着城门开火。厚重的木门上被大炮轰出了大洞，但很快日本人就明白，城门已经从后面加固了，用的是结实的木梁和沙袋，而且堆得非常密实。一个日本士兵默默地说道，甚至"连一串蚂蚁都无法通过"。[106]单凭炮击是无法突破防御工事的。于是召来了工兵，派他们前往没有遮挡的、直接暴露在墙头上守军步兵火力下的地方，让他们设法清除障碍并炸毁城门。当其他日本兵向中国守军持续射击迫使他们低着头时，工兵们推开拒马来到城门跟前，然后把炸药放在城门脚下。震耳欲聋的爆炸声回荡在清晨的空气中，但当尘埃落定时，城门却几乎毫无损伤。[107]

尽管在攻城的日军眼里，中国守军看上去牢牢地坚守着城墙，但实际上他们已经接近了承受极限。炮兵的炮击，加上一上午好几次日本飞机空袭，已经造成了城门周围100多人的伤亡。城里临近地区很快派来了援军，其中一支援军就是向鸿远中尉指挥的宪兵教导团的一个排。他们配备有6挺捷克轻机枪，并征用了几辆公交车，开往光华门。当他们到达目的地时，遇到一名军官端着碗靠着墙根正在吃饭。当他看到援军时，非常高兴，赶快把碗往地上一扔就上前和向鸿远握手。向鸿远立刻带着整个排顺着古老的台阶登上了城墙。[108]

城墙上的位置也是很危险的。每次只要有人稍微探出身去，日本兵的步枪就开始射击。结果是，向鸿远和他的部下根本无法知道城墙外地面上的情况如何。早上第一次空袭过后，日本飞机没来再次发动攻击。很有可能是因为日军已经到达城墙边，日军飞行员想避免给自己一方造成伤亡。与此同时，日本飞机还在袭击南京城内的地区。有两个连长拿着手枪对着飞机拼命地开枪射击，但毫无用处。向鸿远很难听懂他们说话时浓重的口音，因为他们都来自中国东南方，但这不妨碍他了解到这天早上日本飞机炸死了他们连队里的大部分士兵。[109]

中国军人急需了解城墙外边发生的情况。一个机枪手想出

180

了一个办法，他用两面镜子和两把步枪通条绑在一起做了个很原始的潜望镜。这让向鸿远第一次详细了解到了战况。此时，日本人没有全面靠近城门。有九辆坦克正在护城河外边等着，排着队好像是在阅兵场上一样，构成了好靶子。只要有一队配备合适装备的中国士兵就可以给日军造成极大的损失。向鸿远让他的部下轮流看那个潜望镜，这样每个人都能大概了解眼前的任务。[110]

日落前的几小时里双方在光华门周围陷入了紧张的僵持状态，任何一方都无法赢得决定性的一步。日本的工兵们又做了两次自杀式的努力，企图炸毁城门，但每一次都发现他们的炸药完全不足以在这牢固的防御工事上炸开一道口子。与此同时，中国守军冒着极大的危险到城外实施了一次突袭，成功地烧毁了一个面粉厂。这个面粉厂的厂房实际上比城墙还高，如果被日本人设法占领的话，可以给他们提供一个绝佳的观察点。中国步兵拿着油桶和木材跑向面粉厂，很容易就成了日本人射击的目标，因此有几个士兵还没到达目的地就被射杀了。尽管如此，还是有足够的战士跑到了面粉厂并设法将其夷为平地。[111]

12月9日，随着夺取城门的战斗越来越激烈，国军精锐第88师也投入了战斗。该师的第262旅——由第523团和第524团组成——奉命守卫光华门和中华门之间的城墙。第524团的一个营也被派到光华门去加强防守。随着日军的攻击越来越猛烈，这个营的伤亡人数达到了300人。其中一个连残存的17名士兵由一位排长带着从战场撤了下来，而连长和副连长都先后阵亡了。[112]

日军第36联队在城门的两侧分别部署了一个大队，第三个大队留作预备队。这个大队的士兵很快发现后方和其他地方一样危险。他们不断地遭到中国的零散部队的袭击，这些零散部队从乡村汇拢，希望能杀出一条去城门的路。有一支中国军队仍然还占着防空学校西南方的一座山头，他们正从校园里朝日本士兵开枪。[113] 在乡村不断出现的中国零散部队给这支日军先锋联队造成了极大威胁，令其难以从阵地上保持与设在更加后面的七瓮桥的司令部的联系。有不少传令兵在途中被击毙。最终，所有的通信都只能通过无线电报来实现。[114]

当天下午晚些时候，向鸿远中尉渐渐失去了耐心，开始觉得他那一个排的宪兵教导团的士兵在城墙上没有得到有效使用。就在他的这个排被新来的排替换下之前，他决定集中火力打敌人一个措手不及。他命令 6 挺机枪的枪手每挺都要朝敌人打空 3 个弹匣。同时，他命令步兵对着护城河另一边的一排日军连续射击。向鸿远注意到日军有了动静，日军坦克的引擎在快速转动，好像是要朝后方开去。他命令士兵再次发动密集的火力攻击，这样又加速了坦克的撤退。向鸿远感觉很好，在夜幕降临南京之前，他打了一个小胜仗。[115]

* * *

12 月 9 日中午，一架日本轰炸机单独出现在南京上空，但飞机并未像往常那样携带炸弹，而是携带着传单。由松井石根署名的传单上指出中国抵抗力量在战场上是没有获胜希望的。[116] 南京已经被包围，日本人完全有能力在中国人的家门口发动战争。这份传单也提供了另一个选择，那就是投降。"答复的最后期限是明天，也就是 12 月 10 日。"松井石根在日记中如此写道。[117] 中国人必须在中午之前将答复递交给中山门附近的日本军队。[118]

182

如果中国不愿接受，那么日本没有其他选择只能进攻，传单以严厉的语调发出警告，其目的更像是在威胁。"日军对抵抗者虽极为峻烈而弗宽恕，然於无辜民众及无敌意之中国军队，则以宽大处之，不加侵害，"传单如此写道，并且还警告如果中国人不放下武器将面临的严重后果，"是使千载文化尽为灰烬。"[119]

在这样的背景下，约翰·拉贝以及国际委员会的其他成员带着停战三天的提议来找唐生智。拉贝在日记中写道："令我们感到十分意外的是，唐将军竟然表示同意，但条件是我们必须征得最高统帅蒋介石的同意。"[120] 获得唐生智首肯后，这几个外国人赶紧拍发了两封内容几乎一致的电报，一封给蒋介石，一封给东京，建议双方停火。停火期间日军在现有阵地按兵不动，同时中国守军则从城内阵地撤出。两封电报都要求尽快得到回复，"考虑到大量受到危害的平民的困境"。[121]

问题是唐生智为何一边以如此气势断然拒绝松井的和平提议，而同时实质上又赞同另外一个极其相似的提议。他并不是要争取时间，因为一旦被迫离开城墙，中国军队将无法花三天时间来改善他们的处境。也许，在意识到南京的形势是多么危急之后，唐生智可能对战斗至最后一人有了新的想法，现在他在考虑如何在三天停火期内把军队全部撤出。

不管唐生智的确切动机究竟是什么，事实是南京周边的形势彻底改变了，或至少可能会完全改变。在12月9日这天傍晚之前，为了避免全面战争，已经做出了不是一个，而是两个努力。这两个努力都可以在一定程度上给中国人保全面子，去避免一场看来即将失败的战斗。或许，大屠杀也可以在最后一刻得以避免。

// 1937 年，国民党中央宣传队在南京城外进行抗战宣传。

// 1937 年 11 月，南京郊区，防线上中国守军的重机枪阵地。

// 1937 年 11 月，南京，中国守军某高射炮阵地。士兵和高射炮上都用植物做了伪装。

// 1937 年 11 月，南京，临战前掩体外的中国守军指战员。

// 1937 年，南京保卫战前后，遭到日军轰炸的江苏南京中央医院，现场一片狼藉。

// 1937 年 12 月初，南京，经过简易伪装的中国守军重机枪阵地。

// 1937年12月初,南京,在简易壕沟中作战的中国守军。

// 1937年12月初,南京,中国守军向进犯日军勇猛出击。

// 1937年12月初，在南京保卫战中，中国守军的八二迫击炮阵地。

// 1937年12月初，南京，中国守军在掩体里以轻机枪对日机开火。

// 1937年12月初,为稳定炮击后炮位的移动,中国守军中的炮兵用身体压住火炮的支架。

// 1937年12月初,江苏南京,中国士兵匍匐前进中向日军投掷手榴弹。

// 1937 年 12 月 13 日，南京，被击落损毁的中国飞机。

// 1937 年 12 月 14 日，南京市内被弃置的防空壕。

// 1937 年 12 月 17 日，日军攻破南京城后，在中山陵前游荡的日本士兵。为防日军空袭并保护建筑物，中国守军为中山陵安上了用竹子搭建的伪装网。

// 在南京获胜后，日军官兵拿着战利品摆拍。几面旗帜上有着象
征中华民国的白星。

// 日本军官在南京沦陷后视察缴获的中国飞机。有些战利品被带
回了国并仿照古代罗马帝国的风格在大城市中展示。

// 1937 年 11 月中旬，日军士兵在上海港登陆。气氛显得很紧张。
他们逐渐意识到在中国的战争将很可能比预料的要长久得多。

76

// 日本海军航空兵机组人员在接受指令准备去华东地区执行任务。1930年代末期，日本飞行员的质量很高，他们是从众多有前途的候选人里挑选出来的，并接受了严格的训练。

// 南京东南大校场机场的航拍照片。照片上方可以看到防护墙——用沙袋堆起来的 U 形墙，用以保护飞机免遭炸弹爆炸损害。

// 横渡过长江以南的一个湖后，一小队日军士兵依靠堤岸掩护躲避迎面而来的中国火力。

// 一纵队日军官兵在从上海去南京的途中经过太仓古城墙。很明显他们感到已经控制住了局势。两个军官骑在马上，这就成了醒目的目标。在经过遭到狙击风险很高的地区时，他们往往会尽力和普通士兵混在一起。

// 两个日本士兵在刚刚占领的昆山城外站岗。他们站在破碎的石雕旁边，这些石雕证明了该地区悠久的历史。请注意右边士兵脸上的胡子。许多日本兵上阵时往往听任他们的须发乱生乱长。

// 1937 年 11 月中旬，日本士兵在长江南岸的白茆口登陆，他们很可能属于第 16 师团。20 世纪 30 年代末，日本积极发展两栖战术，觉得从中获得的经验和技巧将来会在太平洋战役中派上用场。

// 1937 年 11 月，日本第 10 军的士兵们在杭州湾登陆。第 10 军中最有战斗力的一支部队是国崎支队，他们接受过两栖战争的特殊训练。

// 日军在嘉兴火车站，嘉兴站是长江以南铁路网中的一个枢纽。这次战争中的很多战斗都是为了夺取铁路的控制权，因为铁路是最主要的陆路运输方式。

// 日本兵西进时经过一座古老的中国宝塔。对于一些日本人而言，在中国进行战争使他们产生了一种矛盾的心情，因为他们深知中日两国之间紧密的文化联系。

// 日本第 6 师团的士兵快速穿过防御薄弱的中国乡村后，在苏州河河岸上休息。与其他一些在中国战区的日军部队不同，他们刚刚从日本到达这里，急于投入战斗。

// 日军士兵在嘉兴前方进军，距离中国阵地约 500 码。与那时其他一些战斗照片不同的是，这张照片不会令人感觉到像是摆拍的。背景中士兵在通过桥梁，他们不知道摄影师的存在，因为怕暴露在敌人火力之下，所以他们保持着弯腰低头的姿态。在前面的军官只有通过他手上拿着的军刀才能识别出来，因为他试图与士兵们融合在一起。他没有穿军靴，因为穿军靴的话肯定会吸引狙击手的子弹。

// 在进入苏州的主要城门之前，日本士兵在列队整顿。有些士兵戴着所谓的"樱花"式头盔，这是根据头盔顶部的通风孔覆盖物的形状得名的。士兵身上穿的未统一的军服表明日本并没有为 20 世纪 30 年代后期的战争做好充分准备。

// 日本的老兵在忘记了南京战役中的个别战斗场景之后很久，他们仍然还会记得当年下得没完没了的雨。当时的大雨使一些道路都变成了名副其实的泥浆池。

// 日本士兵用米酒来相互敬酒,以庆祝攻占无锡城。背景中的龙光塔始建于 16 世纪。

// 日本军队进入苏州古城。虽然日本军事发言人声称日军对苏州城的占领是迅速且几乎不流血的，但实际上占领军在获得完全控制之前还是不得不面对小规模部队的顽强抵抗。

// 中国守军曾期望上海以西河流众多的乡村地区能减缓日军的进攻势头。这一点在一定程度上做到了。但许多日本部队也把这些水道转为他们自己的优势，征用船只向南京快速前进。

// 属于第 10 军的日本九四式坦克在向南京进军。由于中方装甲部队的规模和质量较弱，日军坦克在中国获得相当大的成功。然而，在与现代苏联坦克武器对抗时，其能力就远远不足了，这很快就在与俄国人的边界战斗中显现出来。

// 很少有什么东西能够比一批来自家乡的报纸更加能够提高野战部队的士气了。日本士兵在攻打南京休息时沉浸在报纸阅读中。

// 南京的城墙高高耸立在周围的乡村中间，加上有一条很宽的护城河保护，形成了一个巨大的屏障。城墙上的城门——此处是中华门——都是错综复杂的防御工程，可使任何一个冷兵器时代的攻击者血尽而亡。问题是，日本人绝非冷兵器时代的人。

// 面对几乎是垂直的城墙，日军指挥官求助于一种近乎浪费的策略，试图用大炮在城墙上轰出一个足够大的洞，以便让他们的士兵进入。图中一股小部队匆匆地向中山门附近的一个缺口前进。

// 这张表现出激烈战斗的照片摄于正在攻打中华门的战场。这张照片背后的日本战地记者实际上是在殊死作战的士兵肩膀上抢拍下这个镜头的。

// 日军九四式坦克向中华门进攻，旨在为步兵开路。这是一项非常危险的任务，因为坦克的装甲太薄，即便是轻武器的火力也能将之击穿。

// 日军士兵在远处观察光华门，他们身边的火炮射出的炮弹在城墙上半空中爆炸，目的是用到处飞溅的弹片来杀死守城士兵。

// 日军士兵站在城墙上举行仪式庆祝攻占光华门。注意看站在前面的军官为系头盔而打的复杂的结。

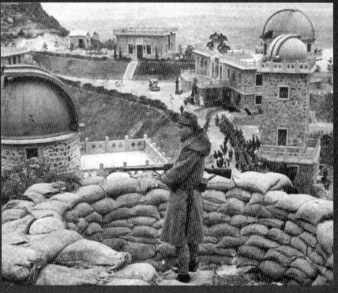

// 在中山门，日军士兵沿着日军大炮连续几天炮击后造成的碎砖石斜坡登上城墙。日军炮兵可以说是能使南京战役在几天内就结束的最重要因素。

// 南京沦陷后，日本进攻者接管了直到最后都由中国军队坚守的阵地。照片上是一个日军步兵在邻近紫金山的南京天文台站岗。

// 日军指挥官松井石根在南京沦陷后率先参加一场胜利阅兵式。左起第二个是朝香宫鸠彦王，天皇裕仁的叔叔。松井石根因要求举行这次阅兵式而受到批评，因为天皇近亲的出现引发了安全恐慌，导致日本士兵不得不残酷镇压任何潜在的威胁，不论是真实的或是想象中的。

// 南京胜利阅兵式上的日军高级军官。松井石根紧挨朝香宫鸠彦王站在右边。
最左边身着黑色军服的是驻扎在长江上的日本第三舰队司令长谷川清。

// 日本海军陆战队，这可从其穿着的深黑色军服识别出，正在参加为在上海和
南京四个月的战役中阵亡的将士举行的纪念仪式。

// 一个穿制服的中国卫戍士兵落入了日本人手中。他的命运可怕得难以想象。

// 日本人的宣传：农民在耕种田地后由日本士兵陪同回家。在现实中，秘密社团和组织在中国农村有悠久的历史，他们才是手无寸铁的平民的主要保护者。

// 更多的宣传品：日本士兵向中国平民送食物并同孩子们一起玩耍。最右边的文字写的是"日本武士道"，指的是要求日本武士遵守的古老的武士行为准则。这幅卡通画来自发给士兵使用的军用明信片。

// 令人恐怖的事实：一个日军士兵站在一堆刚刚被处决的人的尸体旁。南京城沦陷后，大部分城区都沦为杀戮场。

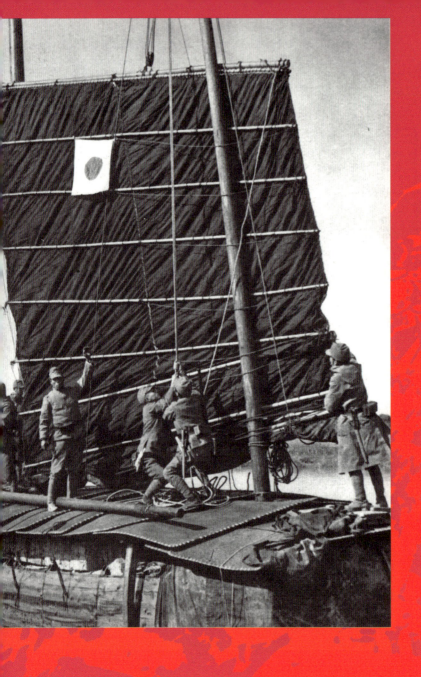

// 日军士兵拽起风帆。他们将继续进攻，但胜利历来就是难以捉摸的。在他们的前面是八年的战争，最终的结局不是胜利，而是绝望的失败。

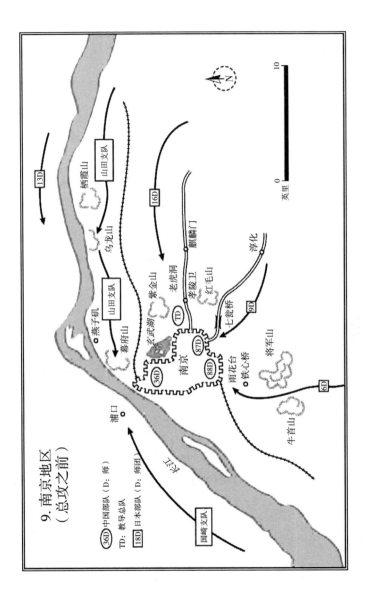

9.南京地区
（总攻之前）

184

第七章　决定性的日子

1937 年 12 月 10 日至 11 日

　　12 月 10 日星期五，近中午时分，一辆单独从句容方向开来的轿车来到南京城边。车内坐的是日军华中方面军参谋次长武藤章，他戴着标志性的圆形宽边眼镜。随行的还有一名高级军官和一名精通中文的翻译。当他们到达离中山门不远的日军前线时，便就地停了下来。然后，他们等候着。他们的任务是与被围困的中国守军代表会面并接受中方对前一天发出的投降要求做出的答复。几分钟过去了，对方仍没有任何动静。一个小时后，这三个日本人断定他们这一趟是白跑了，于是就掉转车头往来时的道路开了回去。[1]

　　试图说服中国投降的流言已经在日本士兵中传开了。从最高级将领到最底层的士兵，大多数日军官兵都在梦想着占领敌人首都这最后的决定性一仗将带来的荣耀，也有些人手指交叉在默默地祈祷能轻松地结束这场漫长的战役。自从进入长江下游以来，日军经历了日本现代军事史上损失最为惨重的几个星期，只有三十多年前日俄战争的杀戮能与其相提并论。南京的城墙巍峨坚实难以撼动，这也预示着将会有更多的流血牺牲。

　　直到最后一刻，日军指挥官们还一直希望他们最终能说服中国人放下武器而不必打仗。12 月 10 日拂晓时分，日军甚至命令在城墙上空升起一个很大的气球。气球漂浮在成千上万中国守军能隐隐约约看到的高度，气球上挂着一幅巨大的白色条幅，上面写着几个简单的汉字："放弃无益的抵抗，打开城门投降！"[2]当然，这是白费功夫。随着天色越来越亮，中国军队的炮击也更加密集，这表明他们绝无拱手认输的打算。最终，到了日本人定下的截止期限时，日军也没有得到任何正式回复，这就可以确定剩下的唯一选择就是对厚厚的城墙发起大规模的正面进攻了。

即将成功的征服者试图劝说南京居民投降以免遭受代价巨大的攻城战，这并不是第一次。1659年，郑成功也曾尝试用同样的方式占领这座城市。他曾力劝守城清军将领开门投降，也曾把招降书抄下后绑在箭上，然后射进城墙内给城里百姓看——这和约三百年后日本人用轰炸机投放传单的方法几乎如出一辙。其结果也是一模一样——完全被藐视。[3]

"今天一直到中午，仍然没有接到支那军的答复，"松井石根在12月10日的日记中写道，"于是我对两军下达命令，从下午开始攻打南京。"他补充道，他预期中国人的防守只能维持一周。"现阶段敌军所做的抵抗几乎是象征性的。肯定不会有任何实际效果。"[4]

日军的进攻将沿着整个前线展开，矛头指向中国军队在雨花台、光华门、通济门以及紫金山山顶的阵地。[5]尽管如此，仍然还存在最后一个选择。前一天拉贝和其他外国人士共同向中国政府和日本政府提出了停战三天的建议，这项提议也许会被双方接受。但是，就在同一天下午3点左右，这个希望也破灭了。

日本给予中国答复投降要求的最后期限过去三小时后，美国驻华大使詹森给在华盛顿的国务院发电报，附上了蒋介石给予那个平行的为避免战争所做出的最后努力的回应。蒋介石声明道，南京的国际委员会错误地相信了唐生智是支持三天停火

187 的。蒋总司令还补充说，他本人对此的态度是："该提议是完全不能接受的。"[6]

唐生智从蒋介石不惜一战的回应里领会了其中的暗示。四个小时后，也就是晚上 7 点整，唐生智给他的部队下达了一道命令，号召全军要抗战到底。他警告任何人未经允许擅离岗位都将面临严厉惩罚。任何没有阻止他人撤离的人也将同样受到处罚。除此之外，他还派宋希濂和他的第 36 师——类似他手下的禁卫军——在长江码头巡逻，防止士兵过江逃跑。"我们必须以全力捍卫南京，"他写道，"我们不能放弃一寸土地。"[7]

*　　*　　*

12 月 10 日凌晨，光华门附近地区仍然还在双方的争夺之下。日军第 9 步兵师团周围都是中国士兵，他们面临的情况是要么他们去包围对方，要么就是被对方包围。该师团的第 36 联队恰好固守在城门前，此时基本上被切断了与师团其他部队

188 的联系，甚至在该联队和位于后方七瓮桥的第 18 步兵旅团指挥部之间连一根电话线都没有。这块地方到处都是被打散的中国士兵，都在设法找回自己的部队。日本步兵似乎全都暴露在看不见的敌人的枪口之下，随时有可能被从各个角度飞来的子弹击中。[8]

这种情况终于在早上 8 点发生了变化。这时第 18 步兵旅团副旅长在七瓮桥跳进了一辆装甲车中，他率领一支补给车队穿过部分在日军控制之下的乡村。这支车队运来了 500 发炮弹以及机枪弹药，一路无险，顺利到达，为几乎耗尽弹药补给且十分危险的第 36 联队及时提供了补充。不久之后，通信兵也成功地为第 36 联队接通了电话线，通信联系就此也顺畅了

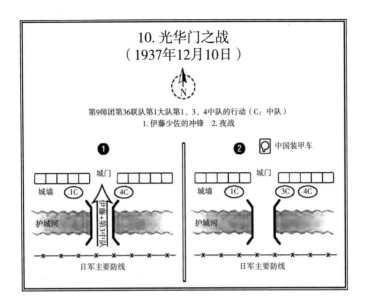

10. 光华门之战
（1937年12月10日）

N

第9师团第36联队第1大队第1、3、4中队的行动（C：中队）
1. 伊藤少佐的冲锋　2. 夜战

❶

❷　中国装甲车

城门

城墙　1C　4C

护城河

日军主要防线

城门

城墙　1C　3C　4C

护城河

日军主要防线

起来。[9]

对山本武和他的炮兵战友来说，有了新的补给无疑是个好消息，他们用山炮对着光华门打了一早上。几个小时几乎不间断的炮击使得他们中好几个炮兵都暂时失去了听觉，因此下达的命令都是写在小纸条上传递给他们的。他们的努力得到了回报。到下午 4 点，光华门城门的外门终于被轰出了一个大洞。日军炮兵们可以看到内门前面由沙包堆成的牢固阵地。那道内门也必须被炸毁，但至少第一道障碍已经被清除了。炮手们个个兴高采烈。[10]

中国卫戍部队司令长官唐生智非常清楚光华门已逐渐成为南京保卫战的关键阵地。他已经把防守光华门的重任交给了由德国人训练出来的第 87 步兵师的剩余部队。尽管第 87 师在几个月的战斗中伤亡惨重，但仍然保留了精锐师的特殊光环。唐生智还派了第 156 师幸存的将士——他们和《纽约时报》记者几天前在南京城外圆锥形山顶上看到的被屠杀的士兵同属一支部队。最后，唐生智还命令装甲车向城墙的那部分地带靠近，而炮兵也开到光华门边以便提供近距离战术支援。[11]

中国军队的大炮一直打到了傍晚，目标是日军炮兵观察岗哨和设在防空学校内一栋房子里的联队指挥所。一发炮弹正巧击中房顶，房顶塌了下来。在令人窒息的浓烟和灰尘中，日本军官们一时间个个动弹不得。"混蛋，你们还不放弃？"其中一个人气愤地骂道。然而，当烟雾散去时，他们全都看见了令他们惊喜万分的同一个景象：城墙上升起了日本的旭日旗！军官们全都站了起来，顾不及把军服上的尘土掸掉，就爆发出一阵狂喊："万岁！"[12]

当时的情况是这样的：就在中国守军集中炮火轰击日军联队指挥所时，一个机会来到了靠近光华门的第 1 大队大队长伊藤善光少佐眼前。因总是炫耀他几个月前在上海受伤后装的玻璃假眼珠而闻名全联队的伊藤，命令他的第 1 中队爬上城门两边碎砖石堆积起来的斜坡，这是前几个小时持续炮击造成的。

就在第 1 中队的士兵们设法进入城门之后，伊藤善光很快又命令第 4 中队紧随其后。等到中国军队发现他们防御工事上的这个危险缺口时，已经为时太晚。日军两个中队已经在城门处站稳了脚跟，而且他们还向城内推进了 100 码，并将几栋房子据为阵地。他们由此建立了一个立足点；虽然还很脆弱，但总还是一个立足点。[13]

第 36 联队联队长胁坂次郎决定抓住这个机会，他向部下下达了一个不容误解的命令："第 1 大队必须守住光华门，即使是意味着战至最后一兵一卒！"[14]一道类似的命令也传给了中国的军官们，他们的任务就是要从日本人手里夺回光华门：

"完不成任务就提头来见！"每一方都做好了准备去面对仅有的两种结果：胜利或者死亡。一场恶战的大幕已经拉开了。[15]

＊　　＊　　＊

离光华门西南几英里处，和第 87 师一样也接受过德国训练的中国第 88 步兵师，此刻正深陷于激战之中。他们负责防守雨花台附近城门之前一串崎岖不平的山头。他们必须守住，否则南京就将失守。师长孙元良将军使用的语言几乎像巴顿将军一样简洁有力，他解释了他们手头的作战任务："敌人不是打不死的！"[16]

为有效利用本身的资源，第 88 师派出其下的第 527 团和另外两个炮兵连去扼守雨花台，而把第 528 团留作预备队。[17] 官兵们都没有信心能够完成这项任务。虽然和第 87 师一样，第 88 师在战前同属精锐主力，但在几个月代价极其沉重的战斗中，他们已经失去了许多优秀官兵，首先是在上海及其周边地区，然后是在撤回南京的途中。现在全师共有 6000～7000 人，其中 3000 人是新兵，他们都是用来补充老兵牺牲后不足的空额的。疲惫已经开始在他们身上蔓延开来了。[18]

虽然如此，与其对手相比，第 88 师的确还是有一个特别的优势，那就是地形。雨花台易守难攻，对进攻者而言无异于是最可怕的噩梦。几年前战争还未爆发时，当时的军事规划根据的就是这样的设想，即侵略者会从南面进攻，雨花台将成为最重要的战场。所以，这个地区的防御工事修建得异常坚固和密集，由反坦克战壕、混凝土加固的碉堡和成排的铁丝网等各种形式所组成。[19] 更让日军头痛的是，雨花台经常被用于军事演习。在大多数情况下，第 88 师只需要跳入战壕，就可以占用这些工事了。[20]

当日军第 6 师团于 12 月 10 日到达雨花台时，其军官很快就很清楚，中国军队已经决心要把此地转变为主要的抵抗战场。这里的机枪掩体布置得非常具有战术眼光，使得日军步兵被钳制住，动弹不得，既不能前进也不能后退。第 6 师团不惜任何代价，架起了他们自己的大炮以提供近距离战术支援。一个炮兵中队长被打死了，当时他正在摇起炮筒想毁灭中国守军一个大大加固了的阵地。[21]

尽管从炮兵那里得到了火力支援，日军也只能断断续续地穿过山地向前进攻，并连续遭受惨重的损失。他们屡屡被铁丝网挡住去路，要想拆除铁丝网，士兵们就势必暴露在中国守军准确的火力之下。中国守军也确实是常常战斗到了最后一个士兵。一名日本军官观察到有一个中国守军的碉堡被日军从外面封锁住，结果里面的士兵失去了任何逃生的机会。[22]

191 在第 6 师团第 23 联队中，有一个中队的士兵的经历是很典型的。他们被压制在一条反坦克战壕里，几乎不能动弹。因为只要稍微动一下，50 码外一个碉堡内高度警惕的中国机枪手就会射出一串仔细瞄准的子弹。尽管如此，日军的炮击还是逐渐削弱了中国阵地，中国士兵一个接一个地撤退了。到最后，连机枪手也出来了。

当日本士兵站起身来时，发现了远处正在逃跑的机枪手。渴望报仇的他们全都对着机枪手肆意地扫射。机枪手消失在低矮的山脊背面，好像被击中了，然后他又起身继续逃跑。这样的情况发生了好几次。日本人不知道他们是否击中了他。只是在那天晚些时候，当他们继续前进时，他们才发现了那个机枪手，虽然他已经死了，但双手还紧攥着机枪。[23]

第 6 师团遇到了他们所熟悉的问题，那就是进攻得太快，绕过了一些仍然很有战斗力的中国部队。第 47 联队的进军路上有一座 1600 英尺高的山，位于雨花台以南，据守在上面的中国士兵还未被完全清除掉，他们不断地向正在前进的日军后翼开火。日军于 12 月 10 日傍晚占领了这座山头，尽管中国士兵不断反攻，但整个通宵这座山头都一直在日军手中。[24]

在中国方面，第 88 师的第 527 团也加入了这场特别激烈的战斗，但与敌军不同的是，他们缺乏有效的炮兵支援。中国的军官们非常不情愿置贵重的战争物资于危险之中——这种不情愿却几乎从未被用在对人员的关心上——所以他们把大炮转移到一座小山后头。在山后这些大炮不会遭到敌人直接火力的攻击，但也意味着它们无法准确地瞄准敌军。对于中国军队而言，装备一旦损失后是无法得到替换的，而人员在战场上损失后是可以得到补充的。[25]

＊　　＊　　＊

蒋公毅是一位决意留在南京的中国医生，12 月 10 日早上，当他在福昌饭店的房间醒来时，发现大部分酒店员工都乘着夜色逃走了。酒店里停了水，马桶也用不了。他正要离开房间，一声巨大的爆炸声震撼了外面的街道。他向窗外望去，看到了不断扩散的黑烟，日本人发射的那发炮弹就落在酒店附近。几秒钟内，就有三到四发炮弹接连落在酒店周围。其中一发炸开了酒店楼顶的储水箱，使得水箱里的水顺着墙壁飞泻下来。[26]

蒋公毅很快找到了住在隔壁房间的同事，然后一起下到一楼。他们发现派给他们使用的小轿车已经被大火烧着了，所以

192

只能步行离开。不一会儿，他们就被潮涌般的一大群人裹在中间，只能朝众人走的同一个方向前进。所幸的是他们在人群中看到了酒店的一个服务生——事实上，他也是连夜逃跑的员工之一。此人在美国大使馆也谋了一份差事，就设法把蒋公毅和他的同事一起带进了美国大使馆，一直等到街上的混乱平息些以后才出来。

当天晚些时候，蒋公毅回酒店取走了行李。他后来获悉他当时离开是正确的。没过一会儿，日军的炮弹就击中了酒店的正门，炸死了 40 个人。[27]这足以表明 12 月初的南京是多么混乱和无序，直到第二天，还有 9 具尸体躺在大街上，没人收走。"所幸的是，"一位西方记者说道，"他们肯定都死于一瞬间，因为伤口实在是太可怕的。"[28]

此时战斗正围着南京进行着，枪炮声不断。南面城墙外就能听见机枪开火的声音。[29]"东面的战斗似乎在扩大，"拉贝写道，"你能听见重型火炮和空袭的声音。"[30]光华门差点失守的谣言被传开了，还有报道称中国士兵的战斗意志正在衰退。日本无线电台的报道很乐观，预测南京城将在未来的二十四小时内沦陷。"每个人都认为南京最晚在今天晚上就将落入日本人之手。"拉贝在日记中写道。[31]

12 月 7 日早晨把蒋介石送上飞机后，蒋介石卫士队队长俞洁民最初留在南京。三天过去了，他没有接到任何新的命令。他用电话向南京卫戍司令部请求指示，但没人接他的电话，于是他就主动带着一小队身着军装的卫士驾车去了下关码头。他们找到了原本为紧急情况准备的两艘兵舰，随后他们登舰横渡长江到了对岸。他们获得了安全——成为少数及时逃离南京的幸运士兵中的一部分。[32]

＊　　＊　　＊

12 月 10 日，随着逼中国人投降的最后期限已经过去的消息流传开来，日军第 16 师团已经行进到南京东面几英里的地方，这时赤尾纯藏上尉相信，他存活在这个世上的时间只剩下几个小时了。他毫不怀疑他部下中的多数人也有相同想法。

这个年轻的中队长脑海中不时回想起这天早上不断看到的死亡景象，当时他和他的部下正在行军穿过黑暗的中国乡村。[33] 脚踩在碎石上的沙沙声，武器装备碰撞发出的金属的叮当声，压低嗓音的交谈声，突然间全都被就在他前面发生的震耳欲聋的爆炸声打断了。残肢断臂到处飞落。尖声喊叫的士兵四散地躺在地上，歇斯底里地徒然地想要移动他们被炸掉的四肢，就像被弄翻了身的甲壳虫一样。在行军队伍前面的一个小队径直走进了一个雷区，而地雷又引爆了士兵们携带的弹药。"这就是地狱。"赤尾纯藏心中想道。

当天破晓时分，就在全中队在紫金山附近停下来休息时，赤尾发现一个挂着要求投降的标语的气球升了起来，他心里默默地希望中国人会接受投降。他相信这也是他手下大部分士兵的想法。但是，当沉寂了一上午的日军炮兵再次沿着整条前线开火时，他们的这个希望破碎了。再没有比炮声更能彻底地表明中国人已经拒绝了投降。

赤尾纯藏正经历着年轻军官的典型困境。一方面，他要完成使命，而完成使命就必然会牺牲生命。这就是战争的本质。另一方面，他非常关心手下的士兵。他还记得他部队的士兵在东京和家人告别时的景象。当时，他多希望能向他们的家人保证会平安地将他们的儿子和丈夫活着带回来，但他没有这样做，而是简单地说了一句："我们会尽力的！"

194 　　对于第 16 师团来说，从正东方向逼近南京，取汤水这条路是前往南京的最直接的道路，可以一直通向中山门。但这条路要经过紫金山脚下，任何走这条路的人都要受制于控制了紫金山顶峰的人，不论此人是谁。"如果不能控制住紫金山，不管我们多么努力向南京进攻都是徒劳的。我们根本就到不了南京。"第 30 旅团的旅团长佐佐木到一如此说道。[34]

　　第 16 师团第 33 联队接受的任务最为艰巨，他们要直接穿过紫金山，沿途消灭遇到的零星的抵抗力量。在他们的南面，第 9 和第 20 联队将从汤水沿道路两边向西挺进。再往北面，第 38 联队奉命绕过玄武湖，然后转向朝下关码头方向前进。在战场上被大量使用的炮兵也许是日本对中国的主要优势，第 16 师团师团长中岛今朝吾中将一直非常关注炮兵。在视察前线的时候，他总是会详细地询问大炮的位置以及在战术上如何利用大炮来对付撤退之敌，这表明了他认为大炮是战场获胜的关键因素。[35]

　　随着这个总体计划的实施，这一天里出现了一长串混乱的各自为战的小规模战斗。对于参战的士兵来说，如第 20 联队的二等兵东史郎，就完全失去了方向感。他们的一切经历就是不断地行动，似乎全然杂乱无章，手忙脚乱地去对付在他们身边神出鬼没的敌人。有一次，他们击溃了一小队七名中国士兵，这些士兵被困在一片洼地里的小树林中。日军用刺刀刺死了其中六个，最后一个士兵则被一位日本军官用他的军刀砍下了头。被砍下的头在地上滚了好几米，像个足球一样。有一个日军士兵临走之前还好玩似地踢了几下。[36]

　　战场上也不完全是空无一人。虽然大多数居民都已逃离，但还是有人留了下来。在经过一个小山村时，东史郎的中队没有发现一个士兵，只是看到一群被吓坏了的村民。日军动手偷走了村民们仅有的一点食物。东史郎独自一人走开了，他闯进了一个屋子去寻找任何可以充饥的东西。在把家具都翻了个遍后，他看到了一个小小的有饰纹的箱子。打开箱盖，他大吃一惊地看见了一个婴儿，大概才生下没几天，没有多少意识，但显然急需营养。东史郎在想：这个妈妈去哪了？为什么要把婴儿放在箱子里？也许这个婴儿的兄弟或者父亲已经被征召入伍，拉到前线去了？他脑子里只知道一件事。所有这些问题都毫无意义。这是战争。可怕的事情一直都在发生着。[37]

森日出夫中尉是第 16 师团第 20 联队的一个中队长，12 月 10 日一整天他都同部队一起在小心翼翼地穿过紫金山南面的丘陵地带。在每个村子里，在每个山坡后，在每个山谷内，都有中国士兵在等候着他们。这就意味着他和日军士兵们每走一步都冒着生命的危险，为的却是除了那些直接参战的士兵之外，没有人会去在意或者知道其名的地方。他后来写道："就我们中队而言，如果要我用几个字来描述南京战役，那就是一场没有荣耀的疲劳战。"[38]

随着天色越来越晚，第 20 联队找了个地方过夜。他们进入了一片看上去像是专给达官贵人居住的地区。有些中队选择了按现代西式风格设计的别墅。森日出夫的中队最终住进了一栋日式住宅过夜，房间里有铺了榻榻米或稻草垫子的床，就像士兵们熟悉的自己的家那样。他沉思道："当你想到中国政府内也有像这样的亲日分子，你情不自禁地会怀疑，这场战争打得是不是有点矛盾。"[39]

那些级别更低的普通士兵，虽已经躺下来准备在 12 月 10

195

日晚睡上几个小时，但他们脑子里还在想着战争，还在猜测着即将发生的伤亡：

"我不知道明天谁会死掉？"

"哪个倒霉蛋吧。"

"我告诉你一件事。肯定不会是我。我们差不多已经就在南京了。"[40]

*　　*　　*

12 月 10 日晚，最后的生死对决围绕着光华门展开了。此处是整个城墙最为关键之处。中国军队的指挥官把他们能够抽出的所有部队都派去填补防御工事上出现的缺口，这个缺口是日军第 36 步兵联队成功地在城门附近占据了一个脆弱的立足点后造成的。考虑到城门一旦失守，很多人的脑袋就要滚落在地，毫无疑问，当第 87 师第 261 旅陈颐鼎旅长投入战斗后，在他们这样的指挥官身上承载的压力是巨大的。

陈颐鼎带着两个加强营从东北方向接近城门，与此同时，同样来自第 87 师的第 259 旅的一个团从西南方朝城门靠近，试图对城门附近的日军形成钳形攻势。日军装备精良且挖好了工事，但他们人数甚少。由于缺少上级的指示，陈颐鼎很无奈，他后来写道，他们"只会安全地待在城里听着前线来的汇报"。尽管如此，他的士兵在其他匆忙集结的部队的配合下，向日军发动了一次成功的袭击，使日军遭受了严重损失。[41]

这让有着玻璃眼珠的大队长伊藤善光感到压力更大了，他的上司原本就给了他不惜一切代价守住城门的压力。[42]他被迫采取迅速行动。他的大队里的第 1 和第 4 中队已经据守在城门周围，但他们需要增援。当夜幕在城墙上空降下后，伊藤亲自率领一直留作预备队的第 3 中队大胆地快速冲向城门。中国守军料到日军会试图加强其在城门旁已经夺得的立足点，当他们看到伊藤善光带着他的中队向前冲锋时，中国守军就从城墙上用轻武器密集地向日军开火。[43]

尽管他们遭遇到的是钢铁风暴，但伊藤善光的部队还是冲到了城门边，并且匆忙地在碎石坡上建立起了临时阵地。这个阵地相当暴露，因为中国守军控制了城墙上面的制高点，这使得他们几乎可以任意射击。中国士兵还向日军阵地投掷手榴弹，造成日军重大伤亡。其中一枚手榴弹的弹片穿透了伊藤善光的头骨，令他当场毙命，他的部下只能无奈地围在旁边。[44]

这支日军部队在失去了指挥官之后，仍然顶着压力一直坚持到夜幕降临。中国军队将一辆装甲车开到了城门前，直接对着日军阵地开火。日军仍坚守不动，所表现出的顽抗精神同样也使得他们几年后在太平洋群岛战争中闻名于世。松井石根在日记中颇有点自豪地写道："即使受到敌军连续不断的反攻，第 9 师团仍然坚守着城门。"[45]

到午夜时分，第 156 师中由南方士兵组成的一支小分队执行了一项毒辣的计划来彻底消灭残存的日军士兵。他们并不打算简单地射杀日本兵，而是想要让他们葬身火海。他们带着木材和汽油罐爬上了日军阵地上方的城墙。凌晨 1 点，他们朝下面的日本兵扔下浸满汽油后点燃了的木材，日本兵被困在熊熊燃烧的木柴里，遭受到可怕的伤害。或许这是为了复仇，毕竟《纽约时报》记者几天前亲眼看见在南京城外的山顶上中国士兵被活活烧死，其中就有 156 师的士兵。[46]

争夺光华门的战斗一直持续到 12 月 11 日星期六，战斗也越发激烈，逐步演变成不论是日军进攻方还是中国防守方都无法自拔的胶着状态。中国军队的举动受到已在城门外修筑了阵地的日军的牵制，一有风吹草动他们就开火。这使得中国军队无法撤离伤员，通信兵也无法铺设通往后方的电话线。

日军失去了一位大队长，但光华门争夺战对于中国军官来说其代价至少也与之相当。陈颐鼎提到他的参谋长、两位营长和三十多名下级军官和士兵都牺牲在这场反击战中。面对如此惨重的伤亡，他非常愤怒地获知有一支拥有十二门博福斯山炮的友军炮兵部队就排列在离光华门几米远的地方，但他们却拒绝向日本人开炮。这些山炮本可以完全改变战局。但炮兵们却解释说，问题在于只要他们一发射炮弹，他们的阵地就会暴露。自从淞沪战役以来，注重武器装备胜过注重人这一问题一直就困扰着中国人在战争中的努力，并且将一直延续下去，直到抗日战争最终结束。[47]

* * *

将近 12 月中旬的时候，南京周边的乡村完全变成了一个奇特的似乎脱离了现实的地方。日军行军经过之地，看上去似乎都是空旷的山野，但其实并不是真正空无一人。只是在视线中几乎看不到人而已，因为大部分人都逃难去了。也有少数人留在自己的家园，躲藏在地窖和谷仓里，徒劳地希望战争会与他们擦肩而过。与此同时，因为跟不上自己的队伍，还有数以千计的中国士兵留了下来，他们也对日军构成了致命的威胁。

12 月 10 日黄昏时分，有一群日本士兵正站在他们认为已是前线之外的安全范围内。他们都集中在一栋农舍后面，正在想办法烧一堆火，然后就可以在火上煮米饭。这时突然听到一声刺耳的枪响，接着就有一个士兵短促地哼了一声便一头栽进了火堆里，扬起的火星在寒冷的空中飞舞。一颗子弹穿过农舍的墙然后射中了这个士兵的喉咙。鲜红的血从他的伤口喷涌而出。虽然在他周围的士兵立即给他包扎了伤口，但他还是死了。类似这样的情况当时是经常发生的。[48]

日军还没有真正"征服"南京以东和以南的地区，只不过是经过了而已，因此肃清残敌成了日军的当务之急。12月初，在紫金山附近的日军第16步兵师团和其他部队都抽出了许多士兵去执行这个任务，范围包括离南京城很远的地区。"中国的散兵游勇可能就分散躲藏在这个地区，必须要放火用烟把他们熏出来。凡是对日军没有用处的小房子都必须要烧掉！"这道命令下达给了第16师团的士兵们，他们被要求分散到麒麟门附近的乡村去执行任务。不久以后，各家各户的房子都被点燃了，火越烧越大，火光照亮了整条地平线。

齐藤中二郎的小队正在这个人间地狱搜索，突然，他发现一个正在燃烧着的茅棚里有动静。"有人在那里！"他喊道。一个身影冲出棚屋，逃往远处。三个步兵朝着那个逃跑人的方向举起了步枪，但迟疑了一下。一个年纪大些的二等兵保持镇定，举起步枪，一枪就击中了那人的右腿，那人摔倒了。几个年轻的日本兵跑到受伤的人跟前给他包扎伤口。他们谈论着要把他带回联队指挥部去。不用这么麻烦，那个击中他的年长日本兵说道，带回去太麻烦了。他的命令很简单："杀了他！"

茅棚里不止一个人。当日本士兵忙着对付那个受伤的中国人时，另外一个严重烧伤的人跑了出来。他跑了大概有30码，受惊的日本士兵才举起枪射击，但没有一颗子弹打中他。另外一个在旁看着的军官对这么不准的枪法失去了耐心，"真见鬼，"他骂道，然后把枪抬到了下巴位置，仔细地瞄准，用一颗子弹打倒了那个人，"你们应该这样开枪才行。"[49]

没有直接参加光华门南边战斗的第 9 步兵师团的士兵们也在清除分散在乡村的中国军队的残余士兵。12 月 11 日中午，该师团一个小分队的士兵接到命令，要仔细搜查一栋看上去很可疑的农村房子。这栋房子之前也被搜过，但里面好像还有些动静。日本士兵小心翼翼地进入房内，一间一间地搜查，结果在地窖里发现了八个中国士兵。这八个士兵没有试图抵抗，很快就举手投降了。日军把他们绑着带了出来。

用了一些一知半解的中文词语，再借助些手势，日军推断这些中国士兵到过几天前他们的一位战友被杀的地方。日本兵讨论了该如何处理这些俘虏，很快他们就做出了决定。他们冷酷地把这些中国俘虏拖到他们战友的坟前。他们认为，这些中国军人就该死在这个地方。有些年纪大一些的士兵犹豫了，不想参与杀戮，因此就由年轻士兵去动手。不久，八具无头尸体就躺在这个孤独的日本人的坟前。[50]

晚上，日军分队长和他的士兵们在一起说着话。他告诉士兵们他曾经是一个害羞怕事的孩子，甚至都不敢去打死一只苍蝇。在那个时候，想到要他去杀一个和自己一样的人，即使是在战争中，都会使他毛骨悚然。"结果是我可以就这样杀人了，甚至连眼睛都不会眨一下，"他说道，"我一点儿都没有觉得难受。实际上，我感觉还挺好的。每次杀人之后，米饭吃起来也更香了。"[51]

* * *

12 月 11 日早上，日本第 6 步兵师团的先头部队已经能在远处看见南京城的城墙了。[52] 为了驱除雨花台高地上的顽强的守军，他们已经战斗了近两天。中国守军是第 88 师，他们仍然顽强地想要证明自己不愧为精锐部队的名号。为了尽最后的努力来保住在雨花台的一小块立足点，第88师投入了至今仍作为预备队的第528团以及一个营的工兵。虽然他们都尽了最大努力，但由于部队基层都是新兵，加上军官中的骨干力量几乎都已经阵亡了，队伍的战斗力变得越来越弱，对他们的指望只能这么多。面对日军残酷无情的攻击，他们的防守很快便开始瓦解了。[53]

　　由于在光华门遇到了顽强的防守，12月11日，日军决定把进攻目标转向中华门。日本飞机也被召来提供战术上的空中支援，在城门周围第88师的士兵们被迫逐渐退入城内。撤退发生得很快，在一定程度上还有点混乱，使得日本兵也能紧随其后。等中国守军回过神来时，已经有300个日本士兵进入了城内。只是在把所有能调动的部队全都用上之后，中国守军才把他们又赶出了城门。[54]

　　与此同时，部署在中华门东边的第88师的左翼还留在城墙外。他们与日本第9师团的部分士兵交战，但受到了巨大压力，被迫撤退。在这天结束时，中国的第88师缩短了战线，并且在城墙前重新做了部署。原本在夜晚发动反击的计划也搁置了。这是因为根据判断，该师的士兵实在太过劳累已经没有力气再进行反攻，即使反攻也不会有任何胜算。[55]

　　藤田实彦，这位胡子拉碴的坦克指挥官，也是在这一段前线进行生死搏杀的日本兵之一。但身处如此大规模的屠杀之中，他却仍然保持了他的幽默感。他碰到一个鼻子被打穿了的军官，这位军官对他说："很幸运，子弹没有打到骨头，所以我还好好的。"藤田开玩笑地回答道："我们应该在你鼻子上穿个环，这样就可以把你牵去当牛干活了。"很多其他士兵伤

200

得更严重。藤田看到了一辆被烧得只剩下车架的汽车，有人告诉他，车是《朝日新闻》的一个记者的。[56]

总而言之，对于日本第 10 军来讲，这是成功的一天。在更往南的地方，国崎支队顺利地在慈湖村横渡长江并开始向浦口进军。[57]该支队受过的专门的两栖训练使其非常适合完成此项任务，但是这支部队有限的规模——实际上也就是个加强了的步兵联队——让前线司令部有些担忧，有人怀疑他们不能独立完成任务。朝香宫鸠彦王建议先把第 13 师团的一部分运过长江，之后再向北去切断天津至浦口的铁路，从而彻底断绝已逃离南京的中国军队很显然的一条撤退路线。但非常可能的是，他还另有一个隐秘的动机。他是刚刚得到任命的上海派遣军的首脑，因此第 10 军的国崎支队无论获得什么胜利都和他毫无关系。但是，作为第 13 师团的直接指挥官，第 13 师团士兵取得的任何进展都会直接反映在他身上。[58]

* * *

12 月 11 日，日军的炮弹连续不停地落在南京的城墙内外。[59]圣公会传教士约翰·马吉路过一栋刚被日军炮弹击中的房子。差不多有 20 人遇害，有七八个人被炮弹掀到了街上。"一对可怜的老夫妇看着他们被炸死的 33 岁的儿子躺在地上，脸上被炸出个大窟窿，伤心得几乎要疯了。"灾难才发生几分钟，这可怕的场景周围就聚满了大群围观者。[60]

看见有几发炮弹就落在安全区的南边，安全区的管理者非常担心。于是他们沿安全区周边都悬挂起美国和其他国家的旗帜来增加一点安全感，但炮弹都是从几英里外打过来的，这样做显然起不了任何作用。"看起来就像是 7 月 4 日美国国庆节！

我一辈子从来没有在这里看到过这么多的美国国旗!"不知疲惫的罗伯特·威尔逊医生幽默地说道。"听起来也像是!"金陵大学教授查尔斯·里格斯回应道。[61]

安全区的领导人也遇到了一个他们从未想过的问题:既然南京城里的法庭都搬迁走了,那么那些违法的人该如何处置呢?那天,他们真碰到了一个盗窃的现行犯。"我们先判处这个小偷死刑,然后减刑为二十四小时拘役,后来因为没有拘留所,就直接放他走了。"拉贝在日记中如此写道。[62]难民继续大量流入,总共有850人在金陵女子文理学院落脚。魏特琳和她的同事一开始相信,最初所估计的要在校园里接收2700名妇女和儿童这个人数太多了,但她们很快就不这么认为了。[63]

在长江两岸,成百上千受伤的士兵和平民排着队等着渡过长江到浦口,然后从浦口坐火车去内地,从而远离危险。有些人已经等了好几天了,什么吃的都得不到。渡轮在长江上来来回回地行驶着,尽可能地多救人,但还是快不了。截至12月10日晚,仍然还有1500名受伤的平民被困在长江南岸。[64]

在受命留守南京的装甲部队中有一个指挥官名叫何嘉兆。在保卫南京的最后几日里,他的士兵们就像是支流动预备队,不停地在一个又一个出麻烦的地方之间赶来赶去。12月11日,他奉命去第156师师部同该师指挥官商讨如何用他的装甲部队给该师提供最好的支援。途中,他遇到了一位老同学,这位老同学已经是宪兵司令部的一个军官,还指挥着一个摩托车排。老同学告诉他道,"我马上要向武汉撤退",然后又说越来越多的高级官员都在往武汉撤。接着,他突然递给何嘉兆20元钱。"我给你20元钱,准备将来用。"说罢,他就飞快地骑着摩托车走了。[65]

* * *

日军中尉森日出夫在中国人的别墅里睡了一晚榻榻米，12月11日又被指派到中山门前面执行更多的肃清残敌的任务。这个地区有很多树林和散落各处的别墅，很明显在战前这里是高级官员所住的地方。现在官员们都消失了，而中国军队开了进来，誓死要让日本人在进攻道路上付出尽可能沉重的代价。

每一栋房子里都隐藏着令人不安的惊恐。如果日军杀死了一楼所有的中国士兵，很可能在二楼还藏着另外一些人。此地危机四伏，危险来自任何方向，任何距离——来自几百码外狙击手的步枪，或来自躲在附近树后一个步兵扔出的手榴弹。森日出夫身边的一个士兵头部中弹死了。森日想道，不知这个士兵是不是还想说几句遗言。他可能真还有遗言要说，但死亡来得如此之快，他再没有机会说出来了。[66]

日本人面对的是一支意志非常坚定的军队，其骨干力量都是教导总队的年轻士兵，他们之前已经在紫金山附近驻扎了好几年，占尽了地理优势。他们也是主力部队的一部分，这并不仅仅体现在装备和训练上，而且他们也深受蒋介石标榜的民族主义的教化。李西开是该总队第 3 团的团长，他的指挥所就设在日军前进的主要道路上，即使如此，他的团也一直在继续战斗。我们"对地形非常熟悉，而总队之主阵地工事建筑也较坚固，加之我总队官兵有爱国主义的士气，斗志高昂"，他如此写道。[67]

尽管如此，日军还是逐渐控制了紫金山地区。第 16 师团师团长中岛今朝吾一早就视察了一个炮兵观察哨。他很高兴地获悉他的部队已经占领了紫金山的两座山峰，而且即将夺取最后一个，也就是主峰。当天晚些时候，中岛回到后方给朝香宫鸠彦王汇报战况。他第一次认识朝香宫鸠彦王还是在 20 世纪 20 年代，当时他在巴黎的日本使馆任职。朝香宫鸠彦王听到他的汇报后很高兴，赏了中岛糖果，中岛又拿回去和他的部下一起分享。[68]

虽然得到了糖果的赏赐，中岛的右翼还是出现了一个潜在问题。第 16 师团和沿着长江南岸行进的第 13 师团之间的距离拉得越来越大。中国军队极有可能从这个防守稀松的缺口逃走。第 13 师团占据了重要的长江港口城市镇江，正准备横渡长江。华中方面军命令第 13 师团分出三个步兵大队和一个炮兵大队的兵力组成一个支队。这个支队——以支队长山田栴二的名字命名为山田支队——将留在长江南岸，直接向西夺取两个长江要塞：乌龙山和幕府山。[69]

采取了这个措施之后，第 16 师团就不用再担心缺口的问题了，可以集中精力攻打城墙。当太阳在这个星期六慢慢接近地平线时，上尉赤尾纯藏正在为进攻做准备，他深信这将是最后一次攻击了。他接到命令要占领中山门东北方向的一个山头，在此山头上可以俯视南京城的这个入口。"攻打南京很可能是这场战争的最后一仗，我希望在敌人的防线被攻破时，你们中队能冲在最前面。"他的联队长曾对他这样说道，试图把这个自杀式任务说得很有吸引力。[70]

执行这个任务无疑就是自杀。山头上已经修建了好几个机枪阵地，这些阵地都还用泥土、砖块和瓦片进行了加固，并与复杂的战壕系统相互连接。阵地前遍布密集的铁丝网，用于阻拦进攻的士兵，这样机枪就能将他们扫射致死。而且，这个地区还极有可能布满了地雷。此外，赤尾纯藏从最近的经历中也

204

知道，中国士兵都是很警觉的。当他匍匐前进时，稍稍抬头想要观察一下这个地方，就招来了一阵弹雨，其中一颗子弹擦过了他戴的钢盔。

下午晚些时候，联队的炮兵用四门山炮朝中国守军的阵地开火，并且持续轰击了一个多小时。到下午5点，当冬季的天空开始变暗时，赤尾纯藏断定此时该发起攻击了。他预计战斗会是短兵相接，于是命令自己的手下只带上步枪和一把小的挖战壕工具。然后，当整个中队都卧倒在地等待出动时，他先派出一小组士兵在山炮和他们战友的步枪和机枪的掩护下到前面去炸开铁丝网。

一连串爆炸声响起来了，尽管在山炮不断的轰击声中炸药爆炸声勉强才能听见，但也表明前面的士兵已经获得了成功。中队里的其他士兵纷纷从掩体里出来，有的挥舞着军刀，有的端着上了刺刀的步枪，一窝蜂似的向前冲去。当他们冲到离中方阵地700英尺远的地方时，大炮按原先的约定停止了轰击。密集的炮火以及在炮火之后接踵而来的日军端着刺刀的冲锋使得守军惊魂不定。他们拼命地爬出壕沟，逃往后方。赤尾和他的士兵紧追在后，左右猛砍。

赤尾纯藏率部乘势向前占领了这座山头，达到了目的。当他到达山顶时，山顶已经被守军遗弃了。他把胜利的消息传给了指挥部，说他的任务圆满完成了。然而，他收到的回复却让他很是困惑：要他带着中队撤离这个山头，退回自己的前线。显然，联队指挥部认为这个位置太过暴露。赤尾觉得撤回去就浪费了一个宝贵的优势，于是干脆就忽视了这道命令。

赤尾的中队还没来得及挖掘好掩体，中国军队就往山顶发起了反击。日军士兵们卧倒在地，一边还击一边还在疯狂地挖

地。他们一点点地围绕山顶建起了一道初步的环形防线。天黑
后枪声依然不断。日军士兵已经好几天没合眼了，虽然又吵又
危险，但那些不用站岗的人都开始在浅浅的战壕里睡了起来。
他们总是打一会儿瞌睡，就又惊醒，知道一切可以放心后又再
次入睡。最后，他们击退了中国军队所有夺回山头的反攻，终
于可以安心了。

* * *

12 月 11 日是蒋介石离开南京后的第一个星期六，他把这
一天用来设法厘清思路，以便更好地了解最近发生的一系列重
大事件对他和他的国家都意味着什么。他以"本周反省录"
的形式把自己的思考付诸文字，每周末都会在日记中写下长长
的一篇。在前几日令他和中国陷入重重困难之中的背景下，他
仍然能出乎意料地保持冷静，并有先见之明。[71]

他写道，不论他是否拥有南京，他的国民革命都将继续下
去。有了正确的精神，"战败则可转败为胜"。在他看来，最
大的挑战不在于日本侵略军本身，而在于他的政府的削弱会给
毛泽东领导的共产主义运动扩大影响力的机会。如果情况果真
如此，中国将再次出现同室操戈。那么，由此而来的风险就是
中国会变成"第二之西班牙"，蒋介石写道，他指的是到那时
已经持续了十七个月之久的西班牙内战。[72]

蒋介石对于他的共产党对手一直怀有强烈的戒备感，即使
是在日军似乎就要获得决定性胜利的关键时刻仍是如此，这就
是典型的蒋介石。不仅是他一个人有这样的特点，实际上这是
几千年来中国统治者形成的一种思维。外国侵略当然是一种灾
难，但它们是可以克服的，即使无法立即克服，那么几年或几

205

十年后也都能做到——如果不能用其他任何方式来实现的话，那么就干脆以人口优势同化侵略者，使他们也变成中国人。

对于一个政权的存亡而言，内部的动荡是一个更加根本性的威胁。在中国历史上有过这种并非巧合的先例。19 世纪垂死的清朝政府当时面临着许多挑战——包括来自大英帝国、沙皇俄国和正在现代化中的日本的——而其中唯一真正有潜力能给中国的帝王体制带来致命一击的是，19 世纪五六十年代的太平天国运动。这就是为什么蒋介石说过一个著名的比喻，他把日本比作来势汹汹但可以治愈的"皮肤病"，而相比之下，共产党却是"像心脏病"。[73]

从这个角度来看，迅速地从南京撤退虽然会蒙受耻辱，但蒋介石能够从容应付。然而，为了南京去打一场血淋淋的且徒劳的保卫战，而且还会让他失去剩下的最好的部队，这对他来说要困难得多。旷日持久的防守战将会是悲剧性的消耗战，由此实力的天平将决定性地偏向共产党人。蒋介石的这一新的思考反映在他 12 月 11 日晚发给唐生智的电报里："如情势不能久持时，可相机撤退，以图整理而期反攻。"[74]

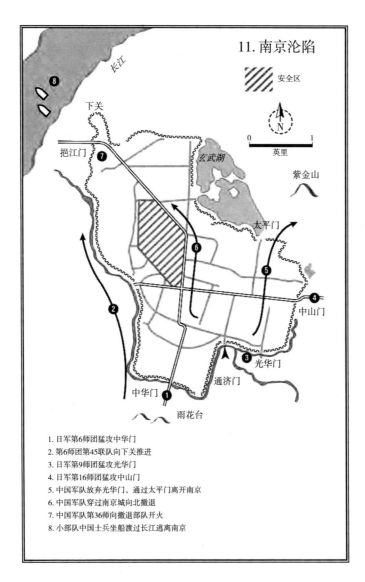

11. 南京沦陷

安全区

长江

下关

挹江门

玄武湖

紫金山

太平门

中山门

光华门

通济门

中华门

雨花台

1. 日军第6师团猛攻中华门
2. 第6师团第45联队向下关推进
3. 日军第9师团猛攻光华门
4. 日军第16师团猛攻中山门
5. 中国军队放弃光华门，通过太平门离开南京
6. 中国军队穿过南京城向北撤退
7. 中国军队第36师向撤退部队开火
8. 小部队中国士兵坐船渡过长江逃离南京

第八章　沦陷

1937 年 12 月 12 日至 13 日

　　早晨 6 点 40 分，藤田实彦少佐就被吵醒了。这天是 12 月 12 日，星期日，沉重的轮子压在砾石上发出的噪声使他无法继续入睡。坦克内的床很不舒适，他从上面起来，把头伸出炮塔顶部往外窥探。他看到大炮被牵引着朝南京城城墙方向行进。最后的总攻正在形成中。藤田不想在敌人的首都被攻克的时候自己却被甩在后面，他迈着匆忙的脚步，一边从沿路停着的坦克车队旁边走过，一边敲击坦克的侧面来催促他的部队。到早晨 7 点时，这支坦克部队已经上路了。[1]

　　整支坦克车队高速向前行驶，但不久就受阻于中国军队的炮火。当密集的炮火停止后，车队继续行驶了几百米，然后又不得不再次停下，这次是因为中国步兵从路边的一个村庄开的火。日军很快就排除了这个障碍，之后证实这是最后一个障碍。坦克车队又往前行驶了几分钟，这时藤田看到了许多房子，在房子后面，一道长长的城墙围绕着南京城展开。往右边，他可以看到高高升起的地面，那就是雨花台高地。

　　藤田环顾四周，他们的行动太快了，把步兵远远地甩在了后面的路上。现在雨花台高地上正在发生着什么情况：中国守军在离开他们的阵地，急匆匆地跑下山坡向城墙转移。藤田指挥坦克车上的机枪向奔跑着的中国士兵扫射。多挺机枪的交织火力一下子就把逃离的人群扫倒了一大片，中弹的士兵一个个

顺着斜坡滚了下去。一部分日军步兵赶了上来，立刻参与了屠

杀。他们大声地笑着，享受着杀戮的乐趣。

藤田的装甲车队护送了一组工兵去南京城城墙，然后沿着护城河向东开，一直开到一扇很大的城门前，城门两侧各有一个较小的门洞，全都紧紧地关闭着。在主城门的顶部，有一条用蓝色油漆刷上的令人恐惧的口号。这是用中文写的，但藤田认识足够多的传统文字，所以他明白是什么意思："誓复国仇"。高高耸立着的城墙本身足有三层楼高，但已经在遭受日军炮兵的炮火轰击。炮弹似乎在以一种有条不紊的方式把大块大块的城砖从城墙上剥离下来。藤田立刻明白了他身处何处：中华门。

既然雨花台实际上已经落入了日本人手中，那么这道城门就成了主要的奖品。城门口的城墙有 70 英尺高，并有一条 100 英尺宽的护城河加以保护。护城河上所有桥梁都已经被摧毁了。[2] 围绕着城门的地带是重点防守区，在城墙上大约每隔 50 码就有一挺机枪把守。城墙内的城门用大量沙袋构成的障碍物进行了加固。[3] 配备了迫击炮和轻武器的中国步兵可以从城墙顶上向日本人射击，而在城墙外，其他守城士兵在一些尽管实施了"焦土"政策但仍然留下来的建筑物中修建了不少独立的阵地。[4]

日军第 6 师团的任务是攻占城门以及防守严密的城墙西南角。从东到西，第 6 师团分别部署了第 13、第 47 和第 23 联队。该师团四个联队中剩下的最后一个联队是第 45 联队，这个联队将绕过城墙的西段，尽可能地向北移动，目标定在长江边的下关码头。[5] 第 6 师团的士兵已经大致地了解了他们的行动方向。在 12 月 11 日至 12 日之间的那个夜晚，他们想尽办法，几乎完全贴近了城墙进行侦察，所以他们能够做好充分准备以在黎明时分发动攻击。[6]

　　进攻按计划开始了。野战炮兵发射的炮弹一发接一发地落在城门上，但并没有在城墙上造成严重破坏。一辆日本坦克也开了过来，准备对准城门直接轰击，但不管怎样，还是没有产生任何明显的效果。接下来轮到工兵出场了。一小队配备了长梯的"敢死队"尽可能地贴近城墙往上爬，因此没有暴露自己，然后在剩下最后几米的时候向上冲刺。但当他们刚刚在空中一露出身子，似乎不知从什么地方飞来了一阵中国军队的机枪子弹，把他们一个不剩全都打死了。[7]

　　中午，三架日本飞机出现在头顶上，接着在城门外一栋中国军队据守着的楼房附近扔下了炸弹。大火伴着浓烟瞬间吞没了楼房。一大群被困在楼房里面的中国士兵利用这个浓烟弥漫挡住视线的机会，想跑回城墙内。日本兵立刻察觉到这个动向，在火线上的每一个日本士兵都开了火。这群奔跑着的中国军人像割草似的全被撂倒了，彼此倒在一堆。有一个幸运的士兵几乎已经到达城墙边，但最后也中弹倒下了。"全部消灭。"在旁观看的坦克指挥官藤田心里念叨着。[8]

＊　　＊　　＊

　　12 月 12 日的早晨，伊藤善光所率领的第 1 大队幸存的一小群日本士兵仍然坚守在光华门里面一个很窄的环形防线内。他们第 9 师团的战友们正在城墙外面看着他们作战，却帮不上忙。上午 10 点左右，日军对中国阵地发动了炮击和空袭，这给了第 1 大队一个机会爬上砖石碎块堆成的斜坡向城墙上端发起猛攻。在一场血腥的白刃战之后，日本人最终又被赶回到底下他们原先那个狭窄的阵地上去了。[9]

在这场血淋淋但未取得成效的战斗中，第 1 大队遭受了惨重的伤亡，于是联队指挥官决定将其缩编为一个中队规模的单位。他把这个单位命名为竹川部队，并将其附属于第 2 大队。第 2 大队大队长立即命令属下第 7 中队冲进光华门内去增援竹川部队，主要是给被困的士兵补充弹药和食物。第 7 中队的第一次冲锋被中国军队的交叉火力打退了，但第二次努力成功了，在光华门内的日军士兵大大地松了一口气。他们原本已经放弃了所有的希望，认为他们只剩下死路一条。[10]

在这天的剩余时间内，山本武的炮兵阵地继续向中国阵地射击，希望能给竹川中队带去些安慰，并且尽可能给城墙造成更大的破坏，从而有可能向南京城的守卫部队发动第二次进攻。与前几天不同的是，中国军队也在实施炮火反击，一发接一发的炮弹落在了日军的炮兵阵地上。"我几乎不敢相信我今天还活着。感谢上帝，"在躲了一整天中国军队的炮火之后，山本武在他的日记中如此写道，然后又很快补充说，"这很可能是我最后一次参战了。"[11]

事实上，中国军队的密集炮火标志着他们坚守光华门的最后一次共同努力。在城墙的中国守军这边，12 月 12 日的总体局势处于一种极大的混乱之中。第 87 师的陈颐鼎旅长曾经被警告如果光华门被日本人攻破就要提头来见，此刻他能听见雨花台边缘传来的激烈枪声，也能看见紫金山上燃起的无数大火的烟雾，但他不知道这意味着什么，因为此时的他被困在战争的迷雾之中。[12]

陈颐鼎的部队终于成功地与后方接通了一条电话线，但下午三四点时又被切断了，也许是被飞落的弹片打断的。天黑之后，陈颐鼎派了一名军官到他的左翼去和那里的中国军队取得联系。那位军官返回后的报告令人无法放心。一支来自中国广东的部队正在放弃其阵地向北转移，目的是通过那边的一扇城门退出南京。那名军官试图向一个行进中的士兵询问他们的去向，但他们就当他不存在，连看都没看他一眼。

随着邻近部队的主动撤离，在光华门和中山门之间一段城墙上的中国军队的防线出现了一个巨大缺口。一个令人恐惧的可能性正在到来。日本人可以通过无人防守的城墙的东南角长驱直入，并赶在陈颐鼎的部队有机会撤离之前就包围他们。在这种情况下，防守变得更加不可能了，不断向陈颐鼎的阵地倾泻的炮火也强化了这个事实。

然而，撤退并不是陈颐鼎和第 87 师的其他指挥官能轻易做出的选择。毕竟，他们在战前就曾卫戍过南京，南京城已经成为大多数士兵的家。午夜后不久，陈颐鼎召集他的高级军官一起开会。经过一番讨论后，他们均认为，此刻部队已经别无选择，只能撤退。然而，陈颐鼎坚持每个人都在一份文件上签名来确认他们的支持。这样的决定由一个人来做出的话未免具有太大的潜在危险。毕竟，陈颐鼎已经受到过威胁，他自己的首级可能也难以保全。

212　　　不久之后，这支中国军队开始撤离他们的阵地。日本人没有立即意识到所发生的情况。他们在 12 月 12～13 日的夜间所注意到的只是中国军队的炮火变得越来越远了。凌晨 4 点，炮声完全停止了。仅仅在那时，日军的侦察才查明敌军几乎已经完全撤离。仓促间，竹川中队爬上斜坡到达城门的顶端，发现那里几乎已经被遗弃了。剩下的几个中国军人很快就被压垮并被杀死了。最后，在一场看似无休止的拉锯战中牺牲了如此多生命的这道城门，此时此刻竟几乎毫不费力地就被日本人占据了。[13]

城墙外日军第9师团的士兵们爬上了前几天炮击所造成的斜坡。到达城墙顶部后，他们把手伸向空中，大声喊叫"banzai!"（万岁），声音如此响亮以至于他们认为他们的家人在日本家乡也有可能听到他们的呼喊。日本士兵相互握手，彼此拥抱，眼泪哗哗地在脸上流淌。他们想起了过去几个月在战斗中死去的战友，从上海一直到他们现在所站的位置。毕竟这是值得的，幸存者们相互告慰着，因为他们就是为了这个时刻而牺牲了自己。[14]

* * *

南京当地有句古老的谚语："紫金山焚则金陵灭。"12月12日，紫金山的山坡上从一端到另一端全都陷于一片火海之中。[15]教导总队第1旅旅长周振强带领他的部下在这场绝望的战斗中坚守在山上树木覆盖的顶峰，但他们即将被装备更好的日本军队击溃，他知道这只是一个时间问题，他不得不在此之前就放弃。[16]

又是同现在已经熟悉的模式一样，周振强尽管多次尝试与教导总队总指挥部联系，但还是无法从他的上级处获得有关总体形势的信息。最终他派人跑步前去询问，几小时后得到了回报，说总队的指挥官下午晚些时候已经离开了。其他的汇报表明城里守军已经全面瓦解。主力军第88师也陷于混乱之中。已经有人看到广东部队一个整师，即放弃了光华门附近一段城墙的那支部队，从太平门出了城，显然决心要撤回家乡去了。[17]

由于所有迹象都表明城内指挥系统已经瓦解，周振强决定开始有序地从紫金山撤离，只留下一支小部队掩护撤退。他们 213

通过中山门进入城内，非常有纪律地列队穿过南京的街道，周振强的士兵们得到的印象是城里出现了无政府主义的迹象。[18] 说着刺耳方言的国军士兵到处都是，但他们看起来似乎已经不再听从任何特定的指挥了。唐生智的权力已经大大地减弱了。[19]

抢劫变得很常见，这是因为已经不再有任何执法人员来实施在战争初期对犯罪分子施加的严厉惩罚了。"我们遇到一些士兵在商店里抢苏打水、果汁和其他食品，以及其他可携带的物品，还有他们发现能方便使用的物品。"一位西方目击者说道。[20] 同时，在过去一周里强制执行的"焦土"战术，现在也被应用到了城内。曾被外国游客誉为南京最杰出建筑物的交通部大楼，已在大火中被焚毁，火焰在几英里外都能看见。[21]

国军辎重部队的一个营长郭歧同他的部下都被困在中央银行大楼的地下室，不知道该怎么办或去哪里。12月12日，他派一名营副去指挥部所在地一所军校的校园，希望能得到下一步的行动指示。那名军官随即回来说，军校里已经空无一人，而且显然已经撤离了一段时间了。只剩下散落的还在焖烧的余烬，那是参谋人员在离开之前烧毁的机密地图和文件。[22]

虽然中国军队中的纪律正在崩溃，但有些地方却还存在着一种几乎超越现实的责任感。一名从南京战场撤退的军官与他的部队偶然发现一群普通工人还在为修建中的防御工事浇水泥。不必麻烦了，这位军官告诉工人道，战斗已经结束了。"哦，不行的，"其中一人回答，"我们不能停下来。我们会耽误工期的。"[23] 南京城周围的护城河里漂浮着成千上万的死鱼，它们都是被四处乱飞的炮弹弹片杀死的，翻着肚皮浮在河面上，给这个疯狂的世界增加了更多噩梦般的感觉。[24]

＊　　＊　　＊

日本第13航空队的年轻中尉奥宫正武在南京战役最后阶 214
段中始终十分忙碌。12月10日，他率领他的六架九五式舰载
双翼机出动去支援第9师团，他们轰炸了光华门周围的中国阵
地。12月11日，他参加了对驻扎在南京城内明故宫机场的中
国炮兵阵地的袭击。12月12日，他的行为几乎提前引发了太
平洋战争，这要比珍珠港事件早了几乎四年。[25]

当天上午，他驾机在中山门袭击了中国阵地，然后飞往南
京东面常州的一个机场降落。在那里，这个疲劳的飞行员又接
受了新的指令。情报显示，满载着中方士兵的中国轮船，正从
南京向长江上游行驶。日军步兵只能在陆地上看着这些战利品
从他们手指缝里漏掉，于是陆军想让空军来为他们做这件事。
停在常州机场上的所有可用飞机——九五式舰载战斗机和九六
式舰载攻击机混合在一起，共二十四架飞机——已经为这次任
务集结起来了。

奥宫正武的飞机起飞后很快在通常的三角队形中找到了它
的位置。这是一个晴朗的日子，视野特别清晰。飞行员们根据
对轮船速度合理的假设，直接冲这些船只在长江里应该在的位
置而去。下午1点30分，在距南京28海里（约52公里）的
长江上游处，飞行员们看见了四艘轮船。他们对他们的军事情
报非常信任，认为没有理由再去进行进一步的识别。

一开始，九六式舰载攻击机从相当高的高度轰炸了这些船
只。其中一枚炸弹击中了领头的那艘船，那是一艘某种类型的
战舰。炸弹炸毁了舰上的前炮，并炸断了前桅。然后，第一波
六架九五式战斗机在船队上方往下俯冲，从前面实施攻击。它

们一架接着一架俯冲下来，总共投下了约 20 枚炸弹。有些炸弹在离领头那艘船很近的地方爆炸，损坏了船体并伤害了甲板上的船员。船上现在有人去操纵甲板上一挺点 30 口径机枪了，这个枪手光着膀子朝日本飞机猛烈扫射，但都没有击中。有几架九五式战斗机也用机枪向那艘船扫射。

连续轰炸和扫射了二十分钟后，造成的结果是彻底的破坏。领头的那艘舰艇此刻陷在江中央，船体被子弹打得百孔千疮，火焰四起，并向右倾斜。另外两艘船搁浅在长江右岸，还有一艘搁浅在左岸。日本飞行员们非常满意地看到自己的任务胜利完成，于是停止了轰炸并开始返回他们的临时基地。在常州着陆后，迎接所有飞行员的不但不是荣誉和赞扬，反而是严厉的斥责。为什么他们不把所有的船只都击沉到江底去？他们被命令立即返回并把那些船全部击沉。

他们没有找到那些船，但他们碰巧发现了靠近南京的另外四艘船。奥宫正武立即向这几艘船俯冲，掷下了一枚 60 公斤重的炸弹，击中了其中一艘船。当他拉起飞机时，一瞬间他看见了船体侧面的英国国旗。他意识到他犯下了一个大错，他开始了对中立国轮船的袭击。其他飞行员也明白那些国旗标志的重要性，就没有再投掷炸弹。那艘被炸的船事实上是英国的"万通"号轮船。[26]

这次轰炸第一次表明日军犯下了可怕的错误。没过多久，日本飞行员又了解到，那一天早些时候他们在南京上游攻击的船只实际上也是西方国家的。其中三艘是标准石油公司的油轮，而另外一艘——就是遭受了最惨重伤害的那艘——是美国海军的"班乃岛"号，一艘仅装备了轻武器的平底炮艇。

这艘炮艇是十年前在上海江南造船厂改建成的，专门用于长江巡逻，其任务是保护在中国最长河流上的美国人的生命和财产安全。"班乃岛"号加入了将美国公民从战区撤离的行动，11月和12月，它都是在执行其本身的使命，就在遭到攻击的那一天，有54名船员的"班乃岛"号正在运送4名美国大使馆人员和10名美国及其他国家记者去安全地带。

从空中往下看，这次攻击似乎是不偏不倚、干净利落的，但对于在底下的人而言则是一场肮脏、血腥的大混乱。"我们刚刚吃了一顿鸡肉正餐。紧接着就听到日本轰炸机飞来了。它们的声音不新奇，""班乃岛"号的副艇长亚瑟·F. 安德斯上尉后来回忆道，"这一次日本人的重型轰炸机不是在我们头上飞过再去轰炸陆地上的中国人。"[27]第一波爆炸的力量就让"班乃岛"号炮艇艇长詹姆斯·J. 休斯少校的腿断了。

随后的爆炸以及伴随着的机枪扫射迅速造成了大量伤亡。一阵机枪子弹打穿了海军士官的食堂，其中两颗子弹击中了意大利报纸《新闻报》的记者桑德罗·桑德里的腹部。"我被打中了！我要死了！"这位42岁的记者大声尖叫道。有几个船员也受了伤，包括军需保管上士查尔斯·L. 恩斯明格。"班乃岛"号的医生将机舱改变成一个医务室，不停地治疗络绎不绝的受伤人员。最后，他的手上总共有45个伤员。[28]

在医务室外面，手臂受了伤的安德斯上尉接替指挥，他向仍然能够履行自己职责的"班乃岛"号上的船员们发出了一系列指令。不久，一块弹片撕破了他的脖子，流出了不少血，顿时使他无法说话，他就改用书写文字来下命令。下午2点，他意识到"班乃岛"号受损严重，已经不能再靠岸。他不得不草草书写下任何一个船长都害怕下的命令："弃船。"

水手们和乘客们乘坐两条小船来到一个长满芦苇的沼泽地

里的小岛上，因为担心日本飞机又来扫射，他们就一直躲在那里。从那个位置，他们观察到一艘满载士兵的日本汽艇靠近了"班乃岛"号。在向船上发射了更多的机枪子弹后，日军士兵登上船，但只停留了五分钟就又离开了。当时船头上美国国旗仍然在飘扬着。

几分钟后，大约 3 点 54 分，"班乃岛"号向右舷翻转，沉没在十多米深的水里。船上的幸存者们又冻又怕，只能蹚着齐膝盖深的烂泥，抬着那些因受伤太严重而无法行走的人，一起费力地向附近的一个村庄走去。尽管受伤人数众多，但没有一个人在攻击中立刻死亡。可惜那个奇迹没有持续下去。夜间，恩斯明格和桑德里两人都因伤势过重而去世了。

＊　　＊　　＊

在中华门，互相残杀持续到了 12 月 12 日下午，但这对整场战斗没有多大影响。日军没有取得任何进展，尽管他们的失利并不是因为缺乏尝试。第 6 师团的指挥官巧妙地把第 13 联队和第 47 联队之间的结合处就部署在城门口。所有士兵都清楚，这样部署的目的就是特意要鼓励这两支部队展开竞争，看谁能首先占领城门。[29]

然而，事实是要想取得成功不能仅仅依靠冲动。单凭意志力是不能在南京城城门这道防线上砸出一个大洞的。在和平时期，南京的城门是进入繁华首都的入口要道，但在战争时期，它们就完全变成了相反之物，变成了防守严密到几乎不可穿透的堡垒。如果有任何日本军官希望速战速决，很快赢得胜利，他们注定会失望。正午刚过，城门前的结果就已经很清楚了：双方僵持不下。[30]

第47步兵联队进攻的那段城墙在城门的东边，随着时间慢慢流逝，也看不出部队有任何重大进展。日军士兵被来自城墙上的中国守军的火力压制住了，他们只能为一种在很大程度上仅仅是象征性的胜利而沾沾自喜。有一小群士兵终于设法到达了城墙边上，并靠着城墙放了一架梯子，但梯子不够长，够不到城墙顶部，还差大约10英尺。

有一名士兵小心翼翼地爬上梯子的最后一段，双手紧紧抓住突出的砖块，然后再抓住几乎是垂直的城墙表面上的缝隙。日军前线上的全体士兵都屏住呼吸在看着他。他艰难地爬上了顶部，一只手展开了一面日本国旗，但立即招来了中国守军猛烈的火力打击，他不得不找个地方躲起来。很快他就消失了。日本士兵对他都很关心，不知在他身上发生了什么事情。后来发现他在城墙上找到了一个凹坑，在接下来几个小时的战斗中他就一直待在那里。[31]

有些日本士兵已经变得更加小心谨慎，尽量避免危险，因为他们相信战争即将结束，但也有人置谨慎于脑后。星野光昭上尉指挥着在中华门附近的一个中队，他要对几十个年轻人的生命负责。他感觉到他对手下一名23岁的士兵负有一个特殊责任。这个士兵是他家中唯一的儿子，他的父母曾要求星野光昭亲自确保他安全地返回家中。[32]

星野光昭答应说他会尽他所能，到目前为止他也信守了他的承诺。在整个南京战役中，每次当这个年轻人自愿参加自杀性任务时，他都故意忽视他。年轻人再次自告奋勇。他想成为一个六人小组的成员，这个精心挑选的小组的任务是去大胆地尝试攀登城墙。最终，星野光昭同意了这个心情迫切的年轻人的不断要求。"这一次是不一样的，"星野光昭想着，提醒自己此刻他们是站在敌人的首都城墙前面，"即使他死了，他的老父亲也会感到自豪，并能原谅我。"这是一个巨大的风险，但非常值得一试。这个热切的年轻人领着整个小组爬到了城墙顶部——并且活了下来。

218   这一天真正的突破发生在城门的西边。第 23 联队就部署在那里，他们接到的命令是攻打靠近西南角的那一段城墙。很明显，如果不是先用火炮靠近轰击从而在城墙的实心墙体上轰出缺口的话，城墙是爬不上去的。该师团大部分炮火支援——三十六门小口径山炮、四门 100 毫米榴弹炮和四门 150 毫米榴弹炮——都被调来轰击这部分城墙。炮兵观察哨也被派到第 23 联队的前方指挥所，以便与步兵协调，并观察炮击的效果。[33]

到下午三四点时，炮击在城墙上炸出了一个像山沟似的大洞，大到足以让日军从中发起进攻。第 23 联队将其第 2 和第 3 大队置于前线，第 1 大队留作预备。首先，工兵必须去完成最艰苦的任务。当进攻一开始，联队的全部火力都被用来封锁城墙，迫使中国守军隐蔽起来，然后工兵们冲进 70 英尺宽的护城河。一旦他们在河里形成了一条延伸到远处的人链，他们就举起梯子作为一座临时便桥，让第 3 大队的一个中队踩着梯子冲过河去，然后向城墙上的缺口发动进攻。[34]

炮火转换到近距离支援步兵，在城墙上的洞口周围设置了一道火力障碍，以阻止中国守军在攻击进入决定性阶段时进行干扰，同时日军士兵们爬上了几十英尺高的由炮火造成的砖石瓦砾斜坡。下午 5 点不到，日本人已经控制了城墙的西南段。中国守军发动了好几次反击，想把日军赶回去，但都无济于事。日军的这一行动锁住了南京城的命运。一旦没有了城墙保护，就再也没有其他任何东西可以用来拯救这座古老的城市及其人民了。[35]

＊　　＊　　＊

12月12日，曾因击落日本轰炸机而获得一笔奖金的中国军官沈咸，意识到了至今最清晰的迹象，那就是战斗即将结束了。他命令高射炮降低炮筒，直接瞄准地面上的敌人而不再是空中的敌机。这支一开始有47名官兵的炮兵部队，也开始遭受严重损失。在那个星期天早上，一枚飞来的手榴弹在附近爆炸了，造成一辆牵引车被炸毁，一名驾驶兵阵亡。在接下来的100个小时里，当沈咸和他的部下艰难地在这座垂死挣扎的首都里夺路逃离地狱的途中，将会有更多的死亡等着他们。

由于失败即将来临，越来越多的平民百姓跑到外国人控制的地区寻求安全保障，但即使在那里危险也仍然时常存在。当罗伯特·威尔逊医生在安全区内做一台手术时，几块弹片就差一点打中了他。[36]约翰·拉贝的家里每平方英尺都挤满了各个家庭，其中许多家庭还带来了自己的铺盖，就在露天席地过夜。有些人在他家的一面巨大的纳粹十字旗下寻求保护，认为这个位置特别"防弹"，因为随着东京和柏林之间不断发展的友谊，日本飞行员在对一块明显处于某种德国保护之下的地区实施侵害之前肯定会三思而后行的。[37]

在预期日本军队可能控制南京城之前的几个小时内，南京居民已经做好了准备。当务之急是要保存个人的性命。金陵女子文理学院附近的一个裁缝原本同意暂时保管一些中国国民党的宣传材料，但此时因害怕而不敢了。使他大大松了一口气的是，他被获准使用学院里的垃圾焚化炉来快速摆脱这些危险的

219

文件。学院里的教职人员还匆匆忙忙地把为中国士兵准备的衣服埋进地里。尽管这些衣服对平民来说是非常有帮助的，因为随着冬季来临，温度会骤降，但军服的颜色必然会引起日本人的怀疑。[38]

在已经被占领的中国领土上，日军的野蛮暴行引起了对受伤士兵可能的命运的强烈关注，这些伤兵很可能在敌人的魔爪中丧生。在南京还作为一个自由城市的最后几个小时内，当地医院的医务人员优先考虑的就是把尽可能多的受伤士兵运过长江去。12 月 12 日，医生们发现有一艘汽艇停泊在河岸上，船上的发动机显然出了故障。他们设法修复了这艘汽艇，在整个白天里，他们帮助把几百名伤员渡过了江。[39]

尽管如此，许多，也许是绝大多数受伤的士兵都留在了长江的南京一侧，对他们来说，医疗设施极其缺乏。在 12 月的头几天，国际红十字会收到一笔 5 万美元的款项用来设立军事医院。第一家这类医院是在国民政府外交部大楼内建立的。[40]

从一开始医院的条件就非常糟糕，特别是因为许多医生和护士宁愿选择逃离，也不愿在日本人手下碰运气。[41]一个德国来访者参观了设在外交部的医院后说，这是"中国（军队）的耻辱"，医院条件差得无法形容，伤兵们在那里躺上两三天都无人照顾。[42]

12 月 12 日一整天，南京市民耳朵里都充斥着连续不断的、令人心绪不宁的沉重轰炸声，同时还伴随着头顶上轰炸机的轰鸣声。[43]那天晚上，南京城南面的整个地平线都被火光映红了。[44]四面八方都传来了战斗的声音，并在日落后还仍然继续着。但半夜过后，枪炮的活跃程度有所下降。每隔几分钟，炮弹发出的沉闷的重击声仍然可以听到，但不清楚这声音来自何方。在大多数时候，一种怪异的沉默主宰着一切。仿佛这座巨大的城市在遭受最后攻击之前屏住了呼吸一样。[45]

*　　*　　*

12月12日上午11时，就在四十小时前刚刚发出严厉命令要为每一寸中国土地战斗到底的唐生智派人来见拉贝和安全区委员会的其他成员，他们带来了一项停战三天的新提议。从该提议的措辞上可以看出好像不是出于唐生智的手笔，而且提议中小心翼翼地避免使用"投降"一词。

拉贝认为"事情非常明显"，尽管唐生智夸下海口，实际上还是渴望安排一次停火，但他不想自己承担责任，希望将这个责任转交给国际委员会。"唐将军打算躲在我们身后，因为他预料到并且也害怕来自最高统帅和在武汉的外交部的严厉指责，"拉贝在他的日记中写道，"我非常不喜欢这样！"[46]

不过，也存在一种不同的可能性。唐生智可能是故意争取时间，因为他刚刚被告知，他守卫南京的时间可能需要比预期的时间长得多。尽管前一天蒋介石表示，他将能够理解和原谅放弃首都的决定，但是在12月12日，他再次改变了主意。在给唐生智的一封电报中，他对南京卫戍部队能够显著地延长坚守南京的时间表示乐观。

"当不惜任何牺牲，"蒋总司令写道，"以提高我国家与军队之地位与声誉，亦惟我革命转败为胜唯一之枢纽。"[47]蒋介石没有直接解释他从前一天所持态度的突然变化，但他有所暗示。"如能多守一日，即民族多加一层光彩，"他写道，"如能再守半月以上，则内外形势必一大变。"

现在依然不清楚蒋介石所指的究竟是什么大变化，但他此

221

番言论发表的时间表明，他再次将希望寄托在来自苏联的重要援助上。就在这同一天，谣言在武汉突然流传开来，说立法院院长孙科已经与苏联签订了一项协议。前外交部部长张群会见了德国大使陶德曼，并指出孙科确实于那个月初已经在前往莫斯科的路上了，但陶德曼的和平努力打断了他的旅程。张群没有试图隐瞒这样一个事实，即"在更广泛的阶层中，主要是在年轻一代中，人们的感情越来越倾向于苏联"，苏联已经被广泛认为是中国"最后的希望"。[48]

无论蒋介石是否因苏联突然大幅度增加援助的希望而振奋起来，唐生智不可能分享他的信念。不过，他也不可能公开地不同意他主子的看法，所以只能诉诸拖延战术，希望在三天停战结束之前，蒋介石可能再次改变主意。要求停战是一个冒险的赌博，很可能会以唐生智的职业生涯甚至是他的生命作为代价。因此，对他来说，重要的是要表明继续打仗的意愿。

这就是唐生智在他秘密接触拉贝接洽停战事宜的同时，还对他的部队中任何失败主义的迹象采取强硬路线的原因所在。当他一听说原主力部队第88师师长孙元良将军正率领 2000 名官兵从光华门撤往码头时，唐生智迅速做出反应。他派出第 36 师师长宋希濂去阻止孙元良的部队。当两支部队相遇时，很可能会导致自相残杀的冲突。幸好，第 88 师同意返回城门继续战斗。[49]

不管唐生智的计划究竟是什么，当天下午 3 点它就被废止了，因为唐生智收到了蒋介石发来的一封新电报，这一次是命令他全面撤退。停战已经没有必要了。唐生智派出一名军官去找拉贝，取消先前的提议。当然，他不能透露全军的撤离计划，而是找了一个借口，他解释道：不幸的是，由于日本人已经来到了南京城城门前，现在再来谈停火已经太迟。这一次提议的三天停火比在 12 月 9 日提出的那次更加短命。[50]

＊　　　＊　　　＊

有关中国军队开始撤出南京的谣言在许多部队中引发了恐慌。成千上万的士兵放弃了自己的阵地加入士兵和平民的人流，沿着城里主要街道缓慢地移动。人群似乎断定乘船离开南京是最好的赌注，到下午晚些时候，拥挤的人群从城里延伸几英里一直到下关码头。[51]

前往下关必须要经过挹江门。这道城门是一处相对现代的建筑物。在最近几十年里，这道城门一直作为坐船来到南京的客人的主要入口。12 月 12 日，这个主要的入口只打开了一半。如此大规模的人群都拥挤着试图通过这狭窄的瓶颈，无疑会造成极大的灾难。在城门口，那些不幸没有正好挤在城门前方的人承受了在他们身后几英里的人施加的压力。在密集的人群中，一旦被绊倒在地实际上就是被处以死刑。没有人在栽倒之后还能再次活着站起来，他们肯定会被不断涌来的惊恐万分的平民和士兵的潮流踩死。

在这毫无秩序的大撤退中，纪律已消失得无影无踪。军官失去了对部下的控制，士兵们开始互相打斗。首先是推撞，然后是互殴。卡车直接驶入人群，强行从中通过。坦克发出像史前野兽一般的吼声，从愤怒的群众中压过，沿路撞倒了许多人。有些士兵由于人群拥挤不动而气得发狂，开始随意对人群开枪射击。

有些消息来源还表明，第 36 师在挹江门附近的致命混乱中起了作用。"第 36 师的岗哨把机枪架在城墙前的掩体上并大喊'不要挤！你们再挤我们就要开枪了！'但是人们还是继续在拥挤。"一个中国参谋军官在他的回忆录中如此写道。[52] 根据李宗仁将军的回忆，他也是那个时候离开南京的，军队最终确实开了火。多年后他对采访者说道："这场内部屠杀造成了大量伤亡。"[53]

中国辎重部队营长郭歧率领一队摩托车穿行在令人难以置信的密集的人群中。他坐在第一辆摩托车旁边的车斗里。突然，摩托车手一头栽倒在车把上，一声不吭。一颗流弹击中了他。郭歧快速地靠过来抓住车把。在迫使摩托车停下来后，他很快把那个死去的士兵的尸体推到路边，然后继续前进。[54]

为了减轻挹江门的压力，有些部队被命令通过城墙东北角的太平门离开南京。当他们到达那里后，发现城门几乎完全被封住了。城门入口周围用沙袋堆起了厚厚的挡墙，只留下一个狭窄的缺口，大小每次只够让一个人通过。为了通过那里，巨大的人群中人们相互争斗着。即使是处于最好的秩序和有纪律的状态下，这么多人都要通过这道城门也需花费整个晚上和第二天大半天。而在如此混乱的状态下，至少要一个星期或更久。[55]

在那个一直到深夜还在城里不断发展的极度混乱中，来自广东省的年轻军官李益三完全迷失了方向。他独自一人在一个陌生的城市，没有人会说和他一样的语言。手无寸铁又几乎毫无战场经验的他，竭尽全力试图逃离一心要杀死他的敌人。虽然手上没有地图，但他仍然拼命地尝试找到一条出路。12 月 12 日和 13 日之间那个夜晚的南京，对他来说就像是一场无法醒来的噩梦。[56]

李益三在其中担任宣传官员的第 156 师这支部队已经开始

在混乱中从南京撤离，只留下了几名军官和士兵在后面尽可能地自己照顾自己。李益三听到一些士兵在谈论要混进安全区隐藏在平民中，但他自己还是宁愿找到一条出城的路线。在跟随大批人群沿着城里主要大道走了一段路之后，他突然如释重负一般听到了自己华南母语那熟悉流畅的音调。他加入了那群士兵，同他们一起脱离了较大的人流，朝东向着未知的未来走去。[57]

224

* * *

在下关附近的码头上，12 月 12 日发生了难以想象的混乱场面。大火沿着江边熊熊燃烧，有些是日本人的炮弹或炸弹造成的，其他的则是撤退中的中国士兵所执行的总体"焦土"战术的一部分。到岸边接送难民的小船一瞬间就挤满了人。当船只被推开时，船上总是挤得满满当当的，以至于有些乘客紧贴在船帮上一把没抓住就掉入冰冷的水中。只差几秒钟没赶上船的士兵会用枪对准那些船只，随意地射杀乘客或在船身上打出很多洞以至于船都沉入了水中，以此来发泄他们失望的愤怒。[58]

一些在船上找不到容身之处的绝望的人开始把他们能够找到的可以漂浮在水面的任何材料——一扇门、一截木头或任何可能不会下沉的东西——绑在一起做成筏子。这些临时做成的筏子很少能持续较长时间。有些一到水里就立刻翻了。还有些虽然能够在长江上漂一段距离，但不久就被江上的浪吞噬了。江面上只见一个个人头在水中起起伏伏，一个个挣扎着的身体缓慢地被水流裹挟着漂向下游。从那些绝望和垂死的人群中发出的令人无法忍受的哭号声，折磨着站在岸上的人。

一条脆弱的小木船驶入河里，但几乎立刻就开始下沉了。在那些在劫难逃的乘客中，有一个人特别吸引了那些还在岸上的人的注意。她是一个年轻漂亮的女人，衣着华丽还化着妆，更突出了她的美丽。她的一只手抓住一块木头，另一只手捏着她那奢侈的手袋，她愿意用她的一切来交换一个活命的机会。"请救救我，"她哭喊着，目光没有专门对准某一个人，"你可以拿走我的首饰和 1 万美元。我会嫁给你的。"然而很快她便消失在水面下了。

对大多数士兵来说，要找到一个渡过长江的方法是极其困难的。对于装甲兵团的军官刘树芄来说，这就更加是完全不可能的了，因为他还要负责一队装甲车辆。他们如何去找到足够大的船来把这些沉重的货物运过长江呢？天黑之后，他的一些下属认为他们已经找到了解决方案。他们接管了一艘经过码头的小火轮。小火轮拖着几艘驳船，听从他们的指挥一起靠近了码头。[59]

起初，刘树芄和他的部下试图将装甲车驶上驳船，但装甲车太重了，导致驳船摇摇晃晃，非常危险。然后，他们得出结论，装甲车必须留下，但至少他们可以尝试挽救一些属于该团的较轻的卡车。结果证明这些卡车也太重了。最后，他们决定把所有的车辆都遗弃在码头上，然后讨论转向了该如何处置这些车辆。有些人提出破坏汽车，而另外有些人则主张在车上设下饵雷，即把手榴弹安置在马达下面，只要一发动马达，手榴弹便可爆炸。他们最终决定采用后一种方式。

当士兵们丢下车辆正要乘坐驳船离开时，其中四个人，两个驾驶兵和两个坦克兵，来到刘树芄面前，告诉他说他们想留下来。其中一个说道："我们四人决计留在这里打日本鬼子。"

刘树芄回应说："上面给我们的命令是去浦口后方。""不行，"他们坚持道，同时指着城墙的方向，"我们是打日本鬼子的，敌人已经到了面前。"他们认为，至少应该尝试与敌人打一仗，否则不应该谈论撤退。"我们的战车上还有武器，"另一个坦克兵说道，"与其破坏掉，不如和日本鬼子干一场。"

"我不能命令你做什么，"刘树芄说道，他不是他们的直接上级，"你们的排长呢？你去请示你们排长一下。"刘树芄想要说服他们撤离，但两个司机看起来有些不耐烦了。"我们自己负责，我们走了。""好吧，"刘树芄答应说，"你们选好武器，带足弹药，主要任务是尽快破坏车辆。"他还命令拨给他们足够十天的食物。这几名士兵抓住他们的步枪，从驳船上跳下来，然后消失在黑暗中。刘树芄再也没有听说过他们，他们的名字将列入在保卫南京的战斗中失踪，很可能阵亡了的人员的长长名单之中。

*　　*　　*

亚洲农民自古以来就使用农历。几千年来，他们的生活是由月相来决定的，以至于了解地球最亲密伴侣的行为成为他们的第二天性。在 12 月 12 日和 13 日之间的那个夜晚，这种知识突然对日本第 6 师团第 13 联队的士兵变得非常有用。根据农历，这天晚上是农历十一月初十和十一之间的夜晚。他们准确地知道月亮将会变成什么样。月亮会在午夜之前非常明亮，但不久之后就会躲藏起来。从亮如白昼突然变成漆黑一团——这样的夜晚将非常适合发动进攻。[60]

一群日军士兵被挑选出来实施突袭，成员只有少数几个人，他们的装备精简到只剩下最基本的几件：步枪、刺刀和头盔。任何在夜间会发出金属声响的器具都不能携带，以免被中国守军发现即将发生的攻击。然后，他们偷偷地向城墙移动，随身带着用三副竹梯绑在一起的长梯，长度足以够到城墙顶部。他们一格一格爬上梯子，仍然确保不会发出一点儿声响，不让警觉的中国哨兵发现他们的阴谋。一切都取决于他们是否被发现。否则，只要往城墙下扔几枚手榴弹就足以立刻阻止这次进攻。

终于他们未被发现就到达了顶部，然后立即成扇形散开。在城墙高处站岗的中国士兵看到了迅速扑近的黑影并开了火，但已经太迟了，他们挡不住日军的攻击。紧接着发生了一场短兵相接的战斗。大多数日本士兵因为挨得太近，无法使用步枪，就只能立即使用刺刀。不知所措的守军被驱退了，这支成功的突击队伍设置了一道防线，然后等待墙外的增援。

他们不必等待很长时间。沿着第 6 师团整个前线的大规模进攻在 12 月 13 日黎明时分开始了。日军集中炮火轰击城墙上很窄的一段，从下到上逐步展开。炮弹一点一点地将碎石堆成了一个斜坡，士兵们可以利用这个斜坡来爬上城墙。日军飞机也被召来实施一次短暂的空袭，在飞机削弱了剩下的抵抗力之后，一群士兵冲上斜坡。在其他日本兵提供的火力保护下，他们爬完了最后一段距离到达城墙顶部，然后放下一副绳梯。几分钟之内，其他 40 个日本士兵加入了他们。到上午 10 点 30分，城墙上飘扬起了旭日旗。[61]

当日本侵略者到达城墙顶部时，一个可怕的景象在等待着227 他们。远处是几天来炮火轰击的结果。许多房子被夷为平地，有的则还在燃烧。然后，到处都是尸体。血流成河，其中漂着的尸体有些没了脑袋，要不就是五脏六腑流得到处都是。遍地都是无法辨认的人肉碎屑。[62]

随着蒋介石放弃城市的命令逐级下达，不论是直接或是间接，守卫在南京周围城墙上的部队全都开始加快了他们的一切行动速度。沿着前线，日军以小组方式向前推进，有时也有单独行动。在中山门附近，第9师团第7联队一个名叫平本渥的士兵，利用在炮击期间坍塌的一个地方，在12月13日凌晨爬上了城墙。他从他的由家乡两个邻里居民捐赠的背包里掏出了一面日本国旗，与另外两个士兵一起到达了距离城门800英尺的城墙顶部。

他们谨慎地向城门移动，但没有看到任何活动迹象，不论是中国人或是日本人。他们进入了一个似乎是警卫室的地方。里面烟雾太浓，他们简直不能呼吸，但烟是从厨房里的炉火冒出来的。炉子上有一口锅烧开了，正在沸腾。锅里炖着红薯、胡萝卜和白萝卜。不久之前，还有人在这里做饭。三个日本士兵没有再去麻烦自己做进一步的检查。好几天没有吃过一顿像样的饭了，他们的优先事项非常直接。他们一屁股坐了下来，马上用热乎乎的食物来填饱自己的肚子。[63]

* * *

到12月13日上午晚些时候，所有进入南京城的主要入口都被日本人占领了，其中包括西南方向的中华门，南面的光华门，以及东面的中山门。当日本士兵登上城墙顶部时，引起他们注意的第一件事就是眼前的一切都与他们的期望太不相同了。在他们的想象中，这是一个人口稠密的大城市，但相反的是城墙旁边的地区全是一块一块的农地，看上去就是一片乡村景象。引起日本人注意的第二件事是完全见不到人。

日军士兵小心翼翼地向他们刚刚攻克的城市前进，手上端着上好了刺刀的步枪随时准备射击。然而，能听见的枪声很少。[64]日军第 23 联队的一个士兵，脱离了他的小组，警惕地慢慢穿过无人的街道，当他在一个转角拐弯时，突然发现自己面前站着一个中国士兵。他们沉默着彼此盯着对方，然后慢慢地向后倒退，直到他们都到达一个拐角。然后他们各自跳到一边，彼此都看不见了。[65]

几个星期以来，日军士兵一直在担心死亡和伤害，一旦危险减弱了，他们又陷入了一种麻木状态。第 23 联队的另一个士兵被命令守在市中心附近的一个路障旁，要求所有经过的车辆停车接受检查。很快，一辆民用汽车驶过来了。这个士兵站在路中间，用他的步枪指着它，汽车放慢了速度。这个士兵站到一旁，准备搜查这辆车，这时司机突然加速，转眼车子就不见了。令他遗憾的是，这个日本士兵在车轮驶过的一刹那看到了一名中国高级军官的徽章。[66]

在中山门附近享用了一顿热餐的士兵平本渥，同他的部队一起也进入了南京城，他们来到一栋外表像办公楼的建筑物前。这里原来是外交部。门口站着两个严厉的身着制服的中国警卫。其中一个身材高大得像个巨人，似乎要伸手去拔他的佩枪，这时一个日本士兵用上了刺刀的步枪顶在他的胸口上。这个中国人放弃了他可能考虑过的任何抵抗。[67]

在外交部的一个大院子里，有人曾仓促地在这里烧过文件，多年积累下来的机密材料都被化为灰烬。这里再也不是一个国家对外交往的总部，它已经变成了一所临时医院。死者和伤者在车道上肩并肩躺着，房间里面的地板上也都挤满了受伤的士兵，有些濒临死亡，瘦骨嶙峋，没有水喝。一辆手推车上堆着一大团胡乱缠着布条的东西，看上去像是一个受了重伤的人体。一双伸出的脚在抽搐着，表明这个人还没断气。[68]

对南京大多数平民来说，与这座城市新来的统治者的初次会面是平静无事的。从潮水般地涌进城墙到进入南京市的城区，日本人花了好几个小时的时间。直到正午时分，南京居民才看到第一批日本人，6~12人一组，行进在城里南部的街道上。最初，许多人遇到征服者时还松了一口气，并希望能得到他们的公平对待。[69]他们的希望受到了日本飞机的鼓舞，这些飞机往城里散发了传单，向居民保证会得到人道待遇。[70]

明妮·魏特琳与占领军的第一次遭遇是一个可能来偷食物的小偷。一个日本士兵进入了金陵女子文理学院的家禽实验场。"他来了，因为听见鹅叫声他才来的。"62岁的程瑞芳老师在她的日记中写道。[71]魏特琳被召唤到现场，借助于手势，告诉他这些家禽不供出售，之后他就离开了。"碰巧他是一个有礼貌的人。"魏特琳如此写道。[72]

229

＊　＊　＊

12月13日是南京沦陷的日子，但这座城市的街道上仍然充斥着疯狂地寻找逃脱出路的中国士兵。许多人渴望摆脱他们的军服，乞求还留在城里的居民给换一身便衣。一大群数百名士兵拥挤在南京南部的几条著名街道上，南京的裁缝店主要都集中在这里。现成的便服卖得像"煎饼"一样火。大街上到处散落着丢弃的军服和装备。沿着去下关的路上，全是一堆堆遗弃的军服和装备。司机们开车要特别小心，不能压到衣服堆上，生怕可能会撞上手榴弹而引发爆炸。[73]

令人担忧的是，在安全区内也有成堆的军服，这会使人怀疑有大量士兵也在那里寻求避难。[74] 安全区管理人员最大的恐惧是中国士兵会全副武装地进入，因为这几乎肯定会遭到日本人的猛烈射击。为了防止这种情况发生，拉贝和他的同事在 12 月 13 日花了大半天时间，坐在一辆汽车上沿安全区外的街道巡逻，鼓励他们所见到的士兵放下武器。[75]

下午，他们与另一辆由金陵大学教授查尔斯·里格斯驾驶的外国人拥有的汽车一道，带领一群解除了武装的士兵穿过一些道路到安全区内金陵大学法学院去。"他们拥抱那辆车！"拉贝的同伴之一、美国教师刘易斯·斯迈思写道。他们发现这群士兵中仍然有人携带着武器，于是便说服他们解除武装。这个场面被一个骑着马靠近他们的中国军官打断了。他不同意眼前见到的做法，便拿着一支卡宾枪向空中开火。有一个外国人上前夺下了他的枪。[76]

230　　解除中国士兵武装的努力后来成了许多当年留在南京的外国人士挥之不去的噩梦。"我告诉他们日本人会宽恕他们性命的，这是多么愚蠢啊！"美国传教士费吴生（George Fitch）写道，他也是南京基督教青年会的领导人，"我们从未想到过，我们竟然会看到在现代世界上无人能及的这种残暴和野蛮。"[77]

随着中国军事领导层的崩溃，小股中国士兵在试图寻找办法从南京撤离时只能完全依靠自己。这天早些时候，负责一个防空高炮连的年轻军官沈咸接到了一道简单的命令："炸毁高射炮，率领弟兄到浦口集合！"这对他们来说是一件很艰难的事情，自从在上海打仗以来，他们一直在用自己的生命保护着这些高射炮。当沈咸把炮筒炸毁时，眼泪忍不住从他的眼眶里往下流。[78]

沈咸的士兵人数超过三十，他们准备登上原先用于牵引高射炮的车辆，希望能够通过挹江门去下关的码头。但他们还没有走多远就中了日军的埋伏，一个排长和八个士兵被杀害了。接着他们只能靠步行继续前进，此时他们的装备也减到了最低程度。除每个军官都有一支毛瑟手枪外，士兵们只有两支卡宾枪。他们的目的是设法到达长江的岸边，一路上要尽量避免碰到敌人。

就在他们艰难地穿过一条条街道时，他们的人数也在逐渐减少，士兵们一个接一个地倒下了，剩下的人断定他们只能靠自己来碰运气。到下午时，剩下的官兵已经不足二十人了。当他们几乎快要到达长江边时，一个中国平民拦住了他们，报告说有六个日本士兵正在杀害附近的平民。他们立刻绕道前往相救。一阵短暂、猛烈的交火之后，所有的日本人都被击毙了，但沈咸的士兵也阵亡了两个。他们的出手确实救了不少中国人的生命，但也造成了相当大的耽搁。到傍晚时，他们还是没有到达长江边。

与此同时，那位在大城市中迷失方向到处乱碰乱撞的年轻军官李益三，也跟随着他的操中国南方话的同伴到了南京城东北边的太平门。就在前一天，这道门还几乎被堆积的沙袋完全封住，但现在有些沙袋已经被挪开，以便使通行更加容易。经过一番拥挤之后，李益三终于来到了城外。虽然不知道要往哪里去，他还是继续往前走。他本能地跟随着其他士兵沿着一条乡间道路走着。路面上每隔 100 码左右就有一小堆米，这是一种简单的有地雷的警告。[79]

他们进入了丘陵地带——紫金山的山脚下。突然间，一阵机枪齐射撕裂了沉默。一小队日本兵一直埋伏在那里等着他们。李益三周围的士兵朝枪声响的方向冲去，纯粹是靠人数多

231

他们才打败了日本兵，把后者全杀死了。"哇，打个胜仗这么容易吗？"李益三问周围的士兵。突然，仿佛是给予回答一样，他听到一声呼啸声从他的左耳边掠过去，然后爆炸了。

在几百英尺外的另一个阵地上，日军用迫击炮向他们射击。似乎日本人企图将撤退中的中国人引入紫金山附近山峦之间的狭窄山谷内，然后用几挺分布得很有策略的机枪来全歼他们。李益三开始意识到，南京郊外的乡村可能和城市本身一样危险。他还意识到，他身上穿的军官长大衣泄露了他的身份，使他成为日本狙击手的一个重要目标。尽管天气寒冷，他还是赶紧脱掉了大衣，然后跟大家继续前进，去寻找另一条路线来逃避紫金山附近的死亡陷阱。

那天晚些时候，他们经过一个地方，似乎此地新近发生过一场战斗。地面上躺着几具尸体，其中一个还没有断气。这个伤势严重的士兵呻吟着，从他吐出的几个词中，李益三可以听懂他是来自中国南方的某个省份，李益三自己也是那里出生的。这个垂死的士兵眼睛盯着李益三，似乎是在用目光恳求他再补一枪以让自己彻底摆脱痛苦。李益三不忍下手。他也没有武器。难道他该用他的双手去……？李益三再也无法忍受。他转过身，背对着这个恐怖场景，跑了开去。

* * *

美国海军亚洲舰队的军官们在 12 月 12 日至 13 日之间的那个夜间深深担心着"班乃岛"号的命运。12 月 12 日下午 1点 35 分，这艘炮艇上的无线电在发送一篇电文中间停止了传送。所有随后的通过无线电联系这艘船的努力都未成功。接着日本人轰炸了停泊在长江芜湖港口的英国皇家海军舰船，其中

包括一周前已被日军轰炸过的皇家海军"瓢虫"号。这更加 232
加深了他们对"班乃岛"号的担忧。[80]

有关美国海军"班乃岛"号的船员和乘客的消息是在12月13日早晨才为外部世界所知晓的，当时一个意想不到的电话打到了圣公会传教士哈里·B. 泰勒家里。泰勒是弗吉尼亚人，他和家人住在安庆市，距南京150英里。电话另一端是美国驻华使馆二秘乔治·艾切森。艾切森之前已经在"班乃岛"号船上，他此时打电话通知泰勒"班乃岛"号被炸，而且有伤亡。艾切森之所以打电话给泰勒，是因为传教士是中国乡村中唯一可以通过电话联系到的人。几个小时后，美国海军"瓦胡岛"号，"班乃岛"号的姊妹船，就已经在前往攻击事件发生地的路上了。[81]

美国亚洲舰队司令哈里·E. 雅内尔上将对日本袭击的报道做出了激烈的反应，取消了美国军舰"奥古斯塔"号巡洋舰离开上海前往马尼拉的行程。"美国海军舰只留在中国水域是为了保护美国公民，只要有存在的必要性，它们将一直留在这里。"上将如此声明道。[82]美国总统富兰克林·罗斯福在一封电报中表明他对此事件"深感震惊"，这封电报他坚持要直接交给天皇裕仁。[83]

日本官员们立即表示道歉——大量的道歉。12月13日下午，日本海军大臣发表了一篇文告，表达了他对"这次不幸事件的真诚遗憾"。[84]同日晚些时候，日本驻华盛顿大使把这次袭击描述为"一个非常严重的失误"。[85]为之动容的外交大臣广田弘毅亲自造访了美国大使约瑟夫·格鲁。"我无法告诉你我们对此的感觉有多么糟糕。"他对美国使节说道。[86]

日本战地指挥官则远远谈不上有什么懊悔。他们的炮火还瞄准过南京以外长江上的皇家海军"金龟子"号和皇家海军"蟋蟀"号，当时在芜湖的高级军官桥本欣五郎大佐接到投诉，指出这几艘舰艇都悬挂着英国国旗，他立即回答说："我不认识任何其他国家的国旗，除了我自己国家的旗帜之外。"[87]他还被指控给他的部队下达命令，向长江上所有船只射击，"不论国籍"。[88]

233　　美国海军"班乃岛"号的沉没在美国报纸上引发了轩然大波，这起事件更加拉近了美国公众和中国抗战的距离，任何先前的事件都不能与之相比。这一事件也成为美国参议院长时间辩论的主题，尽管它也被孤立主义者抓住作为可能使美国在海外牵扯上不必要的承诺的一个小事件的例子。一位作者指出："可能从来没有哪一项战争罪比攻击'班乃岛'号更加详细地记录在案。"[89]

　　美国大使格鲁非常紧张。他是一位具有历史意识的外交官，他联想起早先的类似事件，如 1898 年美国海军"缅因"号被击沉，这是美西战争背后的一个重要因素。他还想起了英国远洋客轮皇家邮轮"卢西塔尼亚"号，它被一艘德国 U 型潜艇在 1915 年用鱼雷击沉。此举造成了 1000 多名旅客和船员的死亡，其中包括许多美国人，使得美国公众舆论决定性地一致反对德国。[90]大使在他的日记中透露，他"已经开始计划收拾行装的细节，以防我们不得不卷铺盖走人"。[91]

　　最终，危机减弱了。通过召回南京附近的空中作战指挥官，东京解决了好战的野战指挥官的问题，同时也支付了大额赔偿金，于是这一事件很快就被遗忘了。[92]有一箱金陵女子文理学院的贵重物品也在"班乃岛"号船上，包括属于学院院长的婚礼银器，一个月后，当俄国潜水员打捞出这些物品时，美国公众的注意力已经转向了其他事情。[93]而当格鲁大使不得不真的卷铺盖离开时，已经是四年之后了。

＊　＊　＊

在要求手下军官共同签署一封表示支持撤退决定的决议文件之后，陈颐鼎旅长开始率领他的部队在 12 月 13 日黎明前撤离光华门附近的地区。在前往下关的路上，他数次停下来探望属下几十个受了伤的士兵，伤兵们被安置在设于一个古老墓地的一所临时医院内。他们因伤势太重无法参加撤退，陈颐鼎对他们说了几句好意鼓励的话之后，不得不离开他们。他不可能知道，仅仅几天之后他们就全都死了，被日本人杀死在他们的病床上。[94]

陈颐鼎到达下关时，时间已近中午，等待着他的却只有坏消息。他们的师长带着参谋长在前一天下午就已经渡过了长江。此时，他只能依靠自己。面对着江边的一片混乱，不需要多长时间他就明白在那里他完全无能为力。他决定沿着江边走下去，希望能为他和他的士兵找个地方躲几天，然后再找条路离开交战地带。下午 3 点多，他们到达了燕子矶，这是一处风景名胜，以其直入长江的陡峭悬崖而闻名。

陈颐鼎注意到，他身后有大量士兵追随着他，超过了3000 人，而且不再是只有自己部队的士兵。他认为这可能是因为他穿的是将军军服，尽管战争变幻莫测，但他的军装仍然十分洁净，使他更具有权威的风度。不管怎样，他觉得有担负起领导他们的责任。陈颐鼎决定让他们先在悬崖的阴影下休息，并派出一部分战士去山上警戒。他们还没有休息多长时间，突然就爆发出一阵枪声，很明显，警戒部队与进攻的日军

234

打起来了。很快，来自其他部队的士兵就朝四面八方逃散了。原来这就是我的权力范围呀，陈颐鼎无奈地想道。

形势日益严峻。日本人能够在任何时候击败抵抗力量，并消灭江边的中国士兵。陈颐鼎不想当俘虏，就准备掏出手枪，这时他的两个卫士把他拽到江里，扶他爬上一块准备用来横渡长江的原始木筏。其他人也跳上这块木筏，结果木筏很快就开始下沉。在这最后一刻，漂来了一艘小船，由一个男人控制着，上面还有一辆自行车。"我们有个旅长在这里！"有些士兵大声叫喊道。船上的那人欣然把自行车掀入水中，把陈颐鼎拉上了船。与那一天许许多多其他人的命运不同的是，他终于到达了长江的另一边。[95]

陈颐鼎很幸运，因为日本人很快就会把他们从在上海开始的进攻中所形成的恶名淋漓尽致地发挥出来。有些人比别人更早一点就认识到这个可怕的事实。12月13日下午，数百名中国士兵出现在安全区的北端。负责管理安全区的委员会说，他们帮不了这些士兵。委员会试图宽慰他们，说如果他们放下武器，并承诺不再打仗，日本人很可能会给予他们"仁慈的对待"。这显然是太乐观了。[96]当天晚些时候，日本军队闯进了安全区，拖出了200名中国男子，大多是士兵，押到城外残忍地枪杀了。[97]

235　　同样是在12月13日，日本士兵开始沿着长江江岸上下巡逻，朝江中漂向下游的任何人和任何物体射击。他们的伙伴站在江中的海军舰艇上，朝他们喝彩，每次子弹打中了一个漂在水中的无助的受害者时，他们就会鼓掌欢呼。[98]连平民也难以幸免。在战斗快结束的时候，拉贝在南京市中心转了一圈，他看到每隔100或200码就有死去的男人和女人。他们中大多数人的背部都有弹孔。[99]

　　当夜幕降临到 12 月 13 日的南京城上空时，整个城市"没有灯，没有水，没有电话，没有电报，没有报纸，没有广播"，明妮·魏特琳在她的日记中写道。随着日本军队有效地控制了南京城，有三个危险不再像以前那样迫在眉睫，趁乱打劫的士兵的危险——这也许是她所认为的——以及空袭的危险和炮击的危险。"但是，"她不安地补充道，"第四个危险仍然在我们面前——我们的命运掌握在打了胜仗的军队手中。"[100]

第九章 恐怖

1937 年 12 月 14 日至 1938 年 1 月下旬

　　长长的一列中国男子行进在南京的街道上。足足有好几百人，他们面临着即将被处死的命运。仿佛是为了嘲弄他们，他们还被迫扛着一面很大的日本国旗——象征着他们的死亡是以这个帝国的名义执行的。两三个日本兵押送着他们，把他们驱赶到一块空地上去。"在那里，他们一批批被残酷地枪杀了，"美国记者阿奇博尔德·斯蒂尔（Archibald Steele）写道，他目睹了那个可怕的场景，"一个日本兵站在越来越多的尸体上，用步枪向每一具还在抽搐的尸体不断发射子弹。"[1]

　　南京城刚一沦陷，杀戮就开始了。打了胜仗的日本人成扇形展开进入城里的大街小巷寻找猎物。那些不幸被抓的中国人或者被当场打死，或者被拖到更大的杀戮场地，与其他俘虏一起去面对可怕的噩运。一开始，日本人到处搜捕当过兵的人，不管是真的当过兵的还是在他们眼里认为像是当过兵的；但很快，就在几个小时内，受害者的范围就扩大到所有类别的人，不论性别或年龄。日军占领南京还没满一天，南京城中心的街道上就已经到处都趴着平民的尸体，差不多每个街区都至少有一具。[2]手无寸铁的无辜平民在暴力的狂欢中被杀害、折磨和侮辱，这场野蛮的狂欢整整持续了恐怖的六个星期。

　　在遭受失败的时候，南京似乎被怪异地抛弃了。家家房门紧闭还顶上了门闩。公共汽车和小轿车被推翻在街上。以前在城市生活中无处不在的黄包车也已经不见了踪影。[3]然而，还有成千上万的人留在城里，躲在室内。旗帜是城里换了新主人的最直接标志。12 月 14 日早晨，全城的私人住宅、商业企业和公共建筑前面都升起了旭日旗。绝大多数都制作得很粗糙，只是在一块白色的布上再贴上一块红布而已。这是一种沉默的请求，希望得到宽容相待，但这种请求大多是徒劳的。[4]

很快，许多令人震惊的对恐怖暴力的描述开始流传开来了。当日本人进入一家理发店时，八个在店里的人中有七个被杀，唯一幸存的理发师被送到了医院，他被日军刺伤，脑袋几乎被割下，脖子后面一直到脊椎管所有的肌肉都被切断了。[5]一个受伤的战俘仅是抱怨他没有得到足够的食物，就被无情地痛打了一顿。然后他问自己是不是因为饥饿而遭到殴打时，他又被拖到一边，用刺刀刺死了。[6]一个女人的喉咙被割开了一半。有一个孕妇的肚子被刺了一刀，以至于她那还未出生的孩子也被杀死了。[7]一个男人看到他的妻子被刺刀刺穿了心脏，然后他的小孩子又被从窗户往外扔到好几层楼下面的街道上。[8]

最终，因这类单独的恐怖事件实在太多，已经无法把它们当作孤立的暴行而简单地忽视了。此外，大规模的杀戮也每天都在发生着，大多数是针对年轻健壮的男人，日本人似乎是在试图削弱南京并使其丧失未来的任何抵抗手段。"这个已经解除了武装的士兵的问题是我们在头三天里遇到的最严重问题，"美国教师刘易斯·斯迈思悲痛地写道，"但这个问题很快就被解决了，因为日本人把他们所有人都枪杀了。"[9]

12 月 15 日晚间，日本人从安全区围捕了 1300 名已经放下了武器的士兵。他们被捆在一起，100 人左右一群。然后就都被带走了，他们中没有传出一声啜泣声。有一群被允许搭乘一艘日本炮艇离开南京的外国人偶然成了接下来的屠杀的见证人。在等候船只时，这些外国人沿着江边走了一段，无意中撞见了这个大规模屠杀的场面。日本人一个接一个地在这些士兵的脖子后面开枪把他们全部射杀了。"我们看到大约 100 个士兵就这样被处决了，这时一个负责的日本军官注意到我们，就马上命令我们立即离开。"一个外国人后来如此写道。[10]

238　　但不是所有的屠杀都是事先冷酷地安排好的结果。有不少屠杀就发生在现场，没有任何预先计划。有这样一个例子，一群日本兵正押着两列战俘沿着一条路向长江走去。俘虏们都被绑在同一根绳子上，防范非常严格。每隔两三码就有一个日本兵用刺刀对着步履艰难地走着的中国人。突然，一个俘虏滑倒了，因为他们都是被绑在一起的，所以在他前面和在他身后的两个人都被他拖倒了。很快，整列队伍都摔倒在地，他们挣扎着站起来。日本警卫立刻失去了耐心，开始用刺刀刺入那些无助的俘虏的身体内，日本人连续不断地往不停扭动的俘虏身上刺杀，鲜血四溅，直到没有一个活口。[11]

日本人越来越频繁地把被他们杀害的受害人的尸体遗弃在现场。街道上的尸体逐渐堆积起来，暴露在大庭广众之下。一个德国人在 12 月中旬乘汽车去下关，他的车几乎是行驶在尸体之上。[12]有些尸体被流浪狗吃掉了。反过来，这些狗又被饥饿的人吃掉了。[13]饮用水也变得不再安全。当安全区的工人开始清理池塘时，他们发现许多池塘里都塞满了尸体。有一口池塘里塞了 30 个死了的中国人，大多数都是手被绑在背后。[14]

在其他情况下，日本人会把被他们用机枪或刺刀杀死的受害者的尸体收拢在一起，堆成一大堆再浇上煤油，然后点火烧掉。斯蒂尔在 12 月 17 日的《芝加哥每日新闻报》上写道："我在北门看到一堆可怕的乱七八糟的东西，那里曾经有 200

个人，而现在则是一大堆还在冒着烟的肉体和骨头"。[15]在被日本人放火烧死的人中偶尔也有侥幸逃脱的。有一个幸存者就设法从其中一个火葬堆里逃了出来，然后返回到安全区，"他的脖子和脑袋被火烧得非常可怕，人们几乎不敢相信他是一个人。"[16]

＊　　＊　　＊

就在日本人还没有完全控制南京的短暂时期内，这个城市原先的守卫者疯狂地试图在最后的关键时刻逃离厄运。蒋介石的军队被击败了，那些败兵或者是单个地，或者是成群地，想方设法在敌人的战线上寻找漏洞，他们充分认识到，他们的生死取决于他们是否能够成功逃脱。几个月来的战斗教会了他们如果被抓获就不要指望日本人会发善心。确实，过去的经历给了他们充分的理由相信，一旦落在日本人手中，死得快还算是走运。

曾经在南京城城墙上负责一支防空部队的军官沈咸，在 239 12月14日黎明前花了好几个小时，在混乱中摸索着穿过散乱的火光映照下的街道，试图从战斗的声音中判明方向，决定下一步怎么走。首先，他和他的部下希望通过下关逃走，但发现码头地带已经被日本人占据了。他们又按原路折回，来到了市中心。在这里，他们遇到了成堆的尸体，这是大屠杀的第一批受害者。12月15日日出之前，经过近二十四小时漫无目的的东碰西撞，他们进入一个部分遭到遗弃的大学校园里去藏身。[17]

他们决定白天都待在校园里，因为校园外的街道上日本兵无处不在。第二天晚上，他们又试图找到一条出城的路，但不断发现日本巡逻队挡住了他们的去路。在黑暗中，沈咸的士兵又失散了几个。最终，他们设法偷偷地溜出了城，并在一个被遗弃的村庄里找到了一处临时的藏身之地。12 月 16 日晚，他们发现了一条弃船，最终成功地横渡了长江。在饱受战争蹂躏的南京城内他们整整用了三天时间来寻找逃亡之路，其间，沈咸的全部人马从三十多人一直减少到了只剩下两个军官和一个士兵。在那些不见了的士兵中，有的是在路上走失的，更多的是被枪杀的。[18]

也有其他人通过完全不同的路径逃离了南京。12 月 14 日上午，来自第 156 师的年轻军官李益三仍然还难以忘怀他所遇到的要求他帮助早点结束痛苦的那个垂死的士兵。他与其他被打散的士兵一起，在乡村农地里穿行，小心翼翼地尽量避开大路，因为在大路上不时有日军装甲车辆飞驰而过，车上的机枪随时准备对邻近野地里发现的任何可疑动静开枪射击。李益三他们经过了一个又一个在燃烧着的村庄。在许多村庄里，曾经居住在那里的人被打死后，没有被埋葬的尸体横七竖八地躺在地上，正在腐烂。[19]

最后，他们到达了一个叫墓东的村庄，大约在句容以南 10 英里。让他们非常惊讶的是，中国部队在这里的军事活动很频繁。士兵们大多来自第 66 军，和李益三一样，都是中国南方人。整个村庄已经变成了很大一个容留撤退下来的散兵的收容中心。被打散的部队都被引导到这个地点，然后被送往中国的南部。主管收容工作的军官是第 66 军参谋处的一个高级参谋。"有些从南京突围出城的士兵会有办法逃往南方，但其他人不一定有，"这个军官说，"你是不能对他们坐视不管，见死不救的。"

像这样幸运的个别人成功逃脱的故事，可能有成百或数千个。在极少数例子中，也有成建制的师级规模的部队成功地偷偷越过了日军的封锁线进入安全地带。就这样的一些部队来说，比如第 156 师，他们都是事先细心地制订了计划，详细指明了离开南京后要走的路线。有些士兵和军官就按照这条路线，经过三天的艰苦跋涉，躲避了日本的巡逻兵，最终来到了南京南面的宁国。[20]

这些都是单独的例子。绝大多数来自被打败的中国部队的士兵往往更容易被日军俘获。蒋介石的一些最精锐的部队几乎被彻底消灭了。第 88 师只有 1000 名士兵安全地渡过长江逃离南京，教导总队也只有 1000 名士兵逃脱了，第 87 师则只有 300 人活了下来。[21]即使对于第 156 师这样的部队而言，他们制订的逃生计划也只是对那些听说过这个计划的人有用。当失败迫在眉睫时，他们的计划传达得非常匆忙，听到风声的人全凭偶然的机会。许多人从未获悉，因此被困在已经成为死亡陷阱的南京城中。

* 　* 　*

有一天，日本人出现在南京安全区的学校中，他们知道有大量难民躲在这些学校里。他们要求所有当过兵的人往前走出队列，保证他们将以干活换取安全。许多人就照着做了，他们以为长时间的躲藏终于结束了。他们被带到一间空房子里，在那里他们被剥光，然后每五个人捆在一起。外面已经烧起了一堆大火。随后日军用刺刀刺他们，还没等他们咽气，就把他们扔到火堆上去。只有几个人设法逃脱了，才把他们那令人毛骨悚然的经历告诉了别人。[22]

　　日本人知道，有许多中国士兵躲藏在南京城里，穿着和当地人一样的衣服。堆积在大街上的大量军服和武器装备就证明了这一点。因此，在接管南京几个小时后，日军就开始系统地搜查中国士兵。安全区也不能获得豁免权，因为日本军队怀疑中国士兵逃进了安全区。12 月 16 日金陵女子文理学院也被日军光顾了，尽管学院教工采取了一项政策，除了为非常老的居民保留的一间餐厅之外，不接受任何人来访。日军士兵带来了斧头，有些门只要稍微开得慢一些，就会被砸破。日军用六挺机枪对准校园，只要看到有人试图逃离校园就会随时开火。但是，日军士兵们没有任何发现。[23]

　　在其他情况下，当他们确实找到服兵役年龄的年轻人时，他们就把这些年轻人排成一行，在他们身上寻找各种标记特点，如是否留平头，头上是否有戴过钢盔的印记，或肩膀上是否有扛过步枪留下的水泡等。[24]通过检查一个人的手是否有经常使用挖战壕工具留下的印记来判断某人是否当过兵，这种方法只能导致许多从来没有服过兵役只是从事过艰苦的体力劳动而留下了老茧的人被抓捕。"黄包车车夫、木匠和其他工人常常被抓走。"南京基督教青年会的主席费吴生如此写道。[25]

　　日本人也想出了一些更狡猾的方法来鉴别当过兵的人。在一次搜查安全区内的一个营地时，他们没有多少运气能从大约6000 个已经放弃了希望的男人和妇女中找出当过兵的人。就在离开之前，他们突然要了一个花招。"立正！"有人用完美的中文叫了一句口令。那些年轻人中曾经当过兵的，经过几个月或几年的训练已经形成了条件反射，身体不由自主地动了起来，即使他们中的大多数人几乎立即意识到了他们的错误，但也为时已晚。日本人把他们赶了出来。[26]

接下来所发生的，不论是对这群士兵还是对无数其他俘虏群，都是极其残忍的一个恐怖行为，可与几年后在东欧所发生的野蛮暴行相较。考虑到大屠杀的程度，日军很快就组织起大规模杀人并处置尸体的方式，使他们能够在尽可能短的时间内尽可能多地杀人。一排排俘虏被用机枪射杀，那些没死只是受伤的人接下来就会被单独用子弹打死或用刺刀刺死。绝大多数屠杀行为都发生在长江附近，在江边可以更容易处置受害者，因为只要把他们推入江中，就有望让江水把尸体冲走。

随着几个星期过去，日本人担心仍然有大量原先的士兵在逃，就越发加紧了搜捕。从 12 月下旬开始，日本当局开始实施一种新的制度，要求南京所有居民登记在册。在金陵女子文理学院里，这样的登记持续了大约一个星期，导致了几乎难以形容的混乱场面，因为日本人还决定在校园的邻近地区进行居民登记。[27]

首先是男人进行登记，然后是女人进行登记。通常由妇女去参加登记以便拯救丈夫和儿子，不然他们会被怀疑当过兵而被抓走。最终，在金陵女子文理学院的登记过程中，共有 28 名男子被带走。[28]每个已经登记过的人都从当局那里得到了一份文件。然而，事实很快就证明，在日本军队临时起意来侵犯他们时，这份文件丝毫都不能起到保护他们的作用。在那个冬天的南京，每个人都是潜在的受害者。[29]

＊　＊　＊

尽管有组织的大规模杀戮主要针对的是服兵役年龄的年轻人，但事实上在日军占领南京后的一段时间内，任何类别的人都面临着死亡的威胁。有 50 名来自安全区的警察据说因为他

242

们允许中国士兵进入安全区而被射杀。[30]城里的消防员也被日军带走了，不知命运如何。[31]还有 6 个扫大街的清洁工被杀害在他们所住的房子内。[32]就像失去了控制的流行病一样，获胜者的杀戮欲望似乎在不断膨胀，在不断寻找更多的新目标。

当日本人命令安全区委员会为下关的电厂提供工人帮助恢复正常发电时，委员会给他们提供了 54 个工人。但几天之内，其中 43 人被杀害。日本人声称他们的罪行是以前曾作为国营企业的工人一直在为蒋介石政权工作。事实上，他们一直是私营电力公司的雇员。[33]似乎日本人的目的就是要减少有可能会在某一天对他们造成威胁的男性人数。金陵女子文理学院难民营的一个统计数字表明，失踪的丈夫和儿子共有 593 人。[34]

虽然年轻人是日本人特别针对的目标，但日本人并没有根据年龄或性别做出特意的区别对待。美国传教士约翰·G. 马吉记录了许多不分青红皂白的杀人事件，包括有两个家庭几乎被全家杀光的惨剧。日本人用刺刀刺杀、开枪射击并实施强奸，屠杀了这两家三代无辜的人，包括 4 岁和 2 岁的幼儿："年长的被刺刀刺死，年轻的被用军刀劈开了头颅。"仅有的幸存者，一个严重受伤的 8 岁女孩和她那 4 岁的妹妹，在她们死去的母亲腐烂的尸体旁边度过了之后的两个星期。[35]

日军的暴行往往还伴随着各种侮辱，似乎是要彻底粉碎被征服民众的精神意志。一个女人失去了她的父母和三个孩子。当她为她的父亲买了一口棺材时，一个日本兵劈开棺材盖子，把老人的尸体倾倒在大街上。[36]另一个喝醉了酒的士兵强奸了一个中国女人，然后又往她全身上下呕吐秽物。[37]还有一个六口之家蹲在地上准备喝一罐稀米汤。一个日本兵走过来往罐里撒尿，然后大声笑着走开了。[38]

这种对羞辱平民的嗜好意味着日本人在南京犯下的罪行与在奥斯维辛这样的地方执行的大屠杀并不完全相同，在奥斯维辛进行的屠杀是工厂化的，并且往往——如果不是总是的话——具有无人性的和不动感情的性质。而在南京的屠杀是对一个几乎是关系密切的人种的屠杀，每一个行凶作恶者双手都沾满了鲜血，有时确实如此。在这层意义上，南京大屠杀更像是早期由德国党卫军特别行动队在东欧实施的大屠杀，那时毒气室还没有被使用。

日本人还有一种做法，与几年后德国人在欧洲的暴行有着可怕的相似之处，那就是日本人在中国倾向于给他们的杀戮行动取一个听起来无害的称呼，似乎这样就可以最大限度地减轻他们的罪行，或者使他们更容易接受这种暴行。日本人在公报中把发生在南京的大规模屠杀委婉地称为"扫荡"行动，就像德国人之后对付犹太人用"处理"和"处置"两个词一样。[39]

*　*　*

南京大屠杀中究竟死了多少人？当时的目击者知道日本人的行为几乎没有任何直接的预兆。传教士约翰·马吉将南京的局势比作土耳其人在第一次世界大战期间对亚美尼亚人实施的种族灭绝，后者在当时仍然还记忆犹新。[40]即便如此，在罹难者的确切数字上还是没有一致意见，这种状态一直延续了近八十年。

《纽约时报》记者窦奠安在南京被日军占领后最初的对大屠杀的详细报道中声称，有3.3万名中国士兵死于南京，其中2万人被处决。[41]外国记者弗兰克·奥利弗（Frank Oliver）在1939年出版的一本书中宣称，在南京被占领的第一个月里，

244

总共有 2.4 万名男人、妇女和儿童被杀。[42]

很快，更大的数字开始传播。1938 年拉贝回到了德国，他举行了一次演讲，他引用了欧洲人士的估计，死亡人数在 5 万至 6 万之间。[43]1942 年 2 月，蒋介石告诉听众，在一个星期之内有 20 万人被屠杀。[44]在 1946 年和 1947 年间，蒋介石政府负责审判一批日本战犯的南京法庭声明，在南京沦陷后有 30 多万人丧失了生命。[45]公开发表的最高估计数字是由一位中国军事专家提供的，这个数字是 43 万。[46]

中国媒体普遍接受的数字现在是 30 万——这也是许多同情中国现代政权的作者所引用的数字。[47]而在另一方面，一位日本 - 加拿大历史学家在对现有文献进行调查后得出结论称："一个经得起实证检验的、学术上有效的受害人数范围"是从 4 万到 20 万。[48]

南京大屠杀的死亡人数一直是一个巨大且复杂的研讨主题，并且看来不可能在所有人都满意的情况下得到彻底解决。这个题目"太大了"，传教士兼金陵大学教师贝德士（Miner Searle Bates）在 1946 年 7 月被召唤作证时告诉远东国际军事法庭。"这场杀戮总体分布太广泛，以至于没有人能够提供一幅完整的画面。"[49]

数字当然是非常重要的，但是，且不论在中国首都的确切死亡人数是多少，当时非常清楚而且今天仍然非常清楚的是，1937 年末和 1938 年初在南京发生了几乎是独一无二的灾难性事件。英国出生的诗人 W. H. 奥登呈现了在南京发生的特殊罪恶，他在十四行诗《在战争时期》的 Here War Is Simple 中将南京大屠杀同德国纳粹政权对其敌人造成的恐怖归于一类：

　　而地图真能指出一些地方，

　　那儿的生活如今十分不幸：

　　南京。达豪集中营。①[50]

* 　　* 　　*

　　12 月 16 日星期四晚上，明尼·魏特琳看见一辆卡车经过 245
金陵女子文理学院。车上有 8 ~ 10 个女孩。当她们看到这个西
方女性的时候，就拼命大声喊叫"救命！救命！"[51]魏特琳无能
为力，但她毫不怀疑接下来将会发生什么。早在那个星期的星
期二，她就在日记中记下了所听说的女孩被强奸的传言。第二
天晚上，许多妇女被从她们的家中带走了。[52]

　　约翰·马吉在给他妻子的信中写道："现在最可怕的事情
就是强奸妇女，而且是以我所知道的最无耻的方式进行的。"
刘易斯·斯迈思列出的一份临时清单显示，强奸是日本军队进
入南京后的常见事件：12 月 14 日中午有四个女孩；同一天晚
上 10 点又有四名妇女；12 月 15 日晚有三名女性难民；大约
在同一时间还有一个年轻的妻子。[53]

　　这些数字涵盖了许多个别发生的恐怖事件。一个 15 岁的
女孩被带到一处有 200 ~ 300 名日本兵居住的兵营并被裸体锁
在一个房间里，每天都被强奸多次。[54]受害者的年龄从 11 岁一
直到 80 多岁。[55]"强奸后被遗弃的妇女往往被醉醺醺的士兵用
刺刀刺死，"美国记者埃德加·斯诺写道，"常常是母亲不得
不看着她们的婴儿被砍头，然后自己又遭到强暴。"[56]基督教青

---

　　① 　二战时纳粹的三大中心集中营之一，先后关押过约 21 万人。此处译文引
　　　自查良铮。——译者注

年会的负责人费吴生报道了一个妇女遭受强奸的案例："一个日本禽兽一边强奸她，一边故意掐死了她的五个月大正在啼哭的婴儿。"[57]

这是一种古老的羞辱被征服之敌的方式，以此表明他们无法保护自己的女人。在没有任何人能保卫她们的情况下，南京的妇女不得不考虑用其他方式来保护自己。年轻漂亮的女性剪掉了自己的头发，并且用一层层煤灰把脸抹黑，以便减少吸引力。[58]也有人穿上男孩的衣服，或者老妇人的衣服。[59]日本人了解这些招数，要愚弄他们并不容易。

这是一种全体放荡堕落的狂欢，"在现代没有一处地方能与之相提并论"，美国记者斯诺写道，在日本军队中连级别最低的士兵也丝毫不受限制："有些带头参与这些蹂躏行动的军官，把他们的营房变成了后宫，每天晚上在床上都要换一个新俘获的女性。露天交媾也时常可见。"[60]

在南京被占领的前十天里，一群群日军士兵每天都要进入金陵女子文理学院的校园十到二十次。他们经常亮出上了刺刀的步枪，刺刀上仍然还染着鲜血。明妮·魏特琳因此很快忙得不可开交，她认定拯救生命要比拯救其他东西重要得多。[61]因此，在日本人占领之后的最初日子里，魏特琳的时间大部分都花在从校园的一端到另一端不停地奔走上，以此阻止大批四处抢劫的日军士兵从这里带走妇女。[62]

有个特别紧张的情形发生在 12 月 17 日晚，当时金陵女子文理学院的魏特琳和其他学校工作人员被呼唤到校园前面去见一批刚刚来到的日本人。几天前，魏特琳接到了另一名日本军官给予的一张纸条，证明该地区是一个真正的难民营。但这些日军把这份文件撕成碎片。在接下来的几个小时内，魏特琳和她的同事被迫站着或跪着，周围是全副武装的日本士兵。没有人知道即将发生什么。[63]

真相慢慢地显露出来了，原来魏特琳和她的同事被诱骗到前门，以便让其他日军士兵可以通过另一个侧门进入校园，然后抓走妇女，总共抓走了 12 个。"我永远也不会忘记这个情景，"魏特琳写道，"枯叶瑟瑟地响着，风在低声呜咽，被抓走的妇女们发出凄惨的叫声。"她们这些工作人员站在大门口直到晚上 11 点，担心如果她们一动，躲在黑暗中的日本兵就会朝她们开枪。这是魏特琳唯一一次无法阻止强奸的发生，这件事永远困扰着她。[64]

相对而言，中国妇女在金陵女子文理学院里比较容易逃脱厄运，最主要的是因为魏特琳和其他一些工作人员的不懈努力，她们的外国人面孔使得日本人犹豫不决。其他一些地区也发生过类似形式的保护。安全区委员会的德国成员施佩林（Eduard Sperling）说，当日本兵试图在安全区内强奸中国妇女时，他本人被呼唤提供帮助达 80 多次。[65]

日军士兵实施强奸时经常还伴随着其他形式的暴力，往往在本质上都令人作呕。有个妇女，已经有了六个月身孕，她抗拒被强奸，结果被日军在她脸上和身上用刺刀连刺十六下，其中一下刺穿了她的腹部，杀死了还未出生的孩子。[66]一个年轻女子被强奸了，当虐待结束后，日军士兵还用一个空啤酒瓶硬塞进她的阴道，之后又将她枪杀了。一家高尔夫俱乐部也被以类似的方式用来作为侵害其他受害妇女的场所。[67]一伙正在四处寻觅年轻女子的日本兵命令一个中年女子帮助他们去找新的目标。当她不能或不愿帮助时，他们用步枪朝她的腹部开了一枪，子弹擦伤了她的肚皮，并带走了"三个巴掌那么大的一块肉"。[68]

247

* * *

当日本军队刚进入南京城时，他们很少去破坏南京城内的建筑物，美国传教士詹姆斯·麦卡伦在 12 月底时写道。"自那以后，"他补充说道，"所有商店里的货物全被洗劫一空，大多数商店都被付之一炬。"[69]在占领南京的第一天，日本人立刻就分成小组分散进入城内的大街小巷。他们砸碎了商店的橱窗，把里面的货物据为己有。他们用箱子或盗来的人力车运走了他们劫获的物品。[70]

起初，大部分抢劫的主要原因是将之作为弥补日本军队后勤跟不上的一个权宜措施。前方作战士兵进展太快，远远脱离了他们的补给车队，部队严重缺乏食物，直到道路修复可以再次使用，以及长江也被开放用于运输之后，情况才改观。[71]尽管如此，即便在这种情况下，日本人的行为中也夹带着一种虐待狂的成分。日军士兵抢走了安全区内为难民细心准备的大米、小麦和煤炭等物资，甚至还抢走了穷人中最穷的人的微薄财产——"他们最后的一枚硬币，他们最后的一些铺盖。"费吴生写道。[72]

南京的每一栋房屋都遭到洗劫，"被翻了个底朝天"。[73]每一件物品只要没有被钉在墙上就都被挪动了。然后，日军士兵又拆掉了门和窗框。保险柜被用步枪子弹或手榴弹炸开。日军士兵还经常当着主人的面掠夺他们的财产，用刺刀威胁着他们。[74]每个街区至少有一辆汽车被抛弃在路上，通常也都被推翻在地，所有有用的东西，包括蓄电池，都被拆光了。[75]就像七年半之后在柏林的俄国人一样，普通日本兵对手表也特别感兴趣。[76]

由于发生了大量的抢劫掠夺，运输工具也变得供不应求。

到 12 月底时，卡车也被用来抢劫。[77] 当车辆不够使用时，日军士兵用手推车来代替，甚至连婴儿车也被派上用场。骡子和毛驴也被征用，最后是人。就像在从上海到南京的进军途中发生过的一样，中国人本身也被胁迫用来去帮助日军抢劫他们自己的家。[78] 当时一个常见的景象就是一个日本兵驱赶着一群中国人走在街上，背上扛着刚刚盗来的东西。[79]

中国士兵在撤离南京时也实施了程度有限的抢劫，但同日本胜利者的抢劫规模没有任何可比性。中国人曾经非常小心地避免闯入外国人的住宅，但日本人就毫不理会这种区别。美国、英国和德国的大使馆连同大使的住宅都遭到抢劫，他们几乎把一切东西都席卷一空，从床上用品、金钱、手表，到地毯和艺术品。[80] 日本人还抢劫了美国学校，他们把墙也给砸破了，以便把钢琴搬走。[81] 在有些情况下，日军士兵还得到了日本浪人的专业帮助，这些浪人很可能都是些来自上海的大型日本团体中的流氓无赖。[82]

日军全军上下都参与了对中国首都南京的抢劫，他们抢走了几乎所有贵重物品并送回到日本国内。第 16 师团师团长中岛今朝吾也肆无忌惮地把几件昂贵的家具打包后运回了日本家乡。"我们已经占领了这个国家。我们已经杀了人，"他在日记中写道，"我们再带一些家具回家难道还有什么问题？如果我们把这些东西留在这里，也不会让任何人快乐。"[83]

日本人不仅把南京城洗劫一空，他们还开始到处纵火。成千上万处的大火造成了弥漫的烟雾，飘过城市的上空，遮住了原本是星光闪烁的冬季夜空。有些火灾是由于粗心大意，例如当日军士兵在篝火上烧烤一头偷来的母牛的肉时，无意中把一栋古老的建筑物也给烧毁了。[84] 还有许多是出自愚蠢的破坏行为。南京乐器行里所有的乐器和乐谱都被堆积在大街上，然后被付之一炬。[85]

然而，南京城里各个地方燃起的大火实在太多了，已经无法刨根问底逐一找出每次大火的起因。通常，纵火都是在日军军官的监督之下实施的，那些纵火的士兵随身携带着专门用来放火的特制化学试剂条。[86]在南京被占领后的一周内，城市的夜空亮得如同白昼一样，睡在拉贝家花园里的难民的身上也映上了幽灵似的血红色色调。[87]人们开始怀疑，日本人是故意有系统地纵火焚烧南京城里的建筑物，一则是为了掩盖他们的抢劫，再则是妄图剥夺城里居民在战争结束后重新自立的经济手段，后者是他们更加可恶的一面。[88]

抢劫在1938年1月中旬仍在进行，但已经不再仅仅由日本人实施，当地人也参与了进来。一旦局势略有改善，南京城的居民们会在白天回到他们自己家的附近，隔一段距离观察着，如果有中国抢劫者出现，就出面干预。如果抢劫者是日本人，他们就只好听任日本人为所欲为。日本人的暴力习性在当时已经是臭名昭著了。[89]

大部分的战利品最终可能都运去了日本，但也有些回到了本地的流通市场。安全区内上海路沿线的街头摊档上出现了产地可疑、来路不明的东西。[90]"一开始安全区拯救了很多人的生命，但现在它却成了分拣和销售赃物的避风港，"魏特琳写道，"社会上所有的邪恶元素似乎全部被释放出来了——就像一颗炸弹在海上爆炸搅起了沉在水下的渣滓和污秽。"[91]

* * *

并不是所有来到南京的日本士兵都是可怕的怪物。美国传教士詹姆斯·麦卡伦叙述了他偶尔看到有日本士兵帮助中国平民，或抱起中国孩子同他们玩的情景。他写道："不止一个日本士兵告诉我他不喜欢战争，并渴望回到自己家乡。"[92]欧内斯特·福斯特，另一个美国传教士，与一个会说英语的日本士兵进行过一番长谈，这个来自横滨的士兵原先是个商人，福斯特发现他说话"很得体"。[93]

日本军队其实完全是由普通人构成的，这种情况更加凸显了当时，以及几十年后一直悬在人们心头的一个问题：为什么？究竟是什么原因使得日本军队堕落到如此残忍的地步，以至于甚至在同样产生过大规模屠杀犹太人以及古拉格集中营的这样一个世纪里都会使人类感到震惊？是什么促使一个由成千上万的人组成的组织——其中一部分人受过良好的高等教育并有着精致的文化品位——去实施肯定会被认为是毫无人性的行为，即使是在战场上经历过几个月的杀戮之后？

对此，有些解释集中在南京作为一个新的、更强大的中国的中心这个特殊地位上，这个强大的中国最终将向东亚的主要强国日本发起挑战。"中国人相信日本仇恨南京——仇恨她所代表的一切，"《泰晤士报》在南京沦陷之前的一篇报道中写道，"南京这个建成了一半的首都就是这个新中国的象征，正因为如此中国人认为南京是日本人眼里的魔咒。"[94]

在与拉贝的谈话中，菊池先生，一个"非常温和且迷人"的日本翻译，为在南京所发生的一切做了辩护，他利用了德国军队在第一次世界大战中的行为的例子，"在比利时发生的情况没什么不同"，他说道。[95]同样，德国使馆的一个工作人员在解释时引用了1918年的情况，当时他们的国家在第一次世界大战中正处于失利状况，于是他们的宣传机器开始发布公告，大意是说法国殖民部队已许诺打了胜仗后会给每个士兵奖励一

250

个德国妇女。然而，德国人的这个例子是 20 世纪初期许多欧洲人所接受的种族主义者的陈词滥调的产物，完全不足凭信，何况并无证据表明日本人也得到过任何此类承诺。[96]

不管怎样，给强奸开的绿灯也不能用来解释对手无寸铁的战俘的大规模屠杀。在此处，日本人把投降视为特别可耻的行为这种奇特观点也许可以作为一种似乎说得过去的解释。这种观点是基于一种道德准则之上的，即所有日军士兵和军官只能战死沙场，决不能向敌人屈膝投降。[97]由此引申开来，任何甘心当俘虏的敌人都只配得到蔑视，并可能由此遭受最糟糕的虐待。

在为日本步兵学校准备的一本小册子中有一段奇怪的文字，其中混杂着一种傲慢态度与一种可以免受惩罚的感觉："即使我们处死中国士兵也不会有多大的问题，这不仅仅是因为中国人口普查登记不完整，而且也因为有相当多的士兵无家可归，要查证他们的存在是不容易做到的。"[98]这句话暗示着一个极其关键的解释。也许比其他任何事情都更重要，在日本普通士兵头脑中可能突然意识到，即使他们实施了任何会使他们内心不安的行为，他们也都可以逃脱处罚。

12 月 14 日似乎是一个至关重要的日子。就在日本人进入了南京城城门、占领了中国的首都并可能相信战争已经结束那一刻，似乎发生了某种情况。就是在这一天，日本士兵意识到，他们可以为所欲为而不用担心会面临什么后果。到了中午，大街小巷全都是一群群打算抢劫的日本兵。两天后，巨大规模的抢劫、杀戮和强奸的浪潮横扫整个城市，甚至连安全区也不能避免。"迄今为止我们所经历的所有狂轰滥炸和连续炮击，同我们眼下所经历的恐怖相比，简直算不上什么。"拉贝在他的日记中如此写道。[99]

　　与犹太人大屠杀不同，犹太人被大规模屠杀的完整程度是
随着时间的推移而逐步为人知晓的，但在南京发生的可怕惨案
从来就不是一个秘密。"在整个城市中，无数的男人、妇女和
儿童被杀害了，"1938 年 1 月 6 日来到南京的美国副领事詹姆
斯·埃斯皮写道，"到处传播着平民被毫无理由地枪杀或刺死
的传言。"[100]《纽约时报》1938 年 1 月初的一篇长篇报道中揭
示："日军的暴行就是南京沦陷的标志。"[101]

　　日本人自己也知道，一些异常可怕的情况正在南京发生着。
"收到上海电报，"日本外务省亚洲事务局局长石井太郎于 1 月 6
日在日记上写道，"详细报道了我军在南京的暴行。抢劫，强
奸，场景太可怕不忍一睹。唉，这还是帝国军队吗？"[102]

＊　　＊　　＊

　　至少在一定程度上，大屠杀的规模可以与纪律的败坏联系
起来。从战场上几个星期或几个月的艰难作战中释放出来的日
本士兵，感到了一种无比兴奋的自由感。有些人就像行为不端
的男孩子。拉贝描述了有一天晚上他走进花园查看，因为日军
士兵反复到这里来寻找强奸对象。在花园墙头上可以看到许多
人头，但当德国人带着手电筒出现在花园里时，他们就匆忙地
溜走了，就像从树上偷了水果的孩子被逮住了一样。[103]

　　金陵女子文理学院的工作人员玛丽·特威纳姆撞见了两名
日军士兵，他们偷了一面很大的美国国旗，并试图用自行车把
旗帜带走。旗帜一直是放在校园中央的，主要目的是为了防止
飞机从空中轰炸或扫射。这两个士兵看到特威纳姆走近，就藏
在一栋相邻的楼房内，但还是被发现了，他们的脸像孩子一样

羞得通红。[104]这件事可以说近乎一场闹剧，但事实是这类轻微的不当行为几乎与最残忍的犯罪行为离奇地交织在一起。就在几分钟的时间内，魏特琳又被叫去阻止两个日本士兵从厨房偷饼干，同时还有两个士兵正在强奸一个年轻女孩。[105]

在日本士兵中出现的破坏上下级关系的问题使得那些已经习惯于日本武装部队的严酷纪律的人感到惊奇。有人看到日本士兵嘲笑他们自己军官发布的公告，或将下达的书面命令撕毁并扔到地上。有些外国人士认为，由于日军士兵没有随身携带可供辨识的个人编号，因此干了坏事的人不能很容易地被识别出来，这就使得违纪行为更加恶化。[106]

这个问题部分也归结于日军军官团队的质量，及其管理一支由大批年轻人组成的军队的能力。这些年轻人中大半是初出茅庐，第一次摆脱社会的制约。然而，不是每个日军军官都能胜任他们的使命。魏特琳亲眼看见了一个日本军官几乎无法阻止一个士兵去强奸一个年轻女孩，尽管他有着军官的权威。[107]比这更糟糕的是，有些军官觉得待在一旁不动反而有种负罪感，就从被动的旁观者转变成了主动的参与者，比如在持续时间很长的轮奸过程中。[108]

也有少数军官确实试图给他们的士兵灌输纪律。一名日军大佐逮住了一名试图强奸中国女子的士兵，狠狠地抽了他两个耳光。[109]后来，有人看到一名日本将军掌掴了一个士兵，这个士兵用刺刀刺死了一个中国人，还威胁两个德国人。问题是，这在多大程度上不是为了讨好外国人而做的表演呢。[110]无论如何，日军采取的纪律措施根本没有起到任何效果。"士兵们对他们的军官几乎丝毫都不尊重。"拉贝在他 12 月 18 日的日记中如此写道。[111]

在日本赢得胜利的关键时刻，由于缺乏来自高层的领导能力，这个问题越发严重。华中方面军总司令松井石根自11月3日以来一直身患疟疾，从12月5日至15日期间，他的病情使他实际上无法控制前方的事件。[112]他的一个下属后来作证说，当他被告知"盗窃、杀人、殴打和强奸事件"时，他变得"相当愤怒"。[113]

即使松井石根可能对他的士兵的不端行为不满，但他仍有可能非故意地造成了原本不会发生的更为普遍的暴行。正是他坚持要在12月17日举行一场胜利阅兵式，就在他患病痊愈之后的第二天，对他来说也是最早的可行时间。这就引起了日本军官对安全的恐慌，他们尤其担心朝香宫鸠彦王，这位昭和天皇的近亲，有可能遭到暗杀。如此一来，这就很可能促使他们更加加紧搜捕和杀害可疑的原中国士兵。[114]

在东京的日本最高统帅部意识到军队纪律正在崩溃。于是在1938年1月4日，陆军总司令部向松井石根发出一道语气非同寻常的直接指令，命令他严格控制军队："我们真诚地要求加强军纪和公共道德。"[115]已被从东京最高统帅部解除职务的中国问题"鸽派"人物石原莞尔更是直言不讳。松井石根应对部队的行为负全部责任，石原莞尔如此告诉《芝加哥每日新闻报》的斯蒂尔道，并且还说，日本军人的士气从来没有低到现在这样的程度。[116]

到12月底的时候，有传言称，新的纪律更严明的日本军队将到达南京，从那时起，对平民的犯罪将受到严厉的惩罚。[117]随后，一个宪兵支队抵达南京，可以看到情况有所好转。即便如此，还是有人发现在安全区外站岗的一些宪兵对正在其眼皮子底下实施的暴行视而不见，假如他们自己没有直接参与的话。[118]

在金陵女子文理学院，与宪兵打交道的经历毫无疑问是好坏掺杂的。第一批派来保护学院的约 25 名宪兵的所作所为恰恰相反，因为其中一些人自己就实施了强奸。[119]后来派来的人员的素质提高了，他们更加遵守纪律，有时甚至表现得比普通士兵更加友好，因此给人留下很深的印象。"我遇到几个似乎非常好的人。"魏特琳在 1 月 11 日写道。[120]她几乎还同他们中的一个交上了朋友，这个宪兵给她看了他妻子和婴儿的照片，作为交换，他得到了一张这个美国老师的小照片，他还把照片寄回了家。[121]

*　　*　　*

当日本人进入南京时，南京的气候对于当时的季节而言显得异常温和，几乎像 10 月一样。这对于成千上万在外面露宿的难民来说是难得的幸事。[122]但是，好景不长。在南京被占领后不到一个星期，气温骤然下降，雪也开始下起来了。[123]对于许多因战争而背井离乡，现在生活在旷野中的人来说，生活变得越加困难。这就是成百上千，最终成千上万的人逃往安全区避难的原因。

即使安全区被日军士兵反复光顾寻找战利品并强奸妇女，它仍然可以被认为是成功的。人们普遍认为安全区，以及安全区委员会的管理工作，因挽救了无数人的生命而值得称赞。安全区"的确在战斗期间提供了一些保护……但安全区的主要作用一直在于自从南京被占领以来它所能够给予民众的保护措施"，安全区管理委员会的副主席 W. 普卢默·米尔斯写道。[124]

在日本人占领南京后不久，安全区人口暴涨，激增到 25

万。他们中约有 7 万人被安置到预先安排好的 25 个不同营地，这意味着大多数人不得不寻找一个可能的栖息之地。[125]一个个小小的"棚户村"不久就出现在整个安全区的空地上。[126]

很快，南京被非正式地分成两个截然不同的"城市"。安全区之外的地区变成了一处幽灵般的"无人地带"，人口不超过 1 万。相比之下，安全区变成一个活动频繁永无停息的中心。[127]曾经是一条宽阔大街的上海路，将安全区拦腰分为两半，现在成了以货换货和做买卖的集中点。随着新增加的数十个临时摊位和货架，以及茶馆和餐馆，这里看上去就像是农历新年期间的庙会——如此拥挤，以至于不可能坐在汽车里在此通行。[128]

尽管安全区里居民的背景千差万别，但一种社区意识逐渐在这里出现，最后甚至还有了自己的非官方的自制"徽章"。[129]安全区外的无秩序状态使得这种识别符号在战斗结束后的好几个月中都一直在起作用。几个星期后，安全区的一些居民试图迁回家园，但被日军士兵赶开了。与此同时，矛盾的是，到处张贴着的告示却在敦促南京居民尽快回家。[130]

作为 25 个难民营地之一的金陵女子文理学院，位于安全区的西南端，是个浓缩了安全区居民所承受的总体状况的微观世界。幸运的是，学院在秋季学期没有开放正规的课程，留下了空缺，使其教职员工能够为随战争临近而拥入的难民去做准备。难民人数增长迅速，远远超出了明妮·魏特琳和她的同事们的预期。[131]

当日本人占领南京时，学院共有 4000 人。在接下来的日子里，越来越多的人被允许进入，即使已经没有空间可提供给她们了，结果是她们不得不在野外露宿。到 12 月 22 日时，人口估计达到了 1 万。尽管曾经尝试在校园围墙内维持秩序，严格管理，但这种努力很快就被人数过多所挫败。魏特琳和她的同事们不再给新来的人分配房间，而只是让每个人都能进来，并敦促她们自己想方设法找块地方安顿下来。[132]

最初，魏特琳她们已经制订了保持卫生的详尽计划，但最终由于大量难民的拥入，事实证明这个计划不够现实，难以实施。校园里灌木丛上全晾晒着洗好的衣物。1 月的雪和雨把校园变成了一个大泥浆池，成千上万双脚把泥巴带进了楼房内，魏特琳不禁怀疑这些地方是否还可能被再次打扫干净。最后，总算使教职员工满意的是，校园的主要部分确保不会被当作一个巨大的露天厕所。[133]

尽管校园内污秽遍地，金陵女子文理学院在 1 月似乎还很舒适，在内避难的居民们能到室外享受着温暖和阳光，楼房里充满着嗡嗡的说话声。这里是一个小小的社会，几乎就像是生活在 20 世纪初的正常时期内，人们在中国人认为的自然条件下生存和死亡。到 1 月 10 日时，安全区管理人员记下了 18 个小生命的出生和 10 多个人的死亡，包括一个死于白喉病的 8 岁男孩。[134]

总而言之，魏特琳认为，与其他难民营相比，她管理下的营地出现的问题相对较少，这主要归结于一个特别的原因：它只接纳女性。由传教士贝德士管理的难民营麻烦要多得多，对此她写道："当你把鸦片烟鬼、赌徒和各种坏人都收进了营地后，你可以想象每天出现的问题是多么的困难。"[135]

* * *

12 月 21 日下午 2 点，一行 14 名外国人组成的一支队伍团结一致地前往日本大使馆。他们得到了总领事田中未雄的亲自接待，他同每个人握了手。外国人带来了一封信，上面有留在南京的所有 22 个外国人的签名。信中要求结束在城里的纵火和日本军队的违纪行为。[136]写这封信的想法是在过去两天里由这些外国人酝酿成熟的，因为现在看来这座城市似乎正在被有组织地逐步焚毁。最后，刘易斯·斯迈思在早餐前坐下来写成了此信。田中读了这封请愿书，说他会尽最大的努力。在这次拜访之后，纵火仍然持续了五个星期。[137]

256

日本人对西方人还是有些尊重的，虽然并不普遍，而且也并不总是会有所区别。许多外国人试图在他们的家门外贴上他们国家的国旗来保护自己的住宅，但还是发现日本人会破门而入。[138]在日本人统治下的第一天里，日军士兵就把一辆有美国国旗标志的汽车给偷走了，当时车子的主人刚刚把车停在家门口，还上了锁。[139]一辆外国车的车主要求偷车的日军士兵留下收据，结果得到这么一张收条："我感谢你的礼物！日本陆军，佐藤。"[140]魏特琳说，在某些情况下，当她出现时，士兵们就会停止抢劫。但有两次，他们对她毫不理会，仍然继续着他们的抢劫。[141]

为了寻求保护，金陵女子文理学院在校园周围八个地方放置了美国国旗，并在中心地带放了一面 30 英尺宽的美国国旗。但要想阻止日军士兵进入该地区，这些美国旗却"绝对没有用处"。[142]即便如此，对美国人的直接敌意仍然有限。一个在南京街头跟着一群日军士兵后面参与抢劫的日本平民浪人看见美国传教士马吉后，用流利的英语要求他出示护照。"谢谢你。"他检查完这份文件便一边交还一边很有礼貌地说道。[143]日本人把他们的负面情绪大多留给了俄国人和英国人，因为这两国的人被视为是与日本帝国有竞争历史的国家的代表。[144]

另一方面，日本人只对一个国籍的人士——德国人——保留着特殊的尊敬。对那些恣意妄为的日军士兵，拉贝会大喊"Deutsch"（德意志）或"Hitler"（希特勒）来达到他的目的，或者他会向他们展示他的纳粹十字臂章，表明他是纳粹党的成员。德国被认为是世界上日益强大的国家，更重要的是，它正在迅速成为日本最亲密的盟友之一，是在全球政治中同日本一起遭到排斥的一对难兄难弟。[145]然而，随着时间的推移，对德国人的尊重也有局限了。个别日军士兵竟然直接闯入德国大使馆内去寻找女性，最终，几乎所有德国人的办公楼、住宅都被非法闯入过。[146]

257　　尽管存在着这么多的问题，毫无疑问，外国人还是提供了少量保护，这在其他地方是找不到的。当日本人占据南京才几天时，大量的妇女和儿童出现在拉贝家的房子外面，跪在地上磕头，乞求让她们进入他那已经挤满了人的花园。[147]明妮·魏特琳守卫着她的中国女孩，就像"老母鸡守卫她的小鸡那样"，[148]她从一个中国司机那里知道了她和其他外国人在中国人眼里的巨大作用。"唯一能挽救中国人免遭彻底消灭的原因，就是在南京还有少数外国人"，司机如此对她说道，同时拒绝了魏特琳给他的小费。[149]

＊　　＊　　＊

在南京的外国人圈子里，这一年的圣诞节是阴郁的、冷清的。他们中的大多数人还是三五成群地聚集在一起，有些人唱着圣诞颂歌，但伴随着他们的是"相当忧郁"的气氛。[150]日益扩大的战争的阴影沉甸甸地压在每个人的心头。在给美国朋友的圣诞祝福中，魏特琳表达了对"所有地方的人民，在饱受战争蹂躏的西班牙，在遭到践踏的阿比西尼亚，以及在正遭受着苦难的中国"的良好意愿，祝愿他们"会享有出自对基督的信仰的和平，伴随着基督的诞生，天使们高唱'愿世界得太平，人间持善意'"。[151]

12月24日，拉贝到医院去探望了一些遭受过残忍的日军特别严重伤害的病人，回家后看到在他的庇护下的难民正在准备圣诞装饰品，包括一棵小圣诞树以及一个由蜡烛光照亮的圣诞场景，他深受感动。拉贝写道："我真的感觉到圣诞精神降临在我身边的一些迹象。"但后来当他夜间开车时，一路上"经过了好几具尸体，这些尸体已经躺在我们的街道上十二天了，一直无人收殓"。[152]

1938年1月1日下午1点，中国人再次成为他们自己城市的统治者——或至少是日本的宣传机器想要公众相信这一点。这一年的第一天，一个傀儡政府就在安全区北边举行的一场仪式上成立了。一面新的五条旗——中华民国早期使用过的旗帜——升了起来，以一个不足以令人相信的姿态表示了一种爱国精神。新的领导人就职上任了，他们发誓要复兴他们的城市，然而他们周围的楼房却还在燃烧着。[153]

这场仪式是两个星期的筹备工作的结果。早在12月15日，松井石根就会见了当地中国社区的一位领袖，在这位日军指挥官的日记中只提到此人姓陈，他被挑选出来帮助建立一个新的傀儡政府。两年前，当松井在北方港口城市天津协助建立大亚细亚协会的中国分会时，陈就在现场。他赞同松井的"大东亚共荣圈"的想法，但他警告说，中国人对日本的恐惧会使管理被征服领土这项任务变得更加复杂。[154]

傀儡政府与日本占领军合作，共同推出以保守主义为核心的一项教化制度。这项制度特别针对被认为最有可能会进行抵

258

制的年轻人。"你们在婚姻方面必须遵循传统习俗，让父母为你们做主。你们不要上剧院，不要学英语。中国和日本必须融为一体，这样国家才会强大，等等。"[155]这种试图赢得人心的妄想是愚弄不了人的。一份经傀儡政府批准的新报纸，叫作《新申报》或《新生活杂志》，发行之后很快就被视为一堆粗制滥造的宣传垃圾而无人问津。[156]

当前最为紧要的是恢复和平时期的状况，并使南京再次正常运转，但在这些方面傀儡政府几乎未取得任何进展。日本人的暴行证实了这一点。鉴于南京被日军占据后第一批去电厂的志愿者的命运，没有人能找到 40～45 名工人去填补他们的空缺。消防员也是如此。[157]因此，其结果是可以预见的。1 月 2 日，城里的一部分地段恢复了自来水和一些时段的电力供应。两天后，城市又陷入了一片黑暗。到 1 月 13 日时，水厂仍然没有运行，电力也仅是间歇性供应。熊熊的大火在整个 1 月里都没有熄灭过。[158]

没有人会认真地去对待这个政府，甚至于它在与日本人打交道时也似乎有麻烦，从成立开始它就有了流氓和腐败的恶名。[159]这个政府有个名字叫"南京自治政府"，某个聪明的外国人很快从中改了一个字，变成了"南京自动政府"，讽刺其作用不过是个傀儡，没有自己的意志。[160]"可以肯定这帮人只是个二流传声筒，"罗伯特·威尔森医生在给家人的一封信中写道，"但在城里还找不出一个一流人物来。"[161]

* * *

就在南京艰难地经历着自己地狱般的苦难时，留在城里的人们对外面世界正在发生的情况几乎一无所知。在南京的外国

259

居民第一次听到广播新闻是在 1938 年 1 月 7 日，当时他们获悉日本飞机空袭了武汉。还有传闻说杭州也在经历着与南京相同的恐怖，但没有人知道任何细节。[162]也许，在战争时期，限制报道发生在远方的事件是很自然的。问题是，就连发生在南京周边的情况也毫无音讯，可怕的真相只是一点一点地逐渐为首都民众所知。

有个西方人，在 1 月初设法到南京东面去走了一趟，他回来报告说，在 20 英里范围以内，所有村庄都被烧毁了。[163]在南京城外，日本士兵随意地射杀平民，包括儿童在内。一个德国人驾驶着他的车子出城转了一个小时，都没有遇到一个活人。[164]在南京被占领后，能离开南京城的中国人说，南京到句容之间，每一个水塘里都堆满了正在腐烂的人和动物的尸体。[165]

就像在南京城城墙之内一样，许多发生在城外的暴行似乎都是出于日军无聊和卑鄙地寻求刺激。美国传教士马吉看见一个年轻的农民，他的上身被严重烧伤。日本士兵们问他要钱，他拿不出钱来，他们就用煤油浇在他身上，然后放火烧他。同样，还有一个年幼的男孩也遭受了可怕的烧伤，原因是他没有带领一群士兵去找他的"妈妈"。[166]

住在南京附近乡村的人们面临着来自各方面的危险。他们不仅是四处掠夺的日本人的潜在猎物，还可能受到中国歹徒团伙的伤害，这些歹徒把目标对准了拥挤在道路上的大量难民，还有那些尽管激烈的战争就发生在他们的家门口，却仍执意留在家里的少数男女。约翰·马吉见到过一个 49 岁的女人，歹徒到她家找钱。"当她和丈夫说他们没有钱时，"马吉写道，"歹徒用凳子连续击打她的头和乳房，还用火烧她的脚，直到她拿出了他们存下来的仅有的四块多钱才罢休。"[167]

在没有正式的政府的情况下，非正式的权威就常常由自古以来扎根于中国乡村的秘密社团和组织所把控。在历史上，这些社团就已经能够与皇权共存，因为中央政府根本没有资源去实施从上一直到基层的微观管理。在南京沦陷后，秘密社团发挥了重要的功能。例如，据说"大刀会"正在给平民提供保护，他们针对的不仅有日本士兵和地方匪徒，而且还有那些正在逃回自己的队伍并靠偷窃生存的小股中国部队。[168]

对少数幸运的平民而言，他们在其他地方也找到了避难所。在南京东北约15英里的栖霞山上坐落着江南水泥厂，年轻的丹麦人伯恩哈尔·辛德贝格与德国工程师卡尔·京特合作，在里面为数百名中国人创建了他们自己的私人安全区，否则这几百个中国人将面临被日本军队屠杀的极高风险。他的方法与拉贝在附近的南京采取的方法非常相似：不让日本人进入他的范围，在楼房屋顶上画上丹麦和德国国旗，以防止空袭，并尽最大努力来维持这些难民的生存。[169]

辛德伯格一开始不了解南京城里的情况要比他自己面临的情况更加糟糕，在12月下旬，他还曾尝试将一些受伤的中国人运送到首都去，结果只好半途折返。他还试图为在水泥厂的中国人提交一份请求书，寻求帮助，结果也是同样碰壁。他到乡村去时所看到的情景与其他外国人所观察到的情景是同样的，所到之处满目疮痍。"你能看到周围的一切都被破坏殆尽，"1938年初，他在写给丹麦报纸《奥胡斯先驱论坛报》的一封信中描述了他的一次南京之行，"所有的村庄都被付之一炬。所有家畜家禽都被抢走。无论你朝哪里看，到处都是被杀害的农民和中国士兵的尸体，这些尸体又成了野狗和其他野兽的食物。"[170]

＊　　＊　　＊

1938年1月初四下里传开了流言，说中国军队即将夺回南京，并已经发现在城内有一些蒋介石的士兵。有不少从12月中旬开始挂在私人住宅外面的小小的、临时用来自保的日本国旗立刻消失了，还有些戴着日文臂章的中国居民又把臂章给撕掉了，甚至还有人在谈论要攻击日本大使馆。[171]有人还说，日本人开始害怕了，正在寻找中国衣服，一旦他们不得不撤退，就可以换上冒充普通平民。[172]

这些传言都不是真实的。中国军队在经历了把他们从上海赶往南京，又从南京赶往内地的代价高昂的几次战役之后，此时仍然在休整。然而，这并不意味着日本人已经完全控制了中国的首都。经过六个星期的恐怖之后，这座城市开始重整旗鼓。在与"黄枪会"或"大刀会"等秘密组织成员的冲突中，许多日本兵被杀或受伤。日军士兵们"被这些罪犯吓得要死"，美国传教士福斯特写道。[173]

新年后，安全区内的人口开始减少。进入1938年后的第一个星期，金陵女子文理学院内的难民人数从高峰期达到的1万人下降到了5000人。在南京沦陷后不到一个月，许多人就开始在白天离开金陵女子文理学院回她们自己的家，晚上再回到学院来。尽管如此，这座城市还远远谈不上安全二字，即使对于已经把家安在安全区内的家庭来说，魏特琳也认为如果她们离开难民营太远的话仍然是不明智的。[174]

在日本军人如潮水般涌入南京城城门之后一个月，南京作为一个城市已经被彻底摧毁了，每天每晚仍然都有些地方被放火焚烧。到1938年1月中旬，根据一项估计，南京城一半以上都被焚毁了。主要的商业区已经不见踪影，围绕在孔庙周围的娱乐区也是如此。[175]但即便这样，这座经受了炮火洗礼的城市仍然一点一点地在齐心协力，准备再次开始漫长的恢复旅程。魏特琳在考虑要开办一所工业技术学校，为妇女们提供四个月的课程，以便弥补因男人们被不分青红皂白地屠戮而造成的劳动力不足。[176]

中国的农历春节是在 1938 年 1 月 31 日。整个亚洲都会庆祝这个节日，日本人也不例外。但这一天却是个"阴沉、泥泞"的日子，许多人担心，日本士兵会因饮酒过度而变得"太快乐"，从而会试图进入安全区寻找妇女，但他们被阻止了。[177]天空中充满着成千上万的爆竹发出的声响。这种古老的中国传统在那一天也寄托着其千年前就有的同样的目的——吓跑邪恶的妖魔鬼怪。[178]生活在拉贝的难民营里的难民送了一幅很大的红色丝绸横幅给他。上面题了几个金色的中国字，他的中国朋友为他译成了英文：

You are the living Buddha
For hundred thousand people.
（你是千千万万人的活菩萨。）[179]

第十章 劫后

南京沦陷之后，在首都的外国人士之间很快就流传着唐生智
因为抵抗日军攻击不力未能守住南京城而被处决的谣言。[1]事实上，
与他的大多数参加了保卫中国首都之战的部下不同，他自己生存
了下来。12 月 12 日那天，他设法通过了挹江门，并渡过长江到达
安全地带。然而，在城门附近有相当多的士兵却被第 36 师的士兵
误认为擅自撤退而射杀。蒋介石不仅没有惩处唐生智，反而保护
了他，没让他因在南京的作为而承担任何直接的后果。

然而，这并不意味着他未受良心上的折磨。就在日军夺取
南京后不久，神情沮丧的唐生智在南京北面的徐州火车站遇见
了李宗仁将军。他们共谈了二十分钟。"德公，"唐生智说道，
"这次南京沦陷之速，出乎意外，实在对不起人。"李宗仁原
先因唐生智的过度激情而曾嘲笑过他，现在也为他感到惋惜。
"不必介意，"他说道，"胜败乃兵家常事，我们的抗战是长期
的，一城一地的得失，无关宏旨。"[2]

此次谈话发生在徐州这个特定的城市里，这几乎是极具象
征意义的，在当时也只有最富有先见之明的人才能预料到。几
个月后，由于其战略位置紧要，徐州成为一场殊死大战的战
场，见证了中国自战争爆发以来第一次获得的胜利。这场大战
也被称为台儿庄大战，作为为数不多的一次明确和毫不含糊的
击败日本人的战例，它将在中国的军事史上留下光辉的一页并
影响着 21 世纪。[3]

然而，在 1937 年 12 月时，蒋介石政权的前景确实显得非

常黯淡。尽管蒋介石非常公开地向全国反复承诺，但他还是无法守住他的首都。南京坚固的城墙，过去经受过长达数月的围困，可这一次却不到一百小时就被攻破。外国观察家对蒋介石把抗日战争继续打下去的可能性普遍持悲观态度。

"南京被攻占是中国遭受的最重大的失败，也是现代战争史上最悲惨的军事溃败之一，"《纽约时报》在一篇社论中写道，"在试图保卫南京时，中国人竟然听任自己被包围，然后被按部就班地大批屠杀。……成千上万中国士兵的坟墓也可能就是所有中国人抵抗日本侵略的希望的坟墓。"[4]

私下里，各国外交官们也表达了强烈的信念，即蒋介石肯定会失败，剩下来的唯一问题就是，他是否会固执地选择继续去打一场他毫无胜算的战斗，抑或是他是否会选择乞和。美国大使纳尔逊·詹森在一封给美国亚洲舰队司令雅内尔海军上将的信中写道："除了继续在国内打一场断断续续的战争，或者在谈判中尽可能争取最好的条件之外，现在留给中国人的牌已经打光了。"[5]

*　　*　　*

日本人也表现得好像蒋介石已经战败了。他们的假设似乎是蒋总司令在中国政治上也成了强弩之末，轻轻一推就足以使他的政权像纸牌屋那样轰然倒塌。12月14日，日本首相近卫文麿在公开声明中表示，蒋介石失去了北京、天津、上海和现在的南京，从而产生了一个新的局面。他说："国民政府已经变成了它原先的模样的影子。"如果出现一个新的中国政权来取代蒋介石政府，日本将同它打交道，"只要这个政权被领导着朝正确的方向前进"。[6]

近卫文麿在同一天还发表声明，他将召集日本的文职和军 264
事领袖举行一次联席会议。会议讨论的主要议题是既然中国在
战场上已被彻底打败，那么应该对它施加什么样的和平条款。
日本的要求突然间大幅度增加了，不仅包括要求中国承认
"满洲国"，而且包括在内蒙古和华北地区建立新的亲日政权。
同一天，在日本占领下的北京确实成立了一个傀儡政府。在提
出这些结束中国作为一个统一国家的要求的同时，日本的实际
政策也在朝着同一个目标努力。[7]

这些通过德国外交渠道转达的日本政府的要求，在中国政
坛以及那些从事被许多人解释为"拖延战术"的中国人中间
造成了"震动和惊愕"。[8]这促使日本政府中的一些有影响力的
官员呼吁终止与中国的谈判。值得注意的是，即使在这个后期
阶段，就有关针对中国应采取什么适当政策这一点，日本最高
决策者中仍然存在分歧。陆军参谋次长多田骏仍然对在中国打
一场持久战争的前景深表关切，并希望谈判能继续进行下去。[9]

多田骏面对的是内阁中的大多数成员，包括外交大臣和陆
军及海军大臣，最终他让了步。"在这种紧急状态下，"他说，
"必须避免内阁和（参谋本部）之间的斗争可能引起的任何政
治动荡。"尽管他不同意，但他选择不再积极反对对华不让步
的政策。1938 年 1 月 16 日，日本公开声明，它将"从今以后
停止"与蒋介石"打交道"。[10]这是一个不可收回的声明。这是
一个真正没有退路的临界点。战争成了唯一的选择。

*   *   *

德国作为中日两国之间的信件转达者，也把蒋介石看作一
笔失败的赌注。1938 年 1 月下旬，德国驻东京大使冯·德克

森敦促德国外交做出根本性的改变，并呼吁放弃中国以支持日
本。他警告说，这是一个紧迫的问题，因为日本对德国所做出
的即将被废弃的和平努力怀恨在心。冯·德克森在一份报告中
写道：日本将"在不合时宜的时刻做出令人不愉快的决定，
以此对我们发泄其深深的怨气"。[11]

冯·德克森的看法在柏林受到青睐。纳粹德国和天皇裕仁
治下的日本正在进入同一条轨道，在未来三年内，这将导致轴
心国的建立，并把柏林和东京牢牢地捆绑在同一辆战车上，共
同去挑起一场最终将席卷大半个地球的战争。当拉贝于1938
年回到德国故乡时，他经历了德国外交政策的变化，发现大多
数人对他关于日本人在南京暴行的描述充耳不闻。他甚至还遭
遇了盖世太保的来访，盖世太保显然希望他对日本的暴行缄口
不言，保持沉默。[12]

冯·德克森大使在其1938年1月的报告中也指出，由于
中国与苏联的友好关系日益密切，所以应该放弃中国。他的这
个论点颇有道理。俄国人对中国的援助远远不是象征性的。到
1937年底，在中国已经有450名苏联飞行员。如果不是因为
他们，日本人很可能已经享有完全的空中优势。[13]

蒋介石似乎没有很好地去理解俄国人的动机。他们把飞机
和飞行员派到中国来，使中国置身于战争之中，却使自己置身
于战争之外。即便如此，在南京沦陷后，蒋介石向苏联领导人
斯大林发出信息，要求他直接参与战争。斯大林礼貌地拒绝了
这个邀请，说如果他加入这场战争，"整个世界就会说苏联是
一个侵略者，世界各地即刻就会增加对日本的同情"。[14]

几个月后，苏联副外交人员委员会见了法国大使，他的讲
话中透露着非常罕见的直率，称中国的局势"非常辉煌"。他

预计中国还将再打几年，此后，日本的实力将被大大削弱，以至于无力再对苏联发动任何大规模作战。很明显，中国正在被其利用。[15]

无论苏联出于何种动机，中国都正在接受斯大林的苏联的重大援助，而世界上其他国家却袖手旁观，唯恐惹怒了日本。直到希特勒执行侵犯苏联的巴巴罗萨行动，苏联被德国军队逼到绝境而不能再提供大量海外援助时，它总共向中国提供了904架飞机、1516辆卡车、1140门大炮、9720挺机枪、50000支步枪、31600枚炸弹，等等。[16]

＊　　＊　　＊

总而言之，中国并不像当时大多数观察家所认为的那样损失惨重，一蹶不振。同样，一些中国官员后来也辩称，南京之战并非如表面上所看到的那样是绝对的惨败。"我认为守南京的主要目的还是争取一些时间，使刚撤下来的部队得以休整和准备，"唐生智在他的回忆录中写道，"而不单纯从南京是首都或中山陵园所在地来考虑。"[17]他的回忆录是在战争和共产党革命之后，在他选择留在毛泽东领导的中华人民共和国之后发表的。

同样，在南京任军官的谭道平也把这场战斗描述为是一次有限的成功，因为它把日本人引入了内陆，这正是两次战争之间的军事思想家蒋百里提出的战略。由于所有日本军队都被攻占南京的任务所束缚，这就使得几十个从上海撤离的中国师能够摆脱他们的追击。[18]就日本人而言，谭道平在战后写道："他们判断错误，他们迷恋于战争的可以迅疾结束，胜负的可以立刻决定，然而，事实却粉碎了他们的幻梦：一部分兵力被消耗

266

了，他们不能速战速决。"[19]

这可能是中国军官借助于事后的认识去相信他们所取得的成果。然而，即使这一点属实，也是付出了无数中国人生命的惨重代价。和在上海一样，南京战场上的中国指挥官也认为他们可以在纯意志力的基础上作战。"现代战争不能只凭精神意志，血肉之躯，南京保卫战就是一个最好的说明。"中国军官郭岐在他的回忆录中如此写道。[20]

南京保卫战也留下了相当多的怨恨。很多人心中还积聚着几十年的愤怒，如第 87 师的旅长陈颐鼎那样，他所在的师战后只剩下几百名幸存者。"在这五天的战斗过程中，上级没有同我们见过一次面，"他后来在战斗回忆录中写道，"没有尽他们应尽的责任；也没有告诉我们南京保卫战的一般部署情况；更没有向我们下达撤退的命令；事后也没有听说哪个指挥官因失职受处分。"[21]

* * *

267   12 月 20 日，拉贝的安全区国际委员会派出 16 名工人去清理打扫南京的首都饭店，这家饭店是供日本军官居住的。根据委员会所做出的坚决要求，这 16 人都被带回来了。他们每人甚至还都得到了五块钱的报酬。"看得出来，中国人对此的印象是好的。"拉贝在他的日记中如此写道。这个例子表明，日本人在南京采取不同政策是能取得不同效果的。[22]

瑞典探险家斯文·赫定比大多数欧洲人更了解中国，但日本人在中国所表现的自我毁灭式的残酷也令他目瞪口呆。"日本人对中国人心态的理解少得令人吃惊，"非常仰慕希特勒的赫定在他的日记里写道，"如果他们以人道和仁慈的方式行事，那么所有的抵抗都会消失，他们也就能达到他们的目的。"[23]在这个意义上，日本不仅在南京是个失败者，而且在它于中国所发动的其他战斗中也都是一个失败者。

1938年2月7日，松井石根就有关他指挥下的士兵过分荒淫无耻的行为发表了他迄今为止最为强烈的声明。他说道："绝对有必要……立即停止有关日本军队对中国人民和中国财产的纪律和行为的不利报道。"接着他补充说，鉴于日本军队在成功地实现日本在东亚的使命之前正面临着旷日持久的战争的前景，惩戒性的纪律是尤其必要的。[24]

近十一年后，松井石根坐在东京巢鸭监狱的死囚牢里，等待着因其在南京所犯下的罪行而将被执行的绞刑。他被允许与一个来自名为"净土"的教派的佛教禅师谈话，该教派得名于天上的乐园，这个乐园正等待着来自该教派的信徒。松井石根对他的师团指挥官们在南京的行为表示失望。他说，他们中的一些人根本没有表现出丝毫的悔恨。他本人则已经托付给了他自己的命运，并希望他即将到来的死亡有可能会在日本的前军人中产生一些急需的反思。

"我只能说，"他告诉那位禅师道，"我对即将发生在我身上的一切感到非常高兴，希望我的死将在尽可能多的那些当时在场的军人中引起一定程度上的深刻反省。无论如何，该结束的一切都已经结束了，我只能说我此刻只是想死，然后在净土上获得重生。"[25]

附　录
战斗序列

中日双方军队师一级指挥官的名字在括号中列出，中方包括独立旅一级而日方包括支队一级。

中国军力

第2军团（徐源泉）

第41师（丁治磐）

第121旅

第123旅

第48师（徐继武）

第142旅

第144旅

第66军（叶肇）

第159师（谭邃）

第475旅

第477旅

第160师（叶肇）

第478旅

第480旅

第71军（王敬久）

第87师（沈发藻）

第259旅

第261旅

第72军（孙元良）

第88师（孙元良）

第262旅

第264旅

第74军（俞济时）

第51师（王耀武）

第151旅

第153旅

第58师（冯圣法）

第172旅

第174旅

第78军（宋希濂）

第36师（宋希濂）

第106旅

第 108 旅

第 83 军（邓龙光）

第 154 师（巫剑雄）

第 156 师（李江）

第 468 旅

江防军（刘兴）

第 112 师（霍守义）

第 334 旅

第 336 旅

第 103 师（何知重）

教导总队（桂永清）

第 1 旅

第 2 旅

第 3 旅

第 23 集团军（部署在广德和泗安）（刘湘）

第 21 军（唐式遵）

第 145 师（饶国华）

第 433 旅

第 435 旅

第 146 师（刘兆黎）

第 436 旅

第 438 旅

第 13 独立旅（田钟毅）

第 14 独立旅（周绍轩）

第 23 军（潘文华）

第 144 师（郭勋祺）

第 430 旅

第 432 旅

第 147 师（杨国祯）

第 439 旅

第 441 旅

第 148 师（陈万仞）

第 442 旅

第 444 旅

日本军力

华中方面军（松井石根）

上海派遣军（松井石根。从 1937 年 12 月 2 日起，朝香宫鸠彦王）

第 3 师团（藤田进）

第 5 旅团

第 6 联队

第 68 联队

第 29 旅团

第 18 联队

第 34 联队

第 9 师团（吉住良辅）

第 6 旅团

第 7 联队

第 35 联队

第 18 旅团

第 19 联队

第 36 联队

第 13 师团

第 26 旅团

第 103 旅团（后改为山田

支队）

第 16 师团（中岛今朝吾）

第 19 旅团

第 9 联队

第 20 联队

第 30 旅团

第 33 联队

第 38 联队

天谷支队（天谷次郎）

第 10 旅团

重藤支队（重藤千秋）

第 10 军（柳川平助）

第 6 师团（谷寿夫）

第 11 旅团

第 13 联队

第 47 联队

第 36 旅团

第 23 联队

第 45 联队

第 18 师团（牛岛贞雄）

第 23 旅团

第 55 联队

第 56 联队

第 35 旅团

第 114 联队

第 124 联队

第 114 师团（末松茂治）

第 127 旅团

第 66 联队

第 102 联队

第 128 旅团

第 115 联队

第 150 联队

国崎支队（国崎登）

第 9 旅团

第 41 联队

注 释

第一章　迎战

1. 有关三架诺斯罗普伽玛飞机在 11 月 11 日的战斗任务的描述主要根据中国第二历史档案馆出版的一份战果报告《抗日战争正面战场》，南京：凤凰出版社，2005，卷 3，第 2125 – 2126 页。我非常感谢航空专家理查德·P. 哈莱恩（Richard Hallion）为我提供了有关诺斯罗普伽玛飞机的装备、性能和战术的极有价值的信息。

2. 有关彭德明的背景的细节转引自双流县志编纂委员会所编的《双流县志》，成都：四川人民出版社，1992，第 906 – 907 页。

3. 如前面提到的这份中国的战后报道所描述的那样，三架中国飞机的一次出击就能够接近一艘受到充分保护的日本航空母舰，这件事似乎看来有点牵强附会。然而，当时担任中国空军顾问的充满传奇色彩的美国飞行员陈纳德在他的回忆录中描述道，在淞沪会战期间中国的俯冲轰炸机攻击了一艘停泊在长江口的日本航空母舰，参见陈纳德《一个战士的道路》（*Way of a Fighter*），New York NY：C. P. Putnam's Sons，1949，p. 58。

4. 在之前的袭击水面目标的战斗中，诺斯罗普伽玛飞机的战绩惨淡。1937 年 8 月 14 日这个型号的飞机参与了对停泊在上海港内的日本"出云"号巡洋舰的攻击，在攻击中没有一枚炸弹命中目标，倒是三枚偏离目标的炸弹炸死了大批无辜的旁观者，他们中的绝大多数都是中国人。参阅理查德·P. 哈莱恩所著的《来自空中的打击：战场空袭史，1910—1945》（*Strike From the Sky：The History of Battlefield Air Attack, 1910 – 1945*），Tuscaloosa, AL：University of Alabama Press，2010，p. 122。

5. 日本军舰究竟发生了什么情况不得而知，因为已知的日本文献记载没有提到过这次攻击。鉴于缺少相关记载，所造成的损失很可能是有限的。

6. 台北市的日文称呼。

7. 有关 11 月 11 日对南京大校场轰炸的叙述是根据发表在江苏人民出版社 2010 年出版的《南京大屠杀史料集》中的一份日本的战后报告，参见其中第 57 卷，第 882 – 885 页。后文引用略为 NDS。

8. 有关日本海军航空兵早期驾驶九六式攻击机的经历，请参阅理查德·M. 巴歇尔（Richard M. Bueschel）所著的 *Mitsubishi/Nakajima G3m1/2/396 Rikko L3y1/2 in Japanese Naval Air Service*，Canterbury，Kent：Osprey Publishing，1972。

9. Associated Press（美联社），"Claim Capture of Nanhsiang," *The New York Times*，November 12，1937.

10. Rabe，John，*The Good Man of Nanking：The Diaries of John Rabe*，New York NY：Vintage Books，1998，pp. 19 – 20。

11. Rabe，p. 13.

12. Rabe，p. 5.

13. Rabe，p. 5.

14. Rabe，p. 4.

15. Rabe，pp. 4，6 – 7.

16. Rabe，pp. 4 – 6.

17. 给丽贝卡·格里斯特（Rebecca Griest）的信，转引自胡华玲所著《金陵永生：魏特琳女士传》（*American Goddess at the Rape of Nanking：The Courage of Minnie Vautrin*），Carbondale and Edwardsville，IL：Southern Illinois University Press，2000，p. 67。

18. Minnie Vautrin，*Terror in Minnie Vautrin's Nanjing：Diaries and Correspondence，1937 – 38*，Urbana and Chicago，IL：University of Illinois Press，2008，p. 1.

19. Vautrin，p. 3.

20. Vautrin，p. xix.

21. 1937 年 8 月 10 日给丽贝卡·格里斯特的信，转引自胡华玲所著《金陵永生：魏特琳女士传》，第 62 页。

22. Vautrin，p. 22.

23. Vautrin，p. 27.

24. Teitler，Geir et al.（eds.）. *A Dutch Spy in China：Reports on the First Phase of the Sino-Japanese War（1937 – 1939）*. Leiden：Brill，1999，p. 130.

25. Rabe，p. xvi；Turnbull，Stephen. *Chinese Walled Cities 221 BC – AD*

1644. Oxford：Osprey Publishing，2009，pp. 30 – 33.

26. Musgrove，Charles. *China's Contested Capital：Architecture，Ritual，and Response in Nanjing.* Honolulu Hi：University of Hawaii Press，2013，p. 35.

27. Musgrove，p. 33.

28. Eigner，Julius. "The Rise and Fall of Nanking," in *National Geographic*，February 1938，p. 217.

29. Eigner，pp. 197，214.

30. Eigner，p. 197；冯玉祥：《我所认识的蒋介石》，台北：捷幼出版社，2007，第 84 页。

31. Eigner，p. 189.

32. Eigner，p. 189. 此处清楚地描述了在遭到战争全面破坏之前的南京。尽管艾格纳的文章刊登在 1938 年 2 月号的《国家地理》杂志上，他的手稿则是在 1937 年 11 月完成的。

33. Eigner，p. 198.

34. Rabe，p. xvii.

35. Eigner，pp. 204，211.

36. Eigner，pp. 198 – 199.

37. Eigner，pp. 202，209.

38. 伊斯雷尔·爱泼斯坦：《历史不应忘记》，北京：五洲传播出版社，2005，第 44 页。

39. Platt，Stephen R. *Autumn in the Heavenly Kingdom：China，the West and the Epic Story of the Taiping Civil War.* New York NY：Vintage Books，2012，p. 350.

40. Rabe，p. xvii.

41. 事实上，"日本"倭寇是由各个不同民族组成的，包括蒙古人、朝鲜人甚至中国人。参阅 So Kwan-wai. *Japanese Piracy in Ming China during the 16th Century.* East Lansing Mi：Michigan State University Press，1975。

42. 近年来对日本在 19 世纪末竭力加入西方国家体系的评价，请参阅 Okagai，Tomoko T. *The Logic of Conformity：Japan's Entry into International Society.* Toronto：University of Toronto Press，2013。

43. Okagai，pp. 70 – 72.

44. 《北华捷报》，1937 年 11 月 17 日。

45. 《泰晤士报》，1937 年 11 月 12 日。

46. 《北华捷报》，1937 年 11 月 17 日。

47. 《纽约时报》，1937 年 11 月 12 日。

48. Utley, Freda. *China at War*. London：Faber and Faber，1939，pp. 197，243. 事实上，"大元帅"这个头衔最早是孙中山所用的。我非常感激历史学家理德·B. 弗兰克，他给我指出了这一点。

49. Utley, p. 244.

50. 有关蒋介石在上海开辟新的战线的可能动机，历史学家没能达成共识。参见 Harmsen, Peter. *Shanghai 1937：Stalingrad on the Yangtze*. Philadelphia and Oxford：Casemate，2013，pp. 31，116 – 117，247 – 249，278（n. 74）。

51. Utley, p. 242.

52. 荣维木：《日本的全面侵华战争与中国的全面抗日战争》，收于《中日共同历史研究报告》，北京，2010，第 2 页。

53. Harmsen, pp. 219*ff.*

54. 蒋中正：《困勉记》，台北：国史馆，2011，第 584 页。

55. 合众社，1937 年 11 月 11 日。

56. 另外一个不佩戴勋章的动机可能是希望避免遭到暗杀或狙击手的狙杀，在日本军官中这种做法很普遍。

57. 《纽约时报》，1937 年 12 月 1 日。

58. 松井石根：《松井石根阵中日记》，收于 *NDS*，卷 8，第 126 页。

59. 《费加罗报》，1937 年 11 月 12 日。

60. 《纽约时报》美联社消息，1937 年 11 月 12 日。

61. 《纽约时报》，1937 年 11 月 12 日。

62. Matsumoto Shigeharu. *Shanhai jidai：Jaanarisuto no kaiso*（*The Shanghai Years：Memoirs of a Journalist*），Tokyo：Chuokoronsha，1982，vol. 2，pp. 242 – 243.

63. Jordan, Donald a. *China's Trial by Fire*. Ann Arbor Mi：University of Michigan Press，2001，p. 167.

64. *Shina jihen rikugun sakusen, I, Showa jusan nen ichi gatsu made*（*Official Military History*，vol. 86，*Army Operations during the China Incident*，part I：*The Period until January 1938*）. Tokyo：Asagumo shimbunsha，1975，pp. 403 – 404. 以下引用略为 *SJRS*。

65. Yoshida Hiroshi. *Tenno no gunkai to Nankin jiken*. Tokyo：Aoki shoten，1998，p. 71.

66. 华中方面军事实上在通常称为华东的地区开展军事活动。这点不应与地理上的华中地区相混淆，地理上的华中地区指的是中国的内陆省份河南、湖北和湖南。

67. Peattie, Mark R. *Ishiwara Kanji and Japan's Confrontation with the West*. Princeton NJ：Princeton University Press，1975，p. 301.

68. 在某些来源中也称之为 Tada Shun。

69. 日本的陆军参谋总长是日本天皇的叔叔闲院宫载仁亲王，他通常不亲自处理日常军务。这样多田就意味着要去填补这个空缺。Boyle, John Hunter. *China and Japan at War*：*The Politics of Collaboration*. Stanford CA：Stanford University Press，1972，pp. 44 – 45.

70. Peattie, p. 293.

71. Peattie, p. 205.

72. 有关雷托夫在莫斯科的谈话的记载是基于下列文献：Rytow（Rytov），a. g. "Im kämpfenden China"（"In Fighting China"），in *Am Himmel über China 1937 – 1940*（*In the Skies above China, 1937 – 1940*）. Berlin：Militärverlag der Deutschen Demokratischen Republik，1986，pp. 100 – 102。

73. Haslam, Jonathan. *The Soviet Union and the Threat from the East, 1933 – 41*. Pittsburgh PA：University of Pittsburgh Press，1992，pp. 92 – 93.

74. Haslam, p. 108.

75. 陈颐鼎：《杨树浦、蕴藻浜战斗》，收于《八一三淞沪抗战：原国民党将领抗日战争亲历记》，北京：中国文史出版社，1987，第114 页。

76. 陈颐鼎：《杨树浦、蕴藻浜战斗》，第114 页。

77. 陈颐鼎：《杨树浦、蕴藻浜战斗》，第114 页。

78. 曹聚仁：《我与我的世界》，北京：生活·读书·新知三联书店，2011，第611 页。

79. Carlson, E. F. *Twin Stars of China*. Beijing：Foreign Languages Press，2003，pp. 22 – 23.

80. 陈颐鼎：《杨树浦、蕴藻浜战斗》，第114 页。

81. 有关第30 旅在11 月初的行动的描述转引自佐佐木到一《南京攻略记》，收于 *NDS*，卷60，第303 – 304 页。

82. Hatano Sumioand Sochi Junichiro. "The Sino-Japanese War of 1937 – 45：Japanese Military Invasion and Chinese Resistance," in *Japan-China Joint History Research Report*. Tokyo，2001，vol. 1，p. 136.

83. 9 月时离开台湾的重藤支队，得名于其指挥官重藤千秋少将。该支队下辖五个营和一个山炮连，参见 *SJRS*，第 279 页。

84. Bergamini, David. *Japan's Imperial Conspiracy*. London： Heinemann，1971，p. 17.

85. 转引自 Bix，Herbert. *Hirohito and the Making of Modern Japan*. New York NY：HarperCollins，2001，p. 333。

第二章 "全面出击！"

1. 玉井胜德（1907～1960 年）是 20 世纪 30 年代一位著名的日本作家。他以笔名火野苇平写作。有关他所在的部队参与嘉善一役的叙述，大体上是根据他在 1937 年据说是写给他父亲的一封私信。整封信收录于在火野苇平《火野苇平的信》，收于 *NDS*，第 61 卷，第 729 - 737 页。玉井还在他的 *Mugi to heitai* 一书中描述了嘉善之战，此书于 1938 年出版并于次年译成英文，书名为《小麦和士兵》（New York NY：Farrar and Rinehart，1939）。有关嘉善之战的部分在第 130 - 138 页上。尽管此书对于战争的描述是不留情面的，但其中最关键的部分——残杀中国俘虏的那部分——被删除了。有关玉井写作时严格的战时审查制度的细节，根据他本人在前线的经历，包括这一特别的段落，参见 Rosenfeld，David M. *Unhappy Soldier*：*Hino Ashihei and Japanese World War II Literature*. Lanham：Lexington Books，2002，pp. 49 - 51。

2. *SJRS*，p. 402.

3. Vautrin，pp. 42 - 43.

4. 《中央日报》，1937 年 11 月 12 日。

5. 这些资料转引自一封给《泰晤士报》的信，发表于 1937 年 11 月 4 日。由于此信作者于 8 月 21 日离开南京，信中对南京城里的描述应该是战争初期的情况。

6. 《泰晤士报》，1937 年 11 月 4 日。"Kuling"（牯岭）是根据英文单词"cooling"玩笑而来的西方称呼，指江西省庐山上的一个地名。

7. 《驻沪冈本总领事致广田外务大臣函》，收于 *NDS*，卷 2，第 39 页。

8. 《驻沪冈本总领事致广田外务大臣函》，第 38 - 39 页。

9. Vautrin，pp. 30 - 31.

10. 武汉在很多资料来源中也被称为汉口。事实上，汉口是后来逐渐发展成为一个大都市的原先三个城市之一。如此，武汉常被称为"武汉三镇"。为避免混淆，本书全文都使用"武汉"这个地名。

11. 《驻沪冈本总领事致广田外务大臣函》，第 40 页。

12. Vautrin，p. 47.

13. 姜良芹：《从淞沪到南京：蒋介石政战略选择之失误及其转向》，《南京大学学报》2011 年第 1 期，第 108 页。

14. 《驻沪冈本总领事致广田外务大臣函》，第 38 页。

15. Vautrin，p. 22.

16. 《驻沪冈本总领事致广田外务大臣函》，第 38 - 39 页。

17. Ciano，Galleazo. *Ciano's Diary 1937 - 1938*. London：Methuen，1952，p. 34.

18. 冯玉祥，第 84 - 85 页；姜良芹，第 108 页。

19. 姜良芹，第 107 页，注 4。

20. Liu，Bea Exner. *Remembering China 1935 - 1945：A Memoir*. Moorhead，MN：NewRivers Press，1996，p. 41.

21. 《驻沪冈本总领事致广田外务大臣函》，第 38 页。

22. 《泰晤士报》，1937 年 11 月 4 日。

23. 孙宅巍：《南京保卫战》，台北：吴南图书出版公司，1997，第 89 - 90 页。

24. 有关第 36 联队离开苏州河岸的记载是根据山本武写的《山本武日记》，收于 *NDS*，卷 32，第 326 - 328 页。

25. 松井石根，第 126 - 127 页。同样参见 *SJRS*，p. 400。

26. 国崎支队，以其指挥官国崎登少将得名，由第 5 师团第 41 联队强化而成，配备山炮连、装甲连和运输连，参见 *SJRS*，p. 391。

27. *SJRS*，p. 400.

28. *NDS*，卷 56，第 70 页。

29. 《驻沪冈本总领事致广田外务大臣函》，第 38 页。

30. 《大阪每日新闻》，1937 年 11 月 30 日。

31. 石井清太郎：《生命的战绩》，收于 *NDS*，卷 60，第 276 页。

32. 117 井本熊雄：《日支事变作战日记》，收于 *NDS*，卷 60，第 49 - 50 页。

33. Brook，Timothy. *Collaboration：Japanese Agents and Local Elites in Wartime China*. Cambridge MA：Harvard University Press，2005，p. 75.

34. Brook，p. 67.

35. Brook，pp. 67 - 68.

36. 《东京日日新闻》，1937 年 11 月 15 日；*SJRS*，p. 404。

37. Brook，pp. 67 - 68.

38. 石井，第 277 - 278 页。

39. Vautrin, p. 7.

40. Letter to friends, dated December 14, 1937. From RG 11：box 229 Folder 3875："College Files：University of Nanking：Correspondence：Wilson, Robert 1937" at Yale Divinity School Library.

41. 《泰晤士报》，1937 年 11 月 4 日。

42. 《纽约时报》，1937 年 8 月 21 日。

43. 《泰晤士报》，1937 年 10 月 4 日。

44. Vautrin, p. 40. 《泰晤士报》，1937 年 11 月 30 日。

45. Rabe, p. 4.

46. Eigner, p. 198.

47. Rabe, p. 6.

48. 孙宅巍，第 92 - 93 页。在一架三菱轰炸机的残骸中，中国士兵发现了一个日本飞行员的个人物品，包括他妻子的一张照片和一封他妻子写给他的信。

49. 陈纳德，第 48 - 49 页。

50. 陈纳德，第 49 页。

51. 孙宅巍，第 93 - 94 页。

52. 罗伯特·威尔逊：《致朋友函》，12 月 14 日。

53. 罗伯特·威尔逊：《致朋友函》，12 月 14 日。

54. 孙宅巍，第 95 页。

55. 姜良芹，第 108 页。

56. 罗伯特·威尔逊：《致朋友函》，12 月 14 日。

57. 罗伯特·威尔逊：《致朋友函》，12 月 14 日。

58. 《泰晤士报》，1937 年 10 月 1 日。

59. Grew, Joseph. *Ten Years in Japan.* Westport, CT：Greenwood Press Publishers, 1944, p. 231.

60. 即使是在关于这场战争的中文文献中，嘉善之战也几乎无人关注。

61. Honda Katsuichi. *The Nanjing Massacre：A Japanese Journalist Confronts Japan's National Shame.* Armonk NY：M. E. Sharpe, 1999, pp. 311 - 312.

62. 147 《熊本师团战史》，收于 *NDS*，卷 56，第 388 - 389 页。

63. 松井石根，第 125 页。

64. 《纽约时报》，1937 年 11 月 15 日。

65. Hattori Satoshi with Edward J. Drea. "Japanese Operations from July to

December 1937," in Peattie, Mark et al. （eds.）. *The Battle for China*: *Essay on the Military History of the Sino-Japanese War of 1937 – 1945*. Stanford CA: Stanford University Press, 2011, p. 176.

66. Yamamoto Mashiro. *Nanking*: *Anatomy of an Atrocity*. Westport CT: Praeger, 2000, p. 50.

67. 陈诚:《陈诚私人回忆资料》,《民国档案》, 1987, 第 1 卷, 第 17 页。

68. 程思远:《政海秘辛》, 台北: 李敖出版社, 1995, 第 150 – 151 页。

69. 宋希濂:《鹰犬大将》, 台北: 李敖出版社, 1990, 第 174 页。

70. Fox, John P. *Germany and the Far Eastern Crisis 1931 – 1938*: *A Study in Diplomacy and Ideology*. Oxford: Clarendon Press, 1982, p. 388, note 145.

71. *Die Schlacht bei Shanghai*. Berlin: Oberkommando der Wehrmacht, 1939, p. 40.

72. 尽管这几次会议的重要性是无可争辩的, 这些会议的时间却不太明确, 究竟开了几次也未确定。刘斐说开过三次会议, 第一次会议是在 11 月 13 日或 14 日召开的。刘斐:《抗战初期的南京保卫战》, 载于《南京保卫战: 原国民党将领抗日战争亲历记》, 北京: 中国文史出版社, 1987, 第 8 页。在下文中均略称为 *NBZ*。而根据李宗仁所述, 仅召开过一次会议, 日期是在 11 月 11 日。Li Tsung-jen（Li Zongren）et al. *The Memoirs of Li Tsung-jen*（《李宗仁回忆录》）. Boulder CO: Westview Press, 1979, pp. 326 – 328. 刘斐的日期可能更正确, 因为与程思远提出的那次重要会议的日期 11 月 17 日相符合。程思远, 第 151 页。

73. 刘斐, 第 8 页。

74. 刘斐, 第 8 – 9 页。

75. 刘斐, 第 9 页。

76. 这种情况有个例子可以证明: 在淞沪战役快结束时, 大量的中国军队正从市区撤出, 而上峰做出的决定是命令一个营的士兵去守卫公共租界边一座废弃的仓库大楼, 如同上演一出 20 世纪的 "阿拉莫" 之战, 以此来确保能吸引大量外国媒体的关注。参见 Harmsen, pp. 187 ff.

77. 孙元良:《亿万光年中的一瞬》, 台北: 时英出版社, 2002, 第 243 页。

78. 刘斐, 第 10 页; 程思远, 第 151 页。

79. 孙宅巍, 第 103 页。

80. 李宗仁，第 328 页。

81. 有关第 30 旅团登陆的叙述是根据佐佐木的记载，第 305 – 307 页。

82. 松井石根，第 127 页。另参见 Harmsen, p. 222。第 5 师团在日本是两栖作战学说发展上的先锋，早在 1918 年就实施了其第一次登陆实践。参见 Millett, Allan R. "Assault from the Sea: The Development of Amphibious Warfare between the Wars," in Murray, Williamson and Millett, Allan R. *Military Innovation in the Interwar Period.* Cambridge: Cambridge University Press, 1998, pp. 67 – 68。

83. Evans, David C. and Peattie, Mark R. *Kaigun: Strategy, Tactics and Technology in the Imperial Japanese Navy 1887 – 1941.* Annapolis, MD: Naval Institute Press, 1997, p. 441.

84. Millett, pp. 52 – 53. 两本详细描述第一次世界大战中日本针对德国的军事行动的著作，几乎同时在 20 世纪 70 年代面世，分别是 Burdick, Charles B. *The Japanese Siege of Tsingtau: World War I in Asia.* Hamden CT: Archon Book, 1976; Hoyt, Edwin P. *The Fall of Tsingtao.* London: Arthur Barker, 1975。

85. Millett, pp. 55 – 56.

86. Millett, pp. 65 – 66.

87. Millett, p. 68.

88. Millett, pp. 68 – 69. 当然，在二十多年两栖作战实践中发展起来的技能和经验不可能在一个短时期内就被彻底抹杀掉，在与日本海军的两栖部队，即这支海军特殊登陆部队的合作中，日本军队仍然在 1941 年和 1942 年整个西太平洋的登陆行动中成功取得了骄人的战绩。

89. 与此同时，日本也在战争爆发后仍然保留了驻华使馆，尽管其大使川越茂大部分时间都停留在上海。

90. 《中国向日本提出互不侵犯条约》，《纽约时报》，1937 年 9 月 2 日。

91. 《宋严词责备使节》，《纽约时报》，1937 年 9 月 3 日。

92. *Brussels Conference: Convened in Virtue of Article 7 of the Washington Treaty of 1922. Acts of the Conference: November 3rd to November 24th 1937.* Brussels: A. Lesigne, undated, p. 40.

93. Lee, Bradford A. *Britain and the Sino-Japanese War, 1937 – 1939: A Study in the Dilemmas of British Decline.* Stanford CA: Stanford University Press, 1973, p. 62.

94. Craft, Stephen G. *K. V. Wellington Koo and the Emergence of Modern*

China. Lexington KY：University Press of Kentucky，2004，p. 122.

95. Quoted in Borg，Dorothy. *The United States and the Far Eastern Crisis of 1933 – 1938：From the Manchurian Incident through the Initial Stage of the Undeclared Sino-Japanese War.* Cambridge MA：Harvard University Press，1964，p. 441.

96. Borg，p. 426；*Brussels Conference*，p. 42.

97. Hata Ikuhiku（秦郁彦）. "The Marco Polo Bridge Incident，1937" in Morley，James William. *The China Quagmire：Japan's Expansion on the Asian Continent 1933 – 1941.* New York NY：Columbia University Press，1983，pp. 277 – 278.

98. Garver，John W. *Chinese-Soviet Relations 1937 – 1945：The Diplomacy of Chinese Nationalism.* Oxford：Oxford University Press，1988，p. 23.

99. Fox，p. 266.

100. Craft，p. 125.

第三章　跨越战线

1. 有关该会议的叙述依据的是 *SJRS*，第 419 – 420 页和池谷半二郎少佐的回忆录。池谷半二郎：《一个作战参谋的会议手记》，收于 *NDS*，卷 33，第 244 – 246 页。日本战地指挥官在南京战役中主动超越东京给他们定下的限制，这在他们的国家的历史上有许多先例。这是一种被称为"gekokujo"的日本传统，即"下级胜过上级"，在近代日本的许多自相残杀的斗争中，这是一种很常见的行为。非常感谢乔克尔·吉斯拉森为我指出这一点。

2. 《帝国大本营下达的第 600 号命令》，收于 *NDS*，卷 11，第 6 页。

3. 寺田是一个持坚定但有点迂腐观点的人，他认为军事行动不应该受后勤的限制。"后勤问题，"他说，"不应束缚军事行动，这项基本原则必须清楚地明白。"山本五十六，第 76 页，注 64。

4. 例子参见石井清太郎，第 283 页。

5. 西泽牟吉：《我们的大陆战记》，收于 *NDS*，卷 57，第 670 – 672 页。

6. 西泽牟吉，第 670 页。

7. 石井清太郎，第 276 页。

8. 佐佐木，第 318 页。

9. 山本武，第 331 页。

10. 石井清太郎，第 276 页。

11. 山本武，第 328 页。

12. 有关河边虎四郎的使命的描述源于井本熊雄的著述，第 47 – 59 页。另外可参阅秦郁彦的著述，第 278 页。

13. 河边虎四郎赴华使命的一个次要目的是试探前线军官是否愿意派遣部队参与未来在华南地区展开的军事行动。

14. Peattie，p. 294.

15. Peattie，pp. 296 – 297.

16. 井本熊雄的书中提供了此段对话，第 48 – 49 页。

17. *Foreign Relations of the United States*，*Diplomatic Papers*，*1937*，*in Five Volumes*，*Vol. III*，*The Far East.* Washington DC：U. S. government Printing Office，1954，p. 602. 后文引用略为 *FRUS*。

18. *Documents on German Foreign Policy 1918 – 1945*：*From the Archives of the German Foreign Ministry*，*Series D*，*vol. I*：*From Neurath toRibbentrop* (*September 1937 – September 1938*). Washington DC：U. S. government Printing Office，1949，pp. 778 – 781. 后文引用略为 *DGFP*。

19. 程思远，第 156 页。戈林同代表蒋介石正在访问德国和意大利的蒋百里将军的谈话。

20. *DGFP*，*Series D*，*vol. I*，pp. 754 – 755；Fox，pp. 243 – 244.

21. 秦郁彦，第 456 – 457 页，注释 97。

22. *DGFP*，Series D，vol. I，p. 755.

23. 松井，第 132 页。

24. Fox，pp. 260 – 261；秦郁彦，第 456 – 457 页，注释 97。

25. *DGFP*，Series D，vol. I，pp. 780 – 781.

26. Garver，p. 27.

27. Ciano，p. 33.

28. 《第 10 军第 31 号命令，1937 年 11 月》，收于 *NDS*，卷 11，第 199 – 200 页。

29. 《柳川给指挥官的命令，1937 年 11 月》，收于 *NDS*，卷 11，第 201 页。

30. 秦郁彦，第 278 页；*SJRS*，p. 418；以及山本，第 49 页，以及第 74 页，注释 48。

31. 秦郁彦，第 456 页，注释 92；Hatano and Sochi，pp. 136 – 137.

32. *SJRS*，p. 418.

33. *SJRS*，pp. 418 – 419.

34. *SJRS*，pp. 418 – 419.

35. *SJRS*，p. 420.

36. 吴相湘：《民国百人传》，台北：传记文学出版社，1979，卷3，第9页。

37. 谭崇恩：《唐生智评传》，长沙：湖南人民出版社，2002，第226页。

38. 有关唐生智的背景资料，请参看孙宅巍所著，第103页。

39. 唐生智：《卫戍南京的经过》，收于 *NBZ*，第2页。

40. 程思远，第151 – 152页。

41. 程思远，第153 – 154页。

42. 唐生智，第2 – 3页。

43. *SJRS*，p. 403.

44. 佐佐木，314页。在这个事实中存在着一定程度上的黑色幽默，几年后，向太平洋中日本人占领的岛屿发起进攻的美国军队也往往会遇到同样疯狂的抵抗，守卫士兵宁死也不愿投降。

45. Sawamura，p. 184.

46. *SJRS*，p. 404.

47. 《纽约时报》，1937年11月21日。

48. 《时代周刊》，1937年11月29日。

49. 松井石根，第133页。

50. 《第九师团战史》，收于 *NDS*，卷56，第108 – 110页。

51. 顾祝同：《墨三九十自述》，台北：国防部史政编译局，1981，第174页。

52. 《泰晤士报》，1937年11月22日。

53. 山本武，第333页。

54. 山本武，第333页。

55. Rabe，p. 26.

56. *FRUS*，1937，Vol. III，pp. 703 – 704.

57. Rabe，p. 21.

58. 姜良芹，第108页。

59. 《纽约时报》，1937年11月20日。

60. 姜良芹，第108页。

61. 《泰晤士报》，1937年11月24日。

62. 参见 Ristaino, Marcia R. *The Jacquinot Safety Zone：Wartime Refugees in Shanghai.* Stanford CA：Stanford University Press，2008。

63. Rabe，pp. 25 – 27.

64. Rabe，p. 28.

65.《纽约时报》，1937 年 11 月 23 日。

66. 杜聿明：《南京保卫战中的战车部队》，收于 *NBZ*，第 212 – 213 页。

67. Mackinnon，Stephen. "The Defense of the Central Yangtze," in Mark Peattie et al.（eds.）. *The Battle for China：Essays on the Military History of the Sino-Japanese War of 1937 – 1945*. Stanford：Stanford University Press，2011，pp. 188 – 189.

68. 张瑞德：《战争前夕的国军》，收于 Mark Peattie et al.（eds.），p. 85。

69. 李吉苏：《南京保卫战战略背景窥视》，收于《抗日战争研究》，1996，卷 2，第 103 页。

70. 李吉苏，第 104 页。

71. 李吉苏，第 105 页。

72. 这种情况一直延续到现代中国。众所周知，前任国家主席胡锦涛正是借助于他担任过北京的中央党校校长这一职务，为他的职业生涯在早期就奠定了一个极其重要的支持基础。

73. 李吉苏，第 105 页。

74. Harmsen，p. 248.

75. Harmsen，pp. 157 – 185.

76. 东史郎：《东史郎日记》，收于 *NDS*，卷 8，第 397 页。

77. 第 13 师团和第 101 师团各包括大约 20000 官兵，比常设师团的 25000 官兵的编制要少。这两个师团拥有的火力也较少，并且机动能力也比不上常设师团。参阅 Ness，Leland. *Rikugun：Guide to Japanese Ground Forces 1937 – 1945. Vol. I：Tactical Organization of Imperial Japanese Army & Navy Ground Forces*. Solihull：Helion and Co，2014，pp. 63 – 65。

78. 井本，第 55 页。

79. 井本，第 56 – 57 页。

80. 井本，第 51 页。

81. 天谷支队，以其指挥官天谷次郎少将命名，基本上由第 11 师团第 10 旅团构成。

82. 井本，第 56 页。

83. 藤田实彦：《战车战绩》，收于 *NDS*，卷 33，第 254 – 255 页。

84. 火野苇平：《火野苇平的信》，第 732 页。

85. *SJRS*, p. 421.

86. 骆周能：《简记广德、泗安战役》，收于 *NBZ*，第 127 页。

87. 末永健一郎：《末永少尉日记摘抄》，收于 *NDS*，卷 57，第 762 页。

88. 椴木雅夫：《椴木的日记》，收于 *NDS*，卷 57，第 754 页。

89. 莉莉·阿贝格（Lily Abegg）在《法兰克福报》刊登的报道，被东中野修道（Higashinakano Shudo）引用于所著《南京大屠杀的彻底检证》（*The Nanking Massacre：Fact versus Fiction*. Tokyo：Sekai Shuppan, 2005），第 32 页；高明明：《对川军出川参加广德抗日战斗的历史考证》，收于《日本侵华史研究》，2014，卷 2，第 90 - 91 页；《纽约时报》，1937 年 11 月 20 日。

90. 高明明：《对川军出川参加广德抗日战斗的历史考证》，第 91 页。

91. 林华均：《金村南山阻击战》，收于 *NBZ*，第 104 - 105 页。

92. 林华均，第 104 - 106 页。

93. 林华均，第 105 页。

94. Benton, Gregor. *New Fourth Army：Communist Resistance along the Yangtze and the Huai 1938 - 1941*. Berkeley CA：University of California Press, 1999, p. 118。

95. 至少有一个来源表明蒋介石想让川军在南京附近的防御圈固守阵地，但是刘湘坚持川军应被派往首都东南方去阻止日军第 10 军进军。参阅林华均所著，第 112 页。

第四章　太湖之战

1. 高明明：《1937 年广德抗日战斗的田野调查与历史考证》，收于《日本侵华史研究》，2014，卷 3，第 108 页。

2. 林华均，第 105 页。

3. 林华均，第 107 页。

4. 高明明：《对川军出川参加广德抗日战斗的历史考证》，第 92 页；林华均，第 113 页。

5. 戚厚杰：《论川军广德、泗安的抗战及其历史评价》，收于《日本侵华史研究》，卷 3，2012。

6. Kazami Akira. *Konoe Naikaku*（*The Konoe Cabinets*）. Tokyo：Nippon ShuppanKyodo, 1951, p. 50。转引自秦郁彦，第 455 页，注释 76。

7. Boyle, p. 144.

8. 秦郁彦，第 271 页。

9. 秦郁彦，第 271 页；Evans and Peattie, pp. 458 – 460。

10. Peattie, pp. 40 – 41, 95.

11. 秦郁彦，第 271 – 272 页。

12. Boyle, pp. 74 – 75；*SJRS*, p. 419.

13. 秦郁彦，第 456 页，注释 96。

14. *SJRS*, p. 419.

15. *Brussels Conference*, pp. 79 – 80.

16. *Brussels Conference*, p. 59.

17. 顾维钧：《顾维钧回忆录》，北京：中华书局，1985，卷 2，第 692 页。

18. Davis papers, memorandum of Hull-Davis telephone conversation, quoted in Borg, pp. 637 – 638.

19. 《泰晤士报》，1937 年 11 月 25 日。

20. 《费加罗报》，1937 年 11 月 25 日。

21. Borg, p. 638.

22. 《纽约时报》，1937 年 11 月 24 日。

23. Mund, Gerald. *Ostasien im Spiegel der deutschen Diplomatie. Die privatdienstliche Korrespondenz des Diplomaten Herbert v. Dirksen von 1933 bis 1938*. Stuttgart：Franz Steiner Verlag, 2006, p. 125.

24. Borg, p. 440.

25. 有关郭心秋在江阴时的记载是根据郭心秋所写的《第 112 师守备江阴战况点滴》一文，收于 *NBZ*，第 95 – 96 页。

26. Kessler, Lawrence D. *The Jiangyin Mission Station：An American Missionary Community in China 1895 – 1951*. Chapel Hill, NC：The University of North Carolina Press, 1996, pp. 6 – 7, 116 – 117.

27. Kessler, p. 8；《战争与人》，收于 *NDS*，卷 10，第 355 页。

28. 《大公报》，1937 年 11 月 28 日。

29. 《泰晤士报》，1937 年 10 月 28 日。

30. Yarnell to Lieutenant Commander Leland Lovette, Navy Department, November 2, 1937. Harry Yarnell papers, University of Southern California.

31. Liu, F. F. *A Military History of Modern China 1924 – 1949*. Westport CT：Greenwood Press, 1956, pp. 136 – 137.

32. 郭浚：《第二军团驰援南京述要》，收于 *NBZ*，第 138 页。

33. Askew, David. "Defending Nanking: An Examination of the Capital Garrison Forces," in *Sino-Japanese Studies*, vol. 15, 2003, p. 163.

34. Carlson, pp. 10 – 11.

35. Liu, F. F., p. 137.

36. 林华均, 第 112 页。

37. 蒋介石:《抗战到底》, 1937 年 10 月 9 日广播演讲稿, 收于《蒋介石总司令战时文集》(*The Collected Wartime Messages of Generalissimo Chiang Kai-shek*. New York NY: The John Day Company, 1946), vol. 1, p. 45。同年 7 月, 蒋介石曾号召他的同胞做出 "最大的" 牺牲。ibid. p. 22。

38. Liu, F. F., pp. 143 – 144。

39. Liu, F. F., p. 143。仅仅为了给日本人 "发出一个信息" 而消耗大量军队的战术甚至在之后的战争期间都还仍然持续着。刘在他的著作中记述了 1944 年的衡阳之战, 在那场战斗中 16275 人的中国守军中阵亡了 15000 人。Ibid. p. 144.

40. 莉莉·阿贝格, 被东中野修道引用, 第 31 页。

41. 莉莉·阿贝格, 被东中野修道引用, 第 30 页。

42. 胡华玲, 第 67 页。

43. 姜良芹, 第 108 页。

44. 《纽约时报》, 1937 年 11 月 23 日。

45. Vautrin, p. 51.

46. 姜良芹, 第 109 页。

47. 姜良芹, 第 109 页。

48. 莉莉·阿贝格, 被东中野修道引用, 第 31 页。

49. Vautrin, p. 48.

50. 埃文斯·F. 卡尔逊:《卡尔逊论战时中国, 1937 – 1941》, 北京: 外文出版社, 2004, 第 20 页。

51. Liu, Bea Exner, pp. 42 – 43.

52. 《纽约时报》, 1937 年 11 月 29 日。

53. Haslam, p. 93.

54. Rytow, pp. 107 – 108.

55. 卡尔逊:《卡尔逊论战时中国, 1937 – 1941》, 第 20 页。早在 10 月 7 日, 《泰晤士报》报道了有 80 架飞机以及飞行员已经在中国, 然而进一步评论道, 这 "可能是夸大其词"。

56. 《纽约时报》, 1937 年 11 月 26 日。

57. 林华均，第 109 页。

58. 林华均，第 108 – 109 页。

59. 林华均，第 109 页。

60. 林华均，第 108 页。

61. 戚厚杰，第 31 页。

62. Vautrin，p. 49.

63. 莉莉·阿贝格，被东中野修道引用，第 32 页。

64. 《纽约时报》，1937 年 11 月 27 日。

65. 莉莉·阿贝格，被东中野修道引用，第 32 页。

66. 孙宅巍，第 90 页。

67. 《纽约时报》，1937 年 11 月 27 日。

68. Watt，John R. *Saving Lives in Wartime China：How Medical Reformers Built Modern Healthcare Systems Amid War and Epidemics, 1928 – 1945*. Leiden：brill，2013，p. 119.

69. Watt 书中的引文，p. 119。

70. Utley，p. 97.

71. Marquart，E. J. Letter to Ambassador Nelson Johnson，November 1，1937. Harry Yarnell papers，University of Southern California.

72. Wilson，Robert O. Letter to Family，December 14，1937. Robert Wilson Correspondence Rg 11：box 229 Folder 3875："College Files：University of Nanking：Correspondence：Wilson，Robert 1937" at Yale Divinity School Library.

73. Wilson，Robert O. Letter to Family，December 14，1937.

74. 卡尔逊：《卡尔逊论战时中国，1937 – 1941》，第 19 页。

75. Schenke，Wolf. *Reise an der Gelben Front：Beobachtungeneines deutschen Kriegsberichterstatters in China*. (*A Journey Along the Yellow Front：Observations of AGerman War Correspondent*). Berlin：Gerhard Stalling Verlagsbuchhandlung，1941，p. 36.

76. Schenke，p. 32.

77. Hinrup，Hans J. "Sindberg：The Good Dane in Nanjing 1937." Paper delivered at NACS 8th Biennial Conference in Stockholm，June 11 – 13，2007.

78. Kessler，pp. 8，116 – 117.

79. Kessler，pp. 6 – 7.

80. 石井清太郎，第 288 页；*SJRS*, p. 421；《战争与人》，第 356 - 357 页。

81. 万式炯：《第 103 师江阴抗战及撤退概述》，收于 *NBZ*，第 84 - 85 页；赵旭：《守备江阴要塞战斗纪实》，收于 *NBZ*，第 92 页。

82. 万式炯，第 84 - 85 页。

83. 赵旭，第 92 页。

84. 万式炯，第 85 页；赵旭，第 92 页。

85. 松井石根，第 135 页。

86. 石井清太郎，第 281 页；山本武：《山本武日记》，第 326 - 328 页。

87. 藤田实彦，第 253 - 254 页。

88. 山本武：《山本武日记》，第 335 页。

89. 《南京作战之真相——熊本第六师团战记》，收于 *NDS*，卷 62，第 69 页。

90. 佐佐木到一，第 313 页。

91. 例子参见东史郎：《东史郎日记》，第 402 - 411 页。

92. 东史郎：《东史郎日记》，第 422 - 423 页。

93. 秦郁彦，第 456 页，注释 96；*SJRS*, p. 422。

94. *SJRS*, p. 422.

95. Fox, pp. 265 - 269.

96. Fox, p. 271.

97. 伊藤敏夫：《一个士兵的战绩》，收于 *NDS*，卷 33，第 387 - 388 页。

98. 戚厚杰，第 31 页。

99. 戚厚杰，第 32 页。

100. 高明明：《对川军出川参加广德抗日战斗的历史考证》第 92 页。

第五章　严冬

1. 有关刘纪祥在江阴的经历的叙述是根据刘纪祥的回忆录《江阴守城战及撤退之经过》。收于 *NBZ*，第 98 - 99 页。

2. 万式炯，第 85 页。

3. 石井清太郎，第 288 页。

4. 石井清太郎，第 288 页。

5. 万式炯，第 85 页。

6. 郭心秋，第 96 - 97 页。

7. 郭心秋，第 96 - 97 页。郭心秋在战斗中存活了下来。

8. 石井清太郎，第 288 – 289 页。石井也从战争中存活了下来。

9. 松井石根，第 142 页；*SJRS*，p. 422。

10.《大陆命令第八号》，收于 *NDS*，卷 9，第 8 页。

11. Bergamini, p. 20。根据 Bergamini 的叙述，多田骏同意对南京发动最后进攻，但也明确表明前提条件是将进攻推迟到 12 月 1 日。

12.《华中方面军第 25 号作战命令》，收于 *NDS*，卷 9，第 22 页。

13.《中支那方面陆上作战经过概要》，收于 *NDS*，卷 56，第 51 页。

14. 松井石根，第 145 页。

15. Bergamini, pp. 22 – 23.

16. Matschin（Machin），M. G. "Chinesische Marschrouten"（"Chinese March Routes"），in *Am Himmel über China 1937 – 1940*，pp. 165 – 166.

17. Polynin, F. P. "Erfüllung einer internationalistischen Pflicht"（"Carrying Out an International Duty"），in *Am Himmel über China 1937 – 1940*，p. 68.

18. *Vojna v Kitae：Boevyje dejstvia aviatsii（pervyj god vojny）*［*War in China：Aerial Combat（First Year of the War）*］. Moscow：Intelligence Directorate of the Workers' and Peasants' Red Army，1938，pp. 16，60 – 61.

19. 刘庸诚：《南京抗战纪要》，收于 *NBZ*，第 181 页。

20. *FRUS*，1937，Vol. III，p. 746；Rabe，pp. 47 – 48.

21. *FRUS*，1937，Vol. III，pp. 746 – 747.

22. Rabe, p. 47.

23. *DGFP*，Series D，Vol. I，p. 787.

24. 刘子健：《中日战争中的德国调停，1937 – 38》，收于《远东季刊》，卷 8，第 2 期，1949 年 2 月，第 161 页；Boyle，70。注释：两段叙述均源于汪精卫，所以应谨慎使用，因为，就如 Boyle 所指出的，汪精卫显然对有意捍卫自己与日本求和的努力。程思远也对会议有类似的叙述，第 157 – 158 页；虽然无法确定出处，但似乎也是以汪精卫作为主要参考。

25. *DGFP*，Series D，Vol. I，pp. 788 – 789.

26. Mund, p. 126.

27. *DGFP*，Series D，Vol. I，pp. 788 – 789。蒋介石并没有直接提及与苏联的协定，但很清楚地提道："中国和第三方的条约不会出现在和平谈判中。" Ibid，p. 788。

28. *DGFP*，Series D，Vol. I，p. 789.

29. *DGFP*, Series D, Vol. I, p. 787.

30. Boyle, p. 71.

31. 《字林西报》，1937 年 12 月 3 日。

32. 有关 12 月 2 日空袭的描述是基于 Matschin 所著，第 167 - 169 页及 *Vojnav Kitae*，pp. 59 - 60。

33. Matschin, p. 169.

34. 常州在其他文献中有时也被称为武进。

35. 东史郎，第 408 - 409 页。

36. 所谓的掷弹筒（knee mortars）实际上是榴弹发射器，并不是真的如其名称那样设计成使用时放在使用者的膝上，因为很可能会造成骨折。然而，在太平洋战场普遍是这么叫的，因而此处也沿用。

37. 东史郎，第 409 - 410 页。

38. *SJRS*, p. 423.

39. 松井石根，第 143 页。

40. 松井石根，第 145 页。

41. 东史郎，第 411 页。

42. Teitler, Geir et al.（eds.），pp. 129 - 130.

43. 孙宅巍，第 86 页。

44. Teitler, Geir et al.（eds.），p. 130.

45. Teitler, Geir et al.（eds.），p. 130.

46. Teitler, Geir et al.（eds.），p. 130.

47. 郭汝瑰等：《中国抗日战争正面战场作战记》，南京：江苏人民出版社，2005 年，第 614 - 615 页。

48. 孙宅巍，第 84 - 85 页。

49. 孙宅巍，第 86 页。

50. 孙宅巍，第 86 页。

51. Vautrin, p. 62.

52. Vautrin, pp. 62 - 63, 66.

53. Vautrin, p. 60.

54. 《泰晤士报》，1937 年 12 月 6 日。

55. 《纽约时报》，1937 年 12 月 7 日。

56. 孙宅巍，第 85 页。

57. 《纽约时报》，1937 年 12 月 5 日；Vautrin, pp. 65 - 66。

58. 《纽约时报》，1937 年 12 月 5 日；《泰晤士报》，1937 年 12 月 6 日。

59. 《泰晤士报》，1937 年 12 月 7 日。

60. Vautrin，p. 65.

61. 《泰晤士报》，1937 年 12 月 3 日。

62. Vautrin，p. 60.

63. Vautrin，pp. 60 – 61.

64. Vautrin，pp. 61，64；《泰晤士报》，1937 年 12 月 3 日；Rabe，p. 47。

65. 《泰晤士报》，1937 年 11 月 30 日和 12 月 3 日。

66. Vautrin，pp. 62 – 63.

67. Rabe，p. 50；Vautrin，p. 59.

68. 《纽约时报》，1937 年 12 月 5 日。

69. 《纽约时报》，1937 年 12 月 7 日。

70. Oliver, Frank. *Special Undeclared War.* London：Jonathan Cape，1939，p. 151；《泰晤士报》，1937 年 12 月 6 – 7 日。

71. 《泰晤士报》，1937 年 12 月 7 日。

72. 查特菲尔德勋爵（Lord Chatfield）给内阁及帝国防务委员会大臣莫里斯·汉基爵士（Sir Maurice Hankey）的信，引自 Lee，Bradford E.，p. 89.

73. Lee，Bradford E.，p. 86.

74. *DGFP*，Series D，Vol. I，p. 790.

75. Rabe，p. 51.

76. Honda，pp. 63 – 65.

77. 梶谷健郎：《参加南京攻掠战》，收于 *NDS*，卷 10，第 102 页。

78. Timberley, Harold J. *Japanese Terrorin China.* Freeport NY：Books for Libraries Press，1969，p. 91。"纯粹为了取乐"而向平民扫射的事件要比绝大多数愿意承认的事实要多得多。轴心国的罪行都有据可查，参看下面所引用的一位姓费尔的纳粹德国空军飞行员对他在英格兰执行的任务的描述："我向每个我看到的骑自行车的人扫射。"见 Neitzel，Sönke and Welzer，Harald. *Soldaten. Protokolle von Kämpfen, Töten und Sterben.* (Soldiers. Protocols of Fighting，Killing and Dying). Frankfurta. M.：Fischer Verlag，2011，p. 105。盟军飞行员也曾经被指控在明显没有军事理由的情况下袭击平民。例子参阅 Knell，Hermann. *To Destroy a City：Strategic Bombing and Its Human Consequences in World War II.* Boston MA：Da Capo Press，2003，pp. 39，46，253。

79. 西泽牟吉，第 670 页。

80. 德国决定以最残酷的手段推进在巴巴罗萨行动中有广泛的文件记载。然而，在前两年侵入波兰时，许多同样的残忍行为就已经显而易见了。参见 Rossino, Alexander B. *Hitler Strikes Poland*：*Blitzkrieg, Ideology, and Atrocity*. Lawrence KS：University Press of Kansas, 2003。

81. 横山胜之助：《日支事变从军记：突入南京》，收于 *NDS*，卷 33，第 332 – 333 页。

82. Weber, Torsten. "The Greater Asia Association and Matsui Iwane, 1933," in Saler, Sven et al. (eds.). *Pan-Asianism*：*A Documentary History*, *Vol. 2*, *1920 – Present*. Lanham MD：Rowman & Littlefield Publishers, 2011, pp. 140 – 141.

83. Weber, pp. 137 – 140.

84. 松井石根：《大亚细亚主义》，*Kingu*，五月增刊；《当前局势之问题：危机时期下的人民团结》，引自 Weber, p. 146。

85. 松井石根，第 145 页。

86. 小长井鉴重：《阵中日记》，收于 *NDS*，卷 32，第 312 页。

87. Dorn, Frank. *The Sino-Japanese War 1937 – 41*：*From Marco Polo Bridge to Pearl Harbor*. New York NY：Macmillan, 1974, p. 93.

88. 何嘉兆：《战车三连卫戍南京纪实》，收于 *NBZ*，第 218 页。

89. Polynin, p. 68.

90. 《字林西报》，1937 年 12 月 3 日。

91. 陈纳德，第 63 页。

92. Wilson, Robert. Diary, December 3, 1937. Yale Divinity School Library.

93. Rytow, p. 125.

94. 沈咸：《高炮连参加南京保卫战简记》，收于 *NBZ*，第 225 页。

95. Vautrin, p. 60.

96. Vautrin, p. 64；《泰晤士报》，1937 年 12 月 7 日。

97. Rabe, p. 49.

98. Rabe, p. 47.

99. Rabe, pp. 48 – 50.

100. Vautrin, pp. 65 – 66.

101. Rabe, pp. 46, 50.

102. Rabe, p. 51.

103. 《纽约时报》，1937 年 12 月 5 日。

104. Watt, pp. 122 – 123.

105. Wilson, letter dated October 28, 1937. Yale Divinity School Library.

106. Watt, pp. 122 – 123；《纽约时报》，1937 年 11 月 27 日；Wilson, letter dated November 28, 1937.

107. Wilson, letter dated November 28, 1937.

108.《纽约时报》，1937 年 11 月 27 日。

109. 阿贝格，被东中野修道引用，第 32 页。

110. 藤田，第 250 页。

111. *SJRS*，pp. 424 – 425.

112. *SJRS*，p. 424.

113. 藤田，第 251 页。

114. 藤田，第 255 – 256 页。

第六章　兵临城下

1.《南京保卫战大事记》，收于 *NDS*，卷 2，第 419 页；Rabe, p. 52；俞洁民：《警卫蒋介石飞离南京》，收于 *NBZ*，第 51 页。

2. 俞洁民，第 51 页。

3. 秦孝仪编：《中华民国重要史料初编——对日抗战时期》，台北：中国国民党中央委员会党史委员会，1981，卷 2，第 218 页。

4. 俞洁民，第 51 页。

5. Vautrin, p. 54.

6. 这些谣言在 11 月底就开始传播开来，见《魏特琳日记》，第 55 页。

7. 姜良芹，第 109 页。

8. 宋希濂称会议是在 12 月 4 日召开的，宋希濂：《南京守城战》，收于 *NBZ*，第 234 页；谭道平声称会议是 12 月 7 日晚召开的，这明显是不对的，因为蒋介石在当天早上就已经离开。此段前文提到的 12 月 4 日表明谭道平是错误的，而且他也打算写下这件事确实是发生在 12 月 4 日，谭道平：《南京卫戍战》，收于 *NBZ*，第 20 页。

9. 宋希濂，*NBZ*，第 234 页；这个叙述更加支持了蒋介石选择在上海进行抵抗以获取更多外国支持的看法。

10. 宋希濂，*NBZ*，第 234 页；谭道平，第 20 页。

11. 谭道平，第 20 页。

12. 东武夫：《东武夫阵中日记》，收于 *NDS*，卷 32，第 390 页。

13. 东武夫，第 390 页。

14. 佐佐木，第 332 页。

15. 东史郎，第 417 页。

16. *SJRS*，p. 424.

17. 《纽约时报》，1937 年 12 月 1 日。

18. 松井石根，第 146 页。

19. 松井石根，第 146 – 147 页。

20. 《南京城攻占要领》，收于 *NDS*，卷 11，第 25 页；*SJRS*，pp. 425，427。

21. 《纽约时报》，1937 年 12 月 9 日。

22. *DGFP*，Series D，Vol. I，pp. 793 – 796.

23. *DGFP*，Series D，Vol. I，p. 799.

24. Boyle p. 71；Crowley，James B. *Japan's Quest for Autonomy*：*National Security and Foreign Policy 1930 – 1938*，Princeton NJ：Princeton University Press，1966，p. 359.

25. Crowley，p. 359.

26. Crowley，p. 359.

27. Boyle，p. 71.

28. Boyle，pp. 72 – 73.

29. Borg，p. 475，and note 104，p. 643.

30. *FRUS*，1937，Vol. III，p. 777.

31. Vautrin，pp. 68 – 69.

32. 《纽约时报》，1937 年 12 月 9 日。

33. 《纽约时报》，1937 年 12 月 9 日。

34. Vautrin，p. 68 – 69.

35. 梶谷健郎，第 103 页。

36. 与今天相比日本曾经是一个城市化程度很低的社会。在 20 世纪 30 年代，一半多的日本人口仍然生活在人口不足一万的小城镇，参见 Henshall，Kenneth. *Historical Dictionary of Japan to 1945*. Lanham MD：Scarecrow Press，2013，p. 450。

37. 广濑正元，《斗魂》，收于 *NDS*，卷 60，第 182 页。

38. 广濑正元，第 182 – 183 页。

39. 佐佐木，第 336 页。

40. 《纽约时报》，1937 年 12 月 1 日；松井并没有明确他是对哪个师团说的，但可能是第 11 师团。

41. 东史郎，第 420 页。

42. 邱维达：《淳化阻击战》，收于 *NBZ*，第 148 – 151 页。

43. 《陆军第五十一师战斗详报》，收于 *NDS*，卷 2，第 178 页；邱维达，第 148 页。

44. 王耀武：《第七十四军参加南京保卫战经过》，收于 *NBZ*，第 141 页。

45. 《陆军第五十一师战斗详报》，第 178 页；邱维达，第 148 页。

46. 王耀武，第 143 页。

47. 《陆军第五十一师战斗详报》，第 178 页。

48. 《第九师团战史》，第 114 页。

49. 《陆军第五十一师战斗详报》，第 178 – 179 页。

50. 何嘉兆，第 218 – 219 页。

51. 《陆军第五十一师战斗详报》，第 178 – 179 页。

52. 《步兵第三十六联队第十一中队行动经过概要》，收于 *NDS*，卷 56，第 172 页；《第九师团战史》，第 114 页；《靖江步兵第三十六连队史》，收于 *NDS*，卷 56，第 128 页。

53. 山本武：《南京·徐州·武汉三镇——回想中的进军》，收于 *NDS*，卷 60，第 203 – 204 页。

54. 山本武，《南京·徐州·武汉三镇——回想中的进军》，第 204 页。

55. 王耀武，第 143 – 144 页。

56. 郭汝瑰等，第 623 页。

57. 《第九师团战史》，第 114 页。

58. 山本武：《山本武日记》，第 345 页。

59. Vautrin，p. 68.

60. Vautrin，pp. 69 – 70.

61. Vautrin，p. 68.

62. Vautrin，p. 140.

63. Vautrin，p. 72.

64. Vautrin，p. 70.

65. 《纽约时报》，1937 年 12 月 9 日。

66. 福斯特，欧内斯特·H.：《致妻子函》，收于章开沅编 *Eyewitnesses to Massacre*. Armonk NY：M. E. Sharpe，2001，p. 116。

67. Vautrin，p. 138.

68. 周振强：《教导总队在南京保卫战中》，收于 *NBZ*，p. 167。教导总队是按照德国国防军的训练部队的模式建立起来的，参见 Harmsen，p. 100。在英语中，一般翻成 "Training Brigade"，即训战旅，但如果按此翻译的话会产生歧义，因为这个部队本身也包含了单独的旅。所以，作者就翻译成"Training Division"。

69. 周振强，第 167 页。

70. 望月五三郎：《我的支那事变》，收于 *NDS*，卷 33，第 179 页。

71. 望月五三郎，第 179 页。

72. 周振强，第 168 页。

73. 李西开：《紫金山战斗》，收于 *NDS*，卷 2，第 376 页；刘庸诚，第 181 – 182 页；周振强，第 168 页。

74. 李西开，第 376 – 377 页；刘庸诚，第 182 页。

75. 该叙述是基于 Kydymow（Kydymov），D. A. "'Himmelskönige' verlierenihre Kronen"（"'Kings of the Sky' Lose Their Crowns"），in *Am Himmel über China 1937 – 1940*，pp. 183 – 185。俄国飞行员的坚韧给经验丰富的美国飞行员陈纳德留下了深刻印象。等待作战的美国飞行员往往会在候警室打牌、看杂志或干脆聊天来打发时间。相比之下，俄国飞行员会将他们的飞机围成一个圈停在机场上，整天在驾驶舱内正襟危坐，等着下一次空袭的到来。这样使得他们能反应迅速，但也有弊端，因为他们的飞机同时起飞的话，常常会相互撞上。陈纳德，第 62 页。

76. 藤村谦：《野炮兵第六联队长记忆中的支那作战》，收于 *NDS*，卷 61，第 620 页。

77. 藤村谦，第 620 – 621 页；《熊本兵团战史》，第 421 页。

78. 藤村谦，第 620 – 621 页。

79. 藤田实彦，第 266 – 269 页。

80. 藤田实彦，第 273 页。

81. 藤村谦，第 621 页。

82. 《都城步兵第二十三联队战记》，收于 *NDS*，卷 57，第 457，471 页。

83. 《都城步兵第二十三联队战记》，第 471 页。

84. 《都城步兵第二十三联队战记》，第 468 页。

85. 《都城步兵第二十三联队战记》，第 468 – 469 页。

86. 《都城步兵第二十三联队战记》，第 472 页。

87. 《纽约时报》，1937 年 12 月 7 日。

88. 这场战斗的叙述是基于赤尾纯藏所撰《火化的青烟》，收于 *NDS*，卷 33，第 66 – 70 页；赤尾纯藏：《泥与血之中》，收于 *NDS*，卷 61，第 410 – 420 页。

89. Fox，p. 275.

90. Ch'i Hsi-sheng（齐锡生）. *Nationalist China at War：Military Defeats and Political Collapse，1937 - 45*. Ann Arbor MI：University of Michigan Press，1982，p. 49.

91. *FRUS*，1937，Vol III，p. 765.

92. 秦孝仪编，卷 2，第 219 页。

93. Fox，p. 275.

94. 蒋廷黻：《蒋廷黻回忆录》，长沙：岳麓书社，2003，第 209 页。

95. 蒋廷黻，第 209 页。

96. Garver，p. 24.

97. Garver，p. 24.

98. Polynin，p. 69.

99. 王耀武，第 143 - 144 页。

100. *FRUS*，1937，Vol. III，p. 767.

101. Kydymow，p. 187. 库图莫夫写道他自己也不清楚是 12 月 11 日还是 12 日。然而，他给出的日期好像太晚了，因为光华门外的机场是在 12 月 9 日被占领的。

102. Kydymow，p. 187.

103. 向鸿远：《增援光华门侧记》，收于 *NBZ*，第 203 页；山际喜一：《追思》，收于 *NDS*，卷 33，第 53 页。

104. 山际喜一，第 53 页。

105. 《靖江步兵第三十六联队史》，第 136 页。

106. 平井茂一郎《从军回忆录》，收于 *NDS*，卷 60，第 176 页。

107. 《步兵第三十六联队中支那方面行动概要》，收于 *NDS*，卷 56；《靖江步兵第三十六联队史》，第 136 - 137 页。

108. 向鸿远，第 203 - 204 页。

109. 向鸿远，第 204 页。

110. 向鸿远，第 204 页。

111. 向鸿远，第 204 - 205 页。

112. 卢昆三：《第八十八师扼守雨花台中华门片段》，收于 *NBZ*，第 164 - 165 页。

113. 《步兵第三十六联队中支那方面行动概要》，第 161 页。

114. 《靖江步兵第三十六联队史》，第 138 页。

115. 向鸿远，第 205 页。

116. 山本武，第 64 页。

117. 松井石根，第 147 页。

118. 谭道平，第 22 页。

119. 东中野修道，第 43 页；谭道平，第 22 页。

120. Rabe, p. 56.

121. *FRUS*, 1937, Vol. III, pp. 781 – 782.

第七章　决定性的日子

1. 饭沼守：《饭沼守日记》，收于 *NDS*，卷 8，第 200 页；谭崇恩，第 233 页；Yamamoto Mashiro, p. 64。

2. 赤尾纯藏：《火化的青烟》，第 73 – 74 页，何嘉兆，第 220 页。

3. Andrade, Tonio. *Lost Colony*: *The Untold Story of China's First Great Victory over the West*. Princeton, NJ: Princeton University Press, 2011, p. 94.

4. 松井石根，第 147 页。

5. 蒋中正编：《抗日战史：淞沪会战》，台北：国防部史政局，1962，第三卷，第 258 页。

6. *FRUS*, 1937, Vol III, p. 784.

7. 蒋中正编，第三卷，第 258 页；谭道平，第 22 页。

8. 《鲭江步兵第三十六联队史》，第 138 页。

9. 《鲭江步兵第三十六联队史》，第 138 页；《步兵第三十六联队中支那方面行动概要》第 161 页提到电话线是在 12 月 10 日下午才接通的。

10. 山本武，第 206 页。

11. 陈颐鼎：《第八十七师在南京保卫战中》，收于 *NBZ*，第 154 – 155 页；何嘉兆，第 221 页；蒋中正编，第三卷，第 258 页。

12. 《鲭江步兵第三十六联队史》，第 138 页。

13. 《步兵第三十六联队中支那方面行动概要》，第 161 页；陈颐鼎：《第八十七师在南京保卫战中》，第 155 页；《鲭江步兵第三十六联队史》，第 138 页。

14. 《步兵第三十六联队中支那方面行动概要》，第 161 页；《鲭江步兵第三十六联队史》，第 138 页。

15. 陈颐鼎：《第八十七师在南京保卫战中》，第 154 – 155 页。

16. 卢畏三，第 165 页。

17. 卢畏三，第 165 页。

18. Askew, pp. 163 – 164.

19. 《熊本兵团战史》，第 422 页。

20. 赤星义雄：《填满了扬子江的尸体》，收于 *NDS*，卷 10，第 145 页。

21. 藤村谦，第 622 页。

22. 《熊本兵团战史》，第 423 页。

23. 《都城步兵第二十三联队战记》，第 484 – 485 页。

24. 《熊本兵团战史》，第 423 页。

25. 卢畏三，第 165 页。

26. 蒋公毅：《陷京三月记》，收于 *NDS*，卷 3，第 57 页。

27. 蒋公毅，第 57 – 58 页。40 人被杀这个数字是依据费吴生的说法，George Ashmore，《日记》，出自章开沅编 *Eyewitnesses to Massacre*，p. 85；福斯特记录的数字是 15 人，第 116 页；而拉贝记下的死亡数字是 12 人，第 60 页。

28. 福斯特，第 116 页。

29. Vautrin, p. 73.

30. Rabe, p. 58.

31. Rabe, pp. 57, 59.

32. 俞洁民，第 51 – 52 页。

33. 有关赤尾纯藏在南京东面那些紧张日子的描述是基于《火化的青烟》，第 73 – 76 页。

34. 佐佐木，第 337 页。

35. 犬饲总一郎：《南京攻防战之真相》，收于 *NDS*，卷 33，第 120 页；中岛今朝吾：《中岛今朝吾日记》，收于 *NDS*，卷 8，第 272 – 274 页。

36. 东史郎，第 429 页。

37. 东史郎，第 428 – 429 页。东史郎从战争中活了下来，之后用笔如实地叙述了日军在中国犯下的罪行。他于 2006 年去世。

38. 森日出夫：《中队长的记录》，收于 *NDS*，卷 33，第 92 – 94 页。

39. 森日出夫，第 94 页。

40. 东史郎，第 433 页。

41. 陈颐鼎：《第八十七师在南京保卫战中》，第 154 – 155 页。

42. 山本武，第 353 页。

43. 《步兵第三十六联队中支那方面行动概要》，第 161 页；《靖江步兵第三十六联队史》，第 138 页。

44. 《靖江步兵第三十六联队史》，第 139 页。

45. 松井石根，第 147 – 148 页。

46. 《鲭江步兵第三十六联队史》，第 139 页。

47. 陈颐鼎：《第八十七师在南京保卫战中》，第 155 页。

48. 山本武，第 351 页。

49. 齐藤中二郎：《彷徨两千五百公里》，收于 *NDS*，卷 33，第 143 页。

50. 山本武，第 351 – 352 页。

51. 山本武，第 352 页。

52. 《熊本兵团战史》，第 423 – 424 页。

53. 卢畏三，第 165 页。

54. 谭道平，第 24 页。

55. 谭道平，第 24 页。

56. 藤田，第 286 页。

57. *SJRS*, p. 425.

58. 饭沼守，第 202 – 203 页。

59. Vautrin, p. 74.

60. Magee, John G. （约翰·G. 马吉），"Letter to Wife"（《致妻子函》），
出自章开沅编 *Eyewitnesses to Massacre*，pp. 168 – 169。

61. Smythe, Lewis S. C. （刘易斯·S. C. 斯迈思），"Letters to Family"
（《致家人函》），出自章开沅编 *Eyewitnesses to Massacre*，p. 252。

62. Rabe, p. 61.

63. Vautrin, p. 146.

64. 马吉，《致妻子函》，第 168 页。

65. 何嘉兆，第 221 页。

66. 森日出夫，第 94 页。

67. 李西开，第 173 页。

68. Bergamini, pp. 22 – 23；中岛今朝吾，第 274 – 275 页。

69. *SJRS*, p. 428.

70. 有关赤尾纯藏对 12 月 11 日经历的叙述基于《火化的青烟》，第 74 –
82 页。

71. 家近亮子：《从蒋介石日记解读 1937 年 12 月的南京情势》，收于
《民国档案》，2009，第 113 页。

72. 家近亮子，第 113 页。

73. Eastman, Lloyd E. "Nationalist China during the Nanking Decade 1927 –
1937," in Jhn K. Fairbank et al. （eds.），*Cambridge History of*

China. Vol. 13 Republican China 1912 – 1949，*Part 2.* Cambridge：Cambridge University Press，1986，p. 148.

74. 杨天石：《蒋介石与 1937 年的淞沪、南京之战》，收于《中国社会科学院学术委员会集刊》，北京：社会科学文献出版社，2005。唐生智在他的战争回忆录第 4 – 5 页中写道，他早在 12 月 10 日中午就收到蒋介石的一封电报，敦促他在适当的时候就撤退。类似的措辞，如使用"相机"这样的措辞，表明唐生智所指的这封电报就是其他来源所标明日期为后来 12 月 11 日的同一封电报。当然，唐生智明显有兴趣把蒋介石为撤退打开绿灯的时间尽可能提前。

第八章　沦陷

1. 有关藤田实彦在 12 月 12 日早晨的经历，根据的是他写的回忆录，第 89 – 292 页。

2. 《熊本兵团战史》，第 426 页。

3. 赤星义雄，第 145 – 146 页。

4. 《熊本兵团战史》，第 427 页。

5. 《熊本兵团战史》，第 426 页。

6. 藤村谦，第 623 页。

7. 赤星义雄，第 145 – 146 页；藤田实彦，第 293 页。

8. 赤星义雄，第 145 – 146 页；藤田实彦，第 293 页。藤田实彦在战争中幸存下来，1945 年日本投降时他在中国。1946 年因肺炎而死在中国监狱中。

9. 《步兵第三十六联队中支那方面行动概要》，第 163 页；《靖江步兵第三十六联队史》，第 142 页。

10. 《步兵第三十六联队中支那方面行动概要》，第 163 – 164 页；《靖江步兵第三十六联队史》，第 142 页。

11. 山本武：《南京·徐州·武汉三镇——回想中的进军》，第 208 页。这不是他写的最后一篇文章，因为他在战争中幸存了下来并返回了日本。

12. 此处有关 12 月陈颐鼎以及第 87 师士兵在光华门的叙述是根据陈颐鼎撰写的《第八十七师在南京保卫战中》一文中第 155 – 156 页的内容。

13. 《靖江步兵第三十六联队史》，第 142 – 143 页。

14. 山本武：《南京·徐州·武汉三镇——回想中的进军》，第 210 页。

15. Rabe，p. 63.

16. 周振强，第 168 页。

17. 周振强，第 168 页。

18. 周振强，第 168 – 169 页。

19. Rabe，p. 62.

20. 福斯特，第 117 页。

21. Rabe，p. 65；Vautrin，p. 77.

22. 郭岐：《陷都血泪录》，收于 NDS，卷 3，第 134 – 135 页。

23. 陈颐鼎：《第八十七师在南京保卫战中》，第 157 页。

24. 平本渥：《平本渥阵中日记》，收于 NDS，卷 60，第 231 页。

25. 有关攻击美国军舰"班乃岛"号的叙述是根据 Angwin，W. A. *Some Phases of the Sino-Japanese Conflict（July to December，1937）*. Shanghai：Asiatic Fleet，1938，pp. 65 – 75；奥宫正武：《我所目睹的南京事件》，收于 NDS，卷 10，第 121 – 124 页；Oliver，pp. 155 – 159；《驻上海总领事（高斯）致国务卿》，电报，1937 年 12 月 17 日，收于 FRUS，1937，*Undeclared War Between Japan and China（Continued from vol. III）*，pp. 505 – 507。

26. Edwards，Paul M. *Between the Lines of World War Two：Twenty-One Remarkable People and Events*. Jefferson NC：McFarland，2010，p. 78.

27. Pace，Eric. "Arthur F. Anders，96，Hero aboard U. S. Gunboat in 1937," obituary in *The New York Times*，August 31，2000.

28. Oliver，p. 157.

29. 《乡土部队奋战史》，收于 NDS，卷 57，第 565 页。

30. 赤星义雄，第 145 – 146 页；藤田，第 293 页。

31. 《都城步兵第二十三联队战记》，第 464 页；藤村谦，第 625 页；《熊本兵团战史》，第 428 – 429 页。

32. 《乡土部队奋战史》，第 566 页。

33. 藤村谦，第 623 页。

34. 《都城步兵第二十三联队战记》，第 462 – 463 页；藤村谦，第 625 页。

35. 《都城步兵第二十三联队战记》，第 462 – 463 页；藤村谦，第 625 页。

36. 费吴生，第 87 页。

37. Rabe, p. 64.

38. Vautrin, pp. 76, 139.

39. 蒋公縠，第 59 页。

40. Vautrin, pp. 77 - 78.

41. Rabe, p. 65.

42. Rabe, p. 143.

43. Vautrin, p. 75.

44. Rabe, p. 64.

45. 蒋公縠，第 59 - 60 页；沈咸，第 225 - 226 页。

46. Rabe, pp. 62 - 63.

47. 杨天石：《蒋介石与 1937 年的淞沪、南京之战》。

48. *DGFP*, Series D, vol. 1, p. 801. 在从这个来源转载的电报中，陶德曼提到孙科的时候常称他为孙佛，在西方来源中提到他时常用此称呼。

49. 宋希濂：《南京守城战》，第 236 页。

50. Rabe, p. 63.

51. 此处和以下段落都是根据郭岐的回忆录，第 135 - 136 页；老兵：《南京惨案目击记》，收于 *NDS*，卷 3，第 432 页。

52. 被引用于东中野修道所著《南京大屠杀的彻底检证》，第 55 页。

53. 李宗仁，第 328 页。也请参看郭汝瑰等所著《中国抗日战争正面战场作战记》，第 644 页。

54. 郭岐，第 136 页。

55. 李益三：《南京突围及广东队伍收容经过》，收于 *NBZ*，第 258 页。

56. 李益三，第 256 页。

57. 李益三，第 258 页。

58. 此处和以下描述码头地区的大混乱情况的段落都是根据老兵的回忆录，第 432 - 433 页。

59. 有关战车在下关的描述都是根据刘树芃的回忆录《战车第一连在下关》，收于 *NBZ*，第 216 - 217 页。

60. 有关半夜攻击中华门附近城墙的描述是根据《熊本兵团战史》，第 428 - 430 页。

61. 赤星义雄，第 146 页。

62. 赤星义雄，第 146 页。

63. 平本渥，第 231 - 232 页。

64. 《都城步兵第二十三联队战记》，第 465 页。

65. 《都城步兵第二十三联队战记》，第 488 页。

66. 《都城步兵第二十三联队战记》，第 487 页。

67. 平本渥，第 233 页。

68. 平本渥，第 233 页；Rabe，p. 66。

69. Rabe，p. 72.

70. Rabe，p. 69.

71. 程瑞芳：《程瑞芳日记》，收于 *NDS*，卷 3，第 12 页。

72. Vautrin，pp. 78，141.

73. Rabe，pp. 64 – 66，72.

74. Vautrin，pp. 77 – 78.

75. Rabe，pp. 66 – 67.

76. Rabe，p. 67；斯迈斯：《致家人函》，第 256 页。

77. 费吴生，第 90 页。

78. 沈咸，第 226 页。

79. 李益三，第 259 – 260 页。

80. Angwin，p. 65；*FRUS*，*1937*，*Undeclared War Between Japan and China* (*Continued from vol. III*)，pp. 488 – 489.

81. *FRUS*，*1937*，*Undeclared War Between Japan and China* (*Continued from vol. III*)，p. 489.

82. Powell, John B. *My Twenty-Five Years in China.* New York NY：The MacmillanCompany，1945，p. 315.

83. *FRUS*，*1937*，*Undeclared War Between Japan and China* (*Continued from vol. III*)，p. 496.

84. *FRUS*，*1937*，*Undeclared War Between Japan and China* (*Continued from vol. III*)，p. 492.

85. *FRUS*，*1937*，*Undeclared War Between Japan and China* (*Continued from vol. III*)，p. 497.

86. Grew，pp. 233 – 234.

87. Angwin，p. 65.

88. Powell，p. 317.

89. Edwards，p. 80.

90. Grew，pp. 234 – 235.

91. Grew，p. 234.

92. Powell, p. 318.

93. Vautrin, pp. 138 – 139.

94. 有关陈颐鼎在 12 月 13 日的活动的描述是根据他写的《第八十七师在南京保卫战中》，第 156 – 158 页。

95. 陈颐鼎在战争中幸存下来并于 1995 年在南京去世。

96. 费吴生，第 87 页；Rabe, p. 70。

97. Rabe, p. 68.

98. 陈颐鼎：《第八十七师在南京保卫战中》，第 158 页。

99. Rabe, p. 67.

100. Vautrin, p. 78.

第九章 恐怖

1.《芝加哥每日新闻报》，1938 年 2 月 4 日，转引自陆束屏编《南京大屠杀：英美人士的目击报道》。香港：香港大学出版社，2004，第 22 页。

2. Bates,Miner Searle（贝德士）. "Some Pictures from Nanking（Dec. 15, 1937）"［《来自南京的一些画面（1937 年 12 月 15 日）》］，收于章开沅编 *Eyewitnesses to Massacre.* Armonk NY：M. E. Sharpe, 2001, p. 4。

3. Vautrin, pp. 88 – 89, 134 – 135.

4. Vautrin, p. 80。悬挂日本旗的相同做法在华北几个月前就已经有了。

5. Wilson, Robert O.（罗伯特·O. 威尔逊），"Letters to Family"（《致家人函》），收于章开沅编 *Eyewitnesses to Massacre*, pp. 392 – 393。

6. Rabe, p. 142.

7. Rabe, p. 121.

8. Vautrin, p. 106.

9. 斯迈思：《致家人函》，第 256 页。

10. 费吴生，第 89 页；Rabe, p. 73；斯迈思：《致家人函》，第 256 – 257 页。

11.《原日本兵的证言》，收于 *NDS*，卷 60，第 244 页。

12. Rabe, p. 144.

13. Rabe, p. 115.

14. Rabe, pp. 86, 131.

15. 转引自陆束屏，第 21 页。

16. McCallum, James H.（詹姆斯·H. 麦卡伦） "Account of Japanese

Atrocities at Nanking During the Winter of 1937 – 38"（《日本人南京暴行录：1937 ~ 1938 年冬》），收于章开沅编 Eyewitnesses to Massacre，p. 231。

17. 沈咸，第 226 页。

18. 沈咸，第 226 – 227 页。

19. 有关南京陷落后李益三的活动的叙述是根据李益三的回忆录，第 58 – 260 页。

20. 李益三，第 258 页。

21. 《南京各军师突围概述》，收于 NDS，卷 2，第 238 页。

22. Rabe，p. 101.

23. Vautrin，pp. 81 – 82.

24. Rabe，pp. 145 – 146；Vautrin，p. 144.

25. 费吴生，第 94 页。并参看麦卡伦，第 232 页；以及 Vautrin，p. 98。

26. 老兵，第 434 页。

27. Vautrin，pp. 97, 100, 107, 111, 145 – 146.

28. Vautrin，p. 145.

29. Vautrin，p. 146.

30. Rabe，p. 75.

31. Rabe，p. 82.

32. 斯迈思，刘易斯·S. C：《日军士兵在安全区骚扰案例》，收于章开沅编 Eyewitnesses to Massacre，p. 310。

33. 费吴生，第 94 页；麦卡伦，第 238 页；Rabe，pp. 86 – 87, 146；Vautrin，p. 91。尽管拉贝对此事并不十分清楚，但魏特琳写道，那 43 个人都是拉贝亲自选出来去为发电厂工作的那群人中的。这件事情在这位德国商人身上造成的压力是很容易意识到的，假如他因此而无意地卷入这些工人的不幸死亡事件之中的话。

34. Vautrin，pp. 149 – 150.

35. 马吉，约翰·G.：《马吉的影片》，收于章开沅编 Eyewitnesses to Massacre. Armonk NY：M. E. Sharpe，2001，p. 209。

36. Rabe，p. 115.

37. 马吉，约翰·G.：《马吉的影片》，第 215 页。

38. Rabe，p. 154.

39. Rabe，p. 145.

40. 马吉，约翰·G.：《马吉的影片》，第 171 页。

41. 《纽约时报》，1938 年 1 月 9 日。

42. Oliver，p. 169.

43. Rabe，p. 212.

44. 蒋介石，卷 2，第 665 – 668 页。

45. Wakabayashi，Bob Tasashi. "Leftover Problems，" in Wakabayashi，Bob Tadashi（ed.）. *The Nanking Atrocity 1937 – 38：Complicating the Picture.* New York NY：Berghahn Book，2007，p. 377.

46. 转引自 Chang，Iris. *The Rape of Nanking：The Forgotten Holocaust of World War II.* New York NY：Basic Books，2012，p. 100。

47. 参看爱泼斯坦，第 51 页。

48. Wakabayashi，p. 384.

49. 转引自章开沅编，第 62 页。

50. Auden，W. H. *The English Auden：Poems，Essays，and Dramatic Writings 1927 – 1939.* Edited by Edward Mendelson. London：Faber and Faber，1977，p. 257.

51. Vautrin，p. 82.

52. Vautrin，pp. 79 – 80.

53. 斯迈思：《日军士兵在安全区骚扰案例》，第 310 – 312 页。

54. 马吉，第 200 页。尽管这个女孩遭受了可怕的苦难，她还是活了下来。

55. 贝德士：《致朋友函（1938 年 1 月 10 日）》，收于章开沅编 *Eyewitnesses to Massacre.* Armonk NY：M. E. Sharpe，2001，p. 14；Magee，p. 200。

56. Snow，Edgar. *The Battle for Asia.* New York NY：Random House，1941，p. 57.

57. 费吴生，第 91 页。

58. Vautrin，p. 83.

59. Vautrin，p. 146.

60. 斯诺，第 57 页。

61. Vautrin，p. 142.

62. Vautrin，p. 83.

63. 费吴生，第 91 页；Vautrin，84 – 85，144 – 145。

64. Vautrin，pp. 84 – 85，144 – 145。其中六个女孩第二天早晨 5 点返回了，未受伤害，参看《魏特琳日记》，第 143 页。根据魏特琳在 1 月底准备的一份报告，在令人恐怖的那几个星期里，总计有三个从金陵女子文理学院抓走的妇女遭到了强奸，参看《魏特琳日记》，第 143 页。对于金陵女子文理学院里发生的强奸案的数量有些不同的意见。拉贝说单是 12 月 16 日一天，在金陵女子文理学院里就发生了 100 起强奸案，参看《拉贝日记》，第 77 页。

65. Rabe, p. 151.

66. 马吉：《致妻子函》，第 179 页；麦卡伦，第 231 页。

67. 福斯特，第 134 页。

68. Rabe, p. 97.

69. 麦卡伦，第 230 页。

70. Rabe, p. 67.

71. 福斯特，第 120 页。

72. 费吴生，第 83 – 84 页。

73. 福斯特，第 120 页。

74. Rabe, pp. 143 – 144.

75. 费吴生，第 97 页。

76. 费吴生，第 88 页。

77. Vautrin, p. 95.

78. Vautrin, pp. 103 – 104.

79. Rabe, p. 144。

80. 贝德士：《致朋友函（1938 年 1 月 10 日）》，第 14 – 15 页。

81. Rabe, p. 136.

82. 马吉：《致妻子函》，第 173 页。

83. 中岛今朝吾，第 301 页。

84. Vautrin, pp. 135 – 136.

85. 威尔逊：《致家人函》，第 402 页。

86. 贝德士：《致朋友函（1938 年 1 月 10 日）》，第 15 页。

87. Rabe, pp. 82, 86.

88. 斯迈思，刘易斯·S. C：《致朋友函》，收于章开沅编 *Eyewitnesses to Massacre*. Armonk NY：M. E. Sharpe，2001，p. 303。

89. Vautrin, p. 135.

90. Vautrin, pp. 115, 123, 125, 127, 134.

91. Vautrin, p. 136.

92. 麦卡伦，第 231 页。

93. 福斯特，第 120 页；马吉：《致妻子函》，第 178 页。

94. 《泰晤士报》，1937 年 11 月 30 日。

95. Rabe, pp. 73, 81。1937 年末在南京的德国人极其厌恶这种比较，他们说二十年前发生在比利时的荒淫无耻的行为是个人的行为，这些人往往也被德国军队所处决，参看费吴生，第 303 页。

96. Rabe，p. 132.

97. Goette，John. *Japan Fights for Asia*. New York NY：Harcourt，Brace and Co.，1943，pp. 41 – 42.

98. 转引自山本武，第 139 页。

99. Rabe，pp. 72 – 73.

100. 转引自 Vautrin，p. xii。

101. 《纽约时报》，1938 年 1 月 9 日。

102. 转引自 Hatano and Sochi，p. 138。

103. Rabe，p. 77.

104. Vautrin，pp. 84，113，138，142.

105. Vautrin，p. 87.

106. Vautrin，p. 113.

107. Vautrin，p. 94.

108. Rabe，p. 121.

109. Rabe，p. 80.

110. 费吴生，第 93 – 94 页；Rabe，p. 87。

111. Rabe，p. 79.

112. 松井石根，第 120 页。

113. 转引自山本正次郎，第 210 页。

114. 山本正次郎，第 141 – 142 页。

115. Hatano and Sochi，p. 138.

116. 转引自山本正次郎，第 163 页。

117. Rabe，p. 93.

118. Rabe，p. 112.

119. Vautrin，pp. 88 – 89.

120. Vautrin，p. 120，see also p. 102。

121. Vautrin，pp. 117 – 118.

122. Vautrin，p. 79.

123. Vautrin，p. 86.

124. 米尔斯，W. 普卢默：《致妻子函》，收于章开沅编 *Eyewitnesses to Massacre*. Armonk NY：M. E. Sharpe，2001，p. 246；Rabe，p. 143；Vautrin，p. 141。

125. 《南京国际救济委员会报告》，收于章开沅编 *Eyewitnesses to Massacre*，p. 414。

126. Vautrin, p. 110.

127. 米尔斯，第 246 页；Rabe，p. 135；《南京国际救济委员会报告》，第 414 页；Vautrin，p. 99。

128. 米尔斯，第 246 页；Rabe，p. 109；Vautrin，p. 110。

129. Rabe, p. 106.

130. Rabe, p. 142.

131. Vautrin, p. 152.

132. Vautrin, pp. 84, 86, 87, 90.

133. Vautrin, pp. 96, 128 – 129, 146, 148.

134. Vautrin, p. 117.

135. Vautrin, p. 122, see also p. 120.

136. 费吴生，第 93 页；马吉，第 178 页；Rabe，p. 85；斯迈思：《致家人函》，第 264 页。

137. 贝德士：《致朋友函（1938 年 11 月 29 日）》，收于章开沅编 *Eyewitnesses to Massacre*. Armonk NY：M. E. Sharpe, 2001，p. 42；斯迈思：《致家人函》，第 264 页。

138. Rabe, p. 74.

139. Vautrin, p. 79.

140. Rabe, p. 78.

141. Vautrin, pp. 92, 112.

142. Vautrin, p. 112.

143. 马吉：《致妻子函》，第 173 页。

144. Vautrin, p. 116.

145. 费吴生，第 95 页；Rabe, pp. 77, 79, 82, 84。

146. Rabe, pp. 121 – 122.

147. Rabe, pp. 74 – 75.

148. Rabe, p. 99.

149. Vautrin, p. 86.

150. 斯迈思：《致家人函》，第 274 页。

151. Vautrin, p. 42.

152. Rabe, pp. 92, 94, 95.

153. Rabe, p. 109；斯迈思：《致家人函》，第 284 页。

154. 松井石根，第 149 页。

155. Vautrin, p. 100.

156. Vautrin, p. 130.

157. Rabe, pp. 75, 82.

158. Rabe, pp. 111, 112, 131.

159. Rabe, pp. 114, 146.

160. Vautrin, p. 134.

161. 威尔逊：《致家人函》，第 404 页。

162. Vautrin, p. 112。这种说法有些夸张，因为杭州尽管在一定程度上也遭受到日本人的烧杀抢掠，但还是逃脱了日军在南京实施的大屠杀。

163. 费吴生，第 99 页。

164. Rabe, p. 145.

165. Vautrin, p. 104.

166. 马吉，约翰·G.：《栖霞山之行报告（1938 年 2 月 16 – 17 日）》，收于章开沅编 *Eyewitnesses to Massacre*. Armonk NY：M. E. Sharpe, 2001, p. 196.

167. 马吉，约翰·G.：《栖霞山之行报告（1938 年 2 月 16 – 17 日）》，第 196 页。

168. Vautrin, p. 132.

169. Hinrup.

170. 转引自 Hinrup。

171. Rabe, pp. 113, 117。这则谣言是没有依据的，完全可以相信是由城内的特务传播的，意图动摇这个新政府。

172. Vautrin, p. 115.

173. 福斯特，第 142 页。

174. Vautrin, pp. 114 – 115, 117 – 118.

175. Rabe, pp. 135, 144.

176. Vautrin, pp. 116, 152 – 153.

177. 福斯特，第 143 页。

178. Vautrin, pp. 153 – 154.

179. Rabe, p. 168.

第十章　劫后

1. 费吴生，第 85 页。

2. 李宗仁，第 328 – 329 页。

3. Mackinnon, pp. 192 – 194.

4. 《纽约时报》，1937 年 12 月 18 日。

5. Johnson, Nelson. Letter to Admiral Harry Yarnell, December 7, 1937. HarryYarnell papers, University of Southern California.

6. Crowley, p. 359.

7. 秦郁彦，第 281，284 – 285 页。

8. Fox, pp. 278 – 279.

9. 秦郁彦，第 283，286 页。

10. 秦郁彦，第 286 页。

11. Fox, p. 291.

12. Rabe, pp. 209 – 215.

13. Haslam, p. 94.

14. Garver, p. 25.

15. Haslam, p. 94.

16. Haslam, pp. 93 – 94.

17. 引自李吉苏，第 110 页。

18. 谭道平：《南京卫成战史话》。南京：东南文化事业出版社，1946，第 47 页。

19. 谭道平：《南京卫成战史话》，第 117 页。

20. 郭岐，第 133 页。

21. 陈颐鼎：《第八十七师在南京保卫战中》，第 156 – 157 页。

22. Rabe, p. 83.

23. Ottosson, Ingemar. *Handel under protest. Sverige och Japan på väg mot andra världskriget 1931 – 1939* (*Trade Under Protest: Sweden and Japan on the Road to the SecondWorld War, 1931 – 1939*). Lund: Sekel Bokförlag, 2010, p. 271, note 315.

24. 《纽约时报》，1938 年 2 月 8 日。

25. Victoria, Brian. "Zen Masters on the Battlefield (Part II)," in *The Asia-Pacific Journal*, Vol. 11, Issue 27, No. 4, July, 2014.

参考文献

缩略语：

NBZ：《南京保卫战：原国民党将领抗日战争亲历记》。北京：中国文史出版社，1987。

NDS：《南京大屠杀史料集》，南京：江苏人民出版社，2005 年至今。

中文文献

赤星义雄：《填满了扬子江的尸体》，收于 *NDS*，卷 10，第 142 – 149 页。

赤尾纯藏：《火化的青烟》，收于 *NDS*，卷 33，第 56 – 90 页。

赤尾纯藏：《泥与血之中》，收于 *NDS*，卷 61，第 394 – 441 页。

东史郎：《东史郎日记》，收于 *NDS*，卷 8，第 392 – 473 页。

《步兵第三十六联队第十一中队行动经过概要》，收于 *NDS*，卷 56，第 167 – 178 页。

《步兵第三十六联队中支那方面行动概要》，收于 *NDS*，卷 56，第 147 – 166 页。

曹聚仁：《我与我的世界》，北京：生活·读书·新知三联书店，2011。

陈诚：《陈诚私人回忆资料》，民国档案，1987，第 1 卷，第 8 – 21 页。

陈惠：《江阴封锁线上的战斗》，收于 *NBZ*，第 57 – 59 页。

陈颐鼎：《第八十七师在南京保卫战中》，收于 *NBZ*，第152－158 页。

陈颐鼎：《杨树浦、蕴藻浜战斗》，收于《八一三淞沪抗战：原国民党将领抗日战争亲历记》，北京：中国文史出版社，1987。

程瑞芳：《程瑞芳日记》，收于 *NDS*，卷 3，第 9－46 页。

程思远：《政海秘辛》。台北：李敖出版社，1995。

《第九师团战史》，收于 *NDS*，卷 56，第 105－123 页。

杜聿明：《南京保卫战中的战车部队》，收于 *NBZ*，第 212－215 页。

《都城步兵第 23 联队战记》，收于 *NDS*，卷 57，第 446－488 页。

伊藤敏夫：《一个士兵的战绩》，收于 *NDS*，卷 33，第 384－397 页。

冯玉祥：《我所认识的蒋介石》，台北：捷幼出版社，2007。

藤村谦：《野炮兵第六联队长记忆中的支那作战》，收于 *NDS*，卷 61，第 615－630 页。

藤田实彦：《战车战绩》，收于 *NDS*，卷 33，第 250－297 页。

高明明：《1937 年广德抗日战斗的田野调查与历史考证》，收于《日本侵华史研究》，2014，卷 3。

高明明：《对川军出川参加广德抗日战斗的历史考证》，收于《日本侵华史研究》，2014，卷 2。

高晓星：《日本海军航空队空袭南京史料（1937 年 8 月 15日—12 月 13 日）》，收于《民国档案》2004 年第 4 期，第 42－49 页。

顾维钧：《顾维钧回忆录》，北京：中华书局，1985。

顾祝同：《墨三九十自述》，台北：国防部史政编译局，1981。

郭岐：《陷都血泪录》，收于 *NDS*，卷 3，第 118－250 页。

郭汝瑰等：《中国抗日战争正面战场作战记》，南京：江苏人民出版社，2005 年。

郭心秋：《第 112 师守备江阴战况点滴》，收于 *NBZ*，第 95 – 97 页。

郭浚：《第二军团驰援南京述要》，收于 *NBZ*，第 137 – 140 页。

何嘉兆：《战车三连卫戍南京纪实》，收于 *NBZ*，第 218 – 222 页。

东武夫：《东武夫阵中日记》，收于 *NDS*，卷 32，第 385 – 399 页。

火野苇平：《火野苇平的信》，第 729 – 737 页。

平井茂一郎：《从军回忆录》，收于 *NDS*，卷 60，第 176 页。

平本渥：《平本渥阵中日记》，收于 *NDS*，卷 60，第 224 – 235 页。

广濑正元：《斗魂》，收于 *NDS*，卷 60，第 182 – 183 页。

家近亮子：《从蒋介石日记解读 1937 年 12 月的南京情势》，收于《民国档案》，2009，卷 2，第 109 – 114 页。

饭沼守：《饭沼守日记》，收于 *NDS*，卷 8，第 200 – 242 页。

池谷半二郎：《一个作战参谋的会议手记》，收于 *NDS*，卷 33，第 238 – 249 页。

井本熊雄：《日支事变作战日记》，收于 *NDS*，卷 60，第 31 – 59 页。

犬饲总一郎：《南京攻防战之真相》，收于 *NDS*，卷 33，第 101 – 130 页。

石井清太郎：《生命的战绩》，收于 *NDS*，卷 60，第 276 – 301 页。

蒋公毅：《陷京三月记》，收于 *NDS*，卷 3，第 47 – 85 页。

姜良芹：《从淞沪到南京：蒋介石政战略选择之失误及其

转向》，《南京大学学报》，2011 年第 1 期。

蒋廷黻：《蒋廷黻回忆录》，长沙：岳麓书社，2003。

蒋中正：《困勉记》，台北：国史馆，2011。

蒋中正编：《抗日战史：淞沪会战》，台北：国防部史政局，1962，第一至三卷。

梶谷健郎：《参加南京攻掠战》，收于 *NDS*，卷 10，第 99 - 111 页。

小长井鉴重：《阵中日记》，收于 *NDS*，卷 32，第 302 - 325 页。

老兵：《南京惨案目击记》，收于 *NDS*，卷 3，第 431 - 434 页。

李吉苏：《南京保卫战战略背景窥视》，收于《抗日战争研究》，1996，卷 2，第 103 - 110 页。

李西开：《紫金山战斗》，收于 *NDS*，卷 2，第 374 - 379 页。

李益三：《南京突围及广东队伍收容经过》，收于 *NBZ*，第 256 - 262 页。

林华均：《金村南山阻击战》，收于 *NBZ*，第 104 - 115 页。

刘斐：《抗战初期的南京保卫战》，载于 *NBZ*，第 6 - 13 页。

刘纪祥：《江阴守城战及撤退之经过》。收于 *NBZ*，第 98 - 100 页。

刘树芃：《战车第一连在下关》，收于 *NBZ*，第 216 - 217 页。

刘庸诚：《南京抗战纪要》，收于 *NBZ*，第 180 - 189 页。

卢畏三：《第八十八师扼守雨花台中华门片段》，收于 *NBZ*，第 164 - 165 页。

骆周能：《简记广德、泗安战役》，收于 *NBZ*，第 125 - 129 页。

《陆军第五十一师战斗详报》，收于 *NDS*，卷 2，第 178 - 183 页。

马俊杰：《中国海军长江抗战纪实》，济南：山东画报出版社，2013。

松井石根：《松井石根阵中日记》，收于 *NDS*，卷 8，第 20 - 189 页。

望月五三郎：《我的支那事变》，收于 *NDS*，卷 33，第 155 - 190 页。

森日出夫：《中队长的记录》，收于 *NDS*，卷 33，第 91 - 100 页。

中岛今朝吾：《中岛今朝吾日记》，收于 *NDS*，卷 8，第 272 - 305 页。

《南京保卫战大事记》，收于 *NDS*，卷 2，第 416 - 421 页。

《南京大屠杀史料集》，南京：江苏人民出版社，2005 - 至今。

《南京各军师突围概述》，收于 *NDS*，卷 2，第 238 - 240 页。

《南京作战之真相——熊本第六师团战记》，收于 *NDS*，卷 62，第 2 - 141 页。

西泽牟吉：《我们的大陆战记》，收于 *NDS*，卷 57，第 659 - 721 页。

奥宫正武：《我所目睹的南京事件》，收于 *NDS*，卷 10，第 120 - 131 页。

欧阳景修：《江阴封江战役纪实》，收于 *NBZ*，第 53 - 56 页。

戚厚杰：《论川军广德、泗安的抗战及其历史评价》，收于《日本侵华史研究》，2014，卷 3，2012。

秦孝仪编：《中华民国重要史料初编——对日抗战时期》台北：中国国民党中央委员会党史委员会，1981。

《靖江步兵第三十六联队史》，收于 *NDS*，卷 56，第 124 -

146 页。

邱维达:《淳化阻击战》,收于 *NBZ*,第 148 – 151 页。

荣维木:《日本的全面侵华战争与中国的全面抗日战争》,《中日共同历史研究报告》,北京,2010。

齐藤中二郎:《彷徨两千五百公里》,收于 *NDS*,卷 33,第 138 – 149 页。

佐佐木到一:《南京攻略记》,收于 *NDS*,卷 60,第 302 – 350 页。

泽村次郎:《步兵第 33 联队第 12 中队从军日志》,收于 *NDS*,卷 32,第 180 – 204 页。

沈咸:《高炮连参加南京保卫战简记》,收于 *NBZ*,第 223 – 227 页。

双流县志编纂委员会:《双流县志》,成都:四川人民出版社,1992。

宋希濂:《南京守城战》,收于 *NBZ*,第 228 – 239 页。

宋希濂:《鹰犬大将》,台北:李敖出版社,1990。

末永健一郎:《末永少尉日记摘抄》,收于 *NDS*,卷 57,第 757 – 765 页。

孙元良:《亿万光年中的一瞬》,台北:时英出版社,2002。

孙宅巍:《南京保卫战》,台北:吴南图书出版公司,1997。

谭崇恩:《唐生智评传》,长沙:湖南人民出版社,2002。

谭道平:《南京卫戍战》,收于 *NBZ*,第 14 – 32 页。

谭道平:《南京卫戍战史话》,南京:东南文化事业出版社,1946。

唐生智:《卫戍南京的经过》,收于 *NBZ*,第 1 – 5 页。

槻木雅夫:《槻木的日记》,收于 *NDS*,卷 57,第 745 – 757 页。

万式炯:《第 103 师江阴抗战及撤退概述》,收于 *NBZ*,第 84 – 88 页。

王耀武:《第七十四军参加南京保卫战经过》,收于 *NBZ*,

第 141 - 147 页。

吴相湘：《民国百人传》，台北：传记文学出版社，1979。

向鸿远： 《增援光华门侧记》，收于 *NBZ*，第 203 -
205 页。

《乡土部队奋战史》，收于 *NDS*，卷 57，年 513 - 584 页。

《熊本兵团战史》收于 *NDS*，卷 56，第 364 - 442 页。

山际喜一：《追思》，收于 *NDS*，卷 33，第 52 - 55 页。

山本武：《南京·徐州·武汉三镇——回想中的进军》，
收于 *NDS*，卷 60，第 190 - 221 页。

山本武： 《山本武日记》，收于 *NDS*，卷 32，第 326 -
363 页。

杨天石：《蒋介石与 1937 年的淞沪、南京之战》，载于
《中国社会科学院学术委员会集刊》。北京：社会科学文献出
版社，2005。

横山胜之助：《日支事变从军记：突入南京》，收于 *NDS*，
卷 33，第 332 - 382 页。

俞洁民：《警卫蒋介石飞离南京》，收于 *NBZ*，第 51 -
52 页。

《原日本兵的证言》，收于 *NDS*，卷 60，第 242 - 247 页。

张翼鸿：《江阴抗战的后援活动》，收于 *NBZ*，第 101 -
103 页。

《战争与人》，收于 *NDS*，卷 10，第 343 - 378 页。

赵旭：《守备江阴要塞战斗纪实》，收于 *NBZ*，第 89 -
94 页。

中国第二历史档案馆：《抗日战争正面战场》。南京：凤
凰出版社，2005。

《中支那方面陆上作战经过概要》，收于 *NDS*，卷 56，第
41 - 57 页。

周振强：《教导总队在南京保卫战中》，收于 *NBZ*，第 166 -
169 页。

《驻沪冈本总领事致广田外务大臣函》，收于 *NDS*，卷 2，第 37 - 40 页。

英文文献

Andrade, Tonio. *Lost Colony: The Untold Story of China's First Great Victory over the West*. Princeton, NJ: Princeton University Press, 2011.

Angwin. W. A. *Some Phases of the Sino-Japanese Conflict (July to December, 1937)*. Shanghai: Asiatic Fleet, 1938 (unpublished manuscript).

Askew, David. "Defending Nanking: an Examination of the Capital Garrison Forces," in *Sino-Japanese Studies*, vol. 15, 2003.

Auden, W. H. *The English Auden: Poems, Essays, and Dramatic Writings 1927 - 1939*. Edited by Edward Mendelson. London: Faber and Faber, 1977.

Bates, Miner Searle. "Letter to Friends (Jan. 10, 1938)," in Zhang Kaiyuan (ed.). *Eyewitnesses to Massacre*. Armonk NY: M. E. Sharpe, 2001, pp. 14 - 18.

Bates, Miner Searle. "Letter to Friends (Nov. 29, 1938)," in Zhang Kaiyuan (ed.). *Eyewitnesses to Massacre*. Armonk NY: M. E. Sharpe, 2001, pp. 41 - 46.

Bates, Miner Searle. "Some Pictures from Nanking (Dec. 15, 1937)," in Zhang Kaiyuan (ed.) *Eyewitnesses to Massacre*. Armonk NY: M. E. Sharpe, 2001, pp. 4 - 5.

Benton, Gregor. *New Fourth Army: Communist Resistance along the Yangtze and the Huai 1938 - 1941*. Berkeley CA: University of California Press, 1999.

Bergamini, David. *Japan's Imperial Conspiracy*. London: Heinemann, 1971.

Bix, Herbert. *Hirohito and the Making of Modern Japan*. New York NY: Harper-Collins, 2001.

Borg, Dorothy. *The United States and the Far Eastern Crisis of 1933 - 1938: From the Manchurian Incident through the Initial Stage of the Undeclared Sino-Japanese War*. Cambridge MA: Harvard University Press, 1964.

Boyle, John Hunter. *China and Japan at War: The Politics of Collaboration*. Stanford CA: Stanford University Press, 1972.

Brook, Timothy. *Collaboration: Japanese Agents and Local Elites in Wartime China*. Cambridge MA: Harvard University Press, 2005.

Brussels Conference: Convened in Virtue of Article P of the Washington Treaty of 1922. Acts of the Conference: November 3rd to November 24th 1937. Brussels: A. Lesigne, undated.

Bueschel, Richard M. Mitsubishi/Nakajima G3m1/2/3 96 Rikko L3y1/2 in Japanese Naval Air Service. Canterbury, Kent: Osprey Publishing, 1972.

Burdick, Charles B. The Japanese Siege of Tsingtau: World War I in Asia. Hamden CT: Archon Book, 1976.

Carlson E. F. Evans F. Carlson on China at War 1937 – 1941. Beijing: Foreign Languages Press, 2004.

Carlson, E. F. Twin Stars of China. Beijing: Foreign Languages Press, 2003.

Chang, Iris. The Rape of Nanking: The Forgotten Holocaust of World War II. New York NY: Basic Books, 2012.

Chang Jui-te. "The Nationalist Army on the Eve of the War," in Mark Peattie et al. (eds.). The Battle for China: Essays on the Military History of the Sino-Japanese War of 1937 – 1945. Stanford: Stanford University Press, 2011.

Chennault, Claire Lee. Way of a Fighter. New York NY: C. P. Putnam's Sons, 1949.

Ch'i Hsi-sheng. Nationalist China at War: Military Defeats and Political Collapse, 1937 – 45. Ann Arbor MI: University of Michigan Press, 1982.

Chiang Kai-shek. The Collected Wartime Messages of Generalissimo Chiang Kaishek. New York NY: The John Day Company, 1946.

Ciano, Galleazo. Ciano's Diary 1937 – 1938. London: Methuen, 1952.

Craft, StephenG. V. K. Wellington Koo and the Emergence of Modern China. Lexington KY: University Press of Kentucky, 2004.

Crowley, JamesB. Japan's Quest for Autonomy: National Security and Foreign Policy 1930 – 1938. Princeton NJ: Princeton University Press, 1966.

Documents on German Foreign Policy 1918 – 1945: From the Archives of the German Foreign Ministry, Series D, vol. I: From Neurath to Ribbentrop (September 1937 – September 1938). Washington DC: U. S. Government Printing Office, 1949.

Dorn, Frank. The Sino-Japanese War 1937 – 41: From Marco Polo Bridge to Pearl Harbor. New York NY: Macmillan, 1974.

Eastman, Lloyd E. "Nationalist China during the Nanking Decade 1927 –

1937," in John K. Fairbank et al. (eds.). *Cambridge History of China*, *Vol. 13 Republican China 1912 – 1949*, *Part 2*. Cambridge: Cambridge University Press, 1986, pp. 116 – 167.

Edwards, Paul M. *Between the Lines of World War Two: Twenty-One Remarkable People and Events*. Jefferson NC: McFarland, 2010.

Eigner, Julius. "The Rise and Fall of Nanking," in *National Geographic*, February 1938.

Epstein, Israel. *History Should Not Be Forgotten*. Beijing: Wuzhou zhuanbo Chubanshe, 2005.

Evans, David C. and Peattie, Mark R. *Kaigun: Strategy, Tactics and Technology in the Imperial Japanese Navy 1887 – 1941*. Annapolis, MD: Naval Institute Press, 1997.

Fitch, George Ashmore. "Diary," in Zhang Kaiyuan (ed.). *Eyewitnesses to Massacre*. Armonk NY: M. E. Sharpe, 2001, pp. 82 – 101.

Foreign Relations of the United States, Diplomatic Papers, 1937, in Five Volumes, Vol. III, The Far East. Washington DC: U. S. Government Printing Office, 1954.

Foreign Relations of the United States, Diplomatic Papers, 1937, in Five Volumes, Undeclared War Between Japan and China (Continued from vol. III). Washington DC: U. S. Government Printing Office, 1954.

Forster, Ernest H. "Letters to Wife," in Zhang Kaiyuan (ed.). *Eyewitnesses to Massacre*. Armonk NY: M. E. Sharpe, 2001, pp. 110 – 147.

Fox, John P. *Germany and the Far Eastern Crisis 1931 – 1938: A Study in Diplomacy and Ideology*. Oxford: Clarendon Press, 1982.

Garver, John W. *Chinese-Soviet Relations 1937 – 1945: The Diplomacy of Chinese Nationalism*. Oxford: Oxford University Press, 1988.

Goette, John. *Japan Fights for Asia*. New York NY: Harcourt, Brace and Co, 1943.

Grew, Joseph. *Ten Years in Japan*. Westport CT: Greenwood Press Publishers, 1944.

Hallion, Richard P. *Strike From the Sky: The History of Battlefield Air Attack, 1910 – 1945*. Tuscaloosa AL: University of Alabama Press, 2010.

Harmsen, Peter. *Shanghai 1937: Stalingrad on the Yangtze*. Philadelphia and Oxford: Casemate, 2013.

Haslam, Jonathan. *The Soviet Union and the Threat from the East, 1933 – 41*. Pittsburgh PA: University of Pittsburgh Press, 1992.

HataIkuhiko. "The Marco Polo Bridge Incident, 1937," in Morley, James William. *The China Quagmire: Japan's Expansion on the Asian Continent 1933 – 1941*. New York NY: Columbia University Press, 1983, pp. 233 – 286.

Hatano Sumio and Sochi Junichiro. "The Sino-Japanese War of 1937 – 45: Japanese Military Invasion and Chinese Resistance," in *Japan-China Joint History Research Report*. Tokyo, 2001, vol. 1, pp. 128 – 164.

Hattori Satoshi with Edward J. Drea. "Japanese Operations from July to December 1937," in Peattie, Mark et al. (eds.), pp. 159 – 180.

Henshall, Kenneth. *Historical Dictionary of Japan to 1945*. Lanham MD: Scarecrow Press, 2013.

Higashinakano Shudo. *The Nanking Massacre: Fact versus Fiction*. Tokyo: Sekai Shuppan, 2005.

Hino Ashihei. *Wheat and Soldiers*. New York NY: Farrar and Rinehart, 1939.

Hinrup, Hans J. "Sindberg: The good Dane in Nanjing 1937." Paper delivered at NACS 8th Biennial Conference in Stockholm, June 11 – 13, 2007.

History of Air Operations in the First Phase of the China Incident (from July to November 1937) [Japanese Monograph No. 166] . Tokyo: Liquidation Department of the Second Demobilization bureau, 1951.

Honda Katsuichi. *The Nanjing Massacre: A Japanese Journalist Confronts Japan's National Shame*. Armonk NY: M. E. Sharpe, 1999.

Hoyt, Edwin P. *The Fall of Tsingtao*. London: Arthur Barker, 1975.

Hu Hualing. *American Goddess at the Rape of Nanking: The Courage of Minnie Vautrin*. Carbondale and Edwardsville IL: Southern Illinois University Press, 2000.

Jordan, Donald a. *China's Trial by Fire*. Ann Arbor MI: University of Michigan Press, 2001.

Kessler, Lawrence D. *The Jiangyin Mission Station: An American Missionary Community in China 1895 – 1951*. Chapel Hill, NC: The University of North Carolina Press, 1996.

Knell, Hermann. To *Destroy a City: Strategic Bombing and Its Human Consequences in World War II*. Boston MA: Da Capo Press, 2003.

Lee, Bradford A. *Britain and the Sino-Japanese War, 1937 – 1939: A Study in the Dilemmas of British Decline.* Stanford CA: Stanford University Press, 1973.

Li Tsung-jen (Li Zongren) et al. *The Memoirs of Li Tsung-jen.* Boulder CO: Westview Press, 1979.

Liu, Bea Exner. *Remembering China 1935 - 1945: A Memoir.* Moorhead MN: New Rivers Press, 1996.

Liu, F. F. *A Military History of Modern China 1924 - 1049.* Westport CT: Greenwood Press, 1956.

Liu, James T. C. "German Mediation in the Sino-Japanese War, 1937 - 38," in *The Far Eastern Quarterly,* Vol. 8, No. 2, February 1949, pp. 157 - 171.

Lu Suping (ed.) . *They Were in Nanjing: The Nanjing Massacre Witnessed by American and British Nationals.* Hong Kong: Hong Kong University Press, 2004.

Mackinnon, Stephen. "The Defense of the Central Yangtze," in Mark Peattie et al. (eds.), pp. 181 - 206.

Magee, John G. " Letter to Wife," in Zhang Kaiyuan (ed.). *Eyewitnesses to Massacre,* pp. 166 - 195.

Magee, John. G. "Magee's Film," in Zhang Kaiyuan (ed.). *Eyewitnesses to Massacre.* Armonk NY: M. E. Sharpe, 2001, pp. 201 - 227.

Magee, John. G. "Report of a Trip to Tsih Hsia Shan (February 16 - 17, 1938)," in Zhang Kaiyuan (ed.) . *Eyewitnesses to Massacre.* Armonk NY: M. E. Sharpe, 2001, pp. 195 - 197.

McCallum, James H. " Account of Japanese Atrocities at Nanking During the Winter of 1937 - 38," in Zhang Kaiyuan (ed.) . *Eyewitnesses to Massacre,* pp. 229 - 242.

Millett, Allan R. " Assault from the Sea: The Development of Amphibious Warfare between the Wars," in Murray, Williamson and Millett, Allan R. *Military Innovation in the Interwar Period.* Cambridge: Cambridge University Press, 1998.

Mills, W. Plumer. " Letter to Wife," in Zhang Kaiyuan (ed.). *Eyewitnesses to Massacre.* Armonk NY: M. E. Sharpe, 2001, pp. 245 - 248.

Musgrove, Charles. *China's Contested Capital: Architecture, Ritual, and Response in Nanjing.* Honolulu Hi: University of Hawaii Press, 2013.

Ness, Leland. *Rikugun*: *Guide to Japanese Ground Forces 1937 – 1945. Vol. J*: *Tactical Organization of Imperial Japanese Army & Navy Ground Forces.* Solihull: Helion and Co, 2014.

Okagai, Tomoko T. *The Logic of Conformity*: *Japan's Entry into International Society.* Toronto: University of Toronto Press, 2013.

Oliver, Frank. *Special Undeclared War.* London: Jonathan Cape, 1939.

Peattie, Mark R. *Ishiwara Kanji and Japan's Confrontation with the West.* Princeton NJ: Princeton University Press, 1975.

Peattie, Mark et al. (eds.). *The Battle for China*: *Essay on the Military History of the Sino-Japanese War of 1937 – 1945.* Stanford CA: Stanford University Press.

Platt, Stephen R. *Autumn in the Heavenly Kingdom*: *China, the West and the Epic Story of the Taiping Civil War.* New York NY: Vintage Books, 2012.

Powell, John B. *My Twenty-Five Years in China.* New York NY: The MacMillan Company, 1945.

Rabe, John. *The Good Man of Nanking*: *The Diaries of John Rabe.* New York NY: Vintage Books, 1998.

"Report of the Nanking international Relief Committee," in Zhang Kaiyuan (ed.). *Eyewitnesses to Massacre*, pp. 413 – 445.

Ristaino, Marcia R. *The Jacquinot Safety Zone*: *Wartime Refugees in Shanghai.* Stanford CA: Stanford University Press, 2008.

Rosenfeld, David M. *Unhappy Soldier*: *Hino Ashihei and Japanese World War II Literature.* Lanham MD: Lexington Books, 2002.

Rossino, Alexander b. *Hitler Strikes Poland*: *Blitzkrieg, Ideology, and Atrocity.* Lawrence KS: University Press of Kansas, 2003.

Smythe, Lewis S. C. "Cases of Disorder by Japanese Soldiers in the Safety Zone," in Zhang Kaiyuan (ed.). *Eyewitnesses to Massacre*, pp. 310 – 312.

Smythe, Lewis S. C. "Letter to Friends," in Zhang Kaiyuan (ed.). *Eyewitnesses to Massacre.* Armonk NY: M. E. Sharpe, 2001, pp. 299 – 310.

Smythe, Lewis S. C. "Letters toFamily," in Zhang Kaiyuan (ed.). *Eyewitnesses to Massacre*, pp. 252 – 299.

Snow, Edgar. *The Battle for Asia.* New York NY: Random House, 1941.

So Kwan-wai. *Japanese Piracy in Ming China during the 16th Century.* East

Lansing MI: Michigan State University Press, 1975.

Teitler, Geir et al. (eds.) . *A Dutch Spy in China: Reports on the First Phase of the Sino-Japanese War (1937 – 1939)*. Leiden: Brill, 1999.

Timberley, Harold J. *Japanese Terror in China.* Freeport NY: Books for Libraries Press, 1969.

Turnbull, Stephen. *Chinese Walled Cities 221 BC – AD 1644.* Oxford: Osprey Publishing, 2009.

Utley, Freda. *China at War.* London: Faber and Faber, 1939.

Vautrin, Minnie. *Terror in Minnie Vautrin's Nanjing: Diaries and Correspondence, 1937 – 38.* Urbana and Chicago IL: University of Illinois Press, 2008.

Victoria, Brian. "Zen Masters on the Battlefield (Part II) ," in *The Asia-Pacific Journal*, Vol. II, Issue 27, No. 4, July, 2014.

Wakabayashi, Bob Tadashi. "Leftover Problems," in Wakabayashi, Bob Tadashi (ed.) . *The Nanking Atrocity 1937 – 38: Complicating the Picture.* New York NY: Berghahn Book, 2007, pp. 357 – 393.

Watt, John R. *Saving Lives in Wartime China: How Medical Reformers Built Modern Healthcare Systems Amid War and Epidemics, 1928 – 1945.* Leiden: Brill, 2013.

Weber, Torsten. "The Greater Asia Association and Matsui Iwane, 1933," in Saler, Sven et al. (eds.) . *Pan-Asianism: A Documentary History, Vol. 2, 1920 – Present.* Lanham MD: Rowman & Littlefield Publishers, 2011, pp. 137 – 148.

Wilson, Robert O. Correspondence RG II: Box 229, Folder 3875: "College Files: University of Nanking: Correspondence: Wilson, Robert 1937" at Yale Divinity School Library.

Wilson, Robert O. "Letters to Family," in Zhang Kaiyuan (ed.). *Eyewitnesses to Massacre*, pp. 391 – 410.

Yamamoto Mashiro. *Nanking: Anatomy of an Atrocity.* Westport CT: Praeger, 2000.

Yarnell, Harry. Papers, University of Southern California.

Zhang Kaiyuan (ed.). *Eyewitnesses to Massacre.* Armonk NY: M. E. Sharpe, 2001.

其他语种文献

Die Schlacht bei Shanghai [*The Battle at Shanghai*] . Berlin： Oberkommando der Wehrmacht, 1939.

Kazami Akira. *Konoe naikaku* [*The Konoe Cabinets*] . Tokyo： Nippon Shuppan Kyodo, 1951.

Kydymow [Kydymov], D. A. " ' Himmelskönige' verlieren ihre Kronen" [" 'Kings of the Sky' Lose Their Crowns"] , in *Am Himmel über China 1937 - 1940* [*In the Skies above China, 1937 - 1940*] . Berlin： Militärverlag der Deutschen Demokratischen Republik, 1986, pp. 177 - 198.

Matsumoto Shigeharu. *Shanhai jidai*： *Jaanarisuto no kaiso* [*The Shanghai Years*： *Memoirs of a Journalist*]. Tokyo： Chuo koronsha, 1982.

Matschin [Machin], M. G. "Chinesische Marschrouten" ["Chinese March Routes"] , in *Am Himmel über China 1937 - 1940*, pp. 160 - 176.

Mund, Gerald. *Ostasien im Spiegel der deutschen Diplomatie. Die privatdienstliche Korrespondenz des Diplomaten Herbert v. Dirksen von 1933 bis 1938* [*East Asia Reflected in German Diplomacy*： *The Private Correspondence of the Diplomat Herbert von Dirksen from 1933 to 1938*]. Stuttgart： Franz Steiner Verlag, 2006.

Neitzel, Sönke and Welzer, Harald. *Soldaten. Protokolle von Kämpfen, Töten und Sterben* [Soldiers. Protocols of Fighting, Killing and Dying]. Frankfurt a. M. ： Fischer Verlag, 2011.

Nyborg, Allan Kløve. "Nimbus og danske rekylgev. rer i 30ernes Kina" ["Nimbus and Danish Machine Guns in 1930s China"] , in *Nimbus Tidende*, no. 110, February 2000.

Ottosson, Ingemar. *Handel under protest. Sverige och Japan på väg mot andra världskriget 1931 - 1939* [*Trade Under Protest*： *Sweden and Japan on the Road to the Second World War, 1931 - 1939*]. Lund： Sekel Bokförlag, 2010.

Polynin, F. P. "Erfüllung einer internationalistischen Pflicht" ["Carrying Out an International Duty"] , in *Am Himmel über China 1937 - 1940*, pp. 50 - 96.

Rytow [Rytov], A. G. "Im kämpfenden China" ["in Fighting China"] , in *Am Himmel über China 1937 - 1940*, pp. 97 - 159.

Schenke, Wolf. *Reise an der Gelben Front: Beobachtungen eines deutschen Kriegsberichterstatters in China* [A Journey Along the Yellow Front: Observations of a German War Correspondent]. Berlin: Gerhard Stalling Verlagsbuchhandlung, 1941.

Shinajihen rikugun sakusen, I, Showa jusan nen ichi gatsu made [Official Military History, Vol. 86, Army Operations during the China Incident, part I: The Period until January 1938]. Tokyo: Asagumo Shimbunsha, 1975. Cited as *SJRS*.

Yoshida Hiroshi. *Tenno no gunkai to Nankin jiken* [The Emperor's Military and the Nanjing Incident]. Tokyo: Aoki shoten, 1998.

Vojna v Kitae: Boevyje dejstvia aviatsii (pervyj god vojny) [War in China: Aerial Combat (First Year of the War)]. Moscow: Intelligence Directorate of the Workers' and Peasants' Red Army, 1938.

报纸

《费加罗报》
《大阪每日新闻报》
《大公报》
《泰晤士报》
《纽约时报》
《时代周刊》
《东京日日新闻报》

索 引

（以下页码为原书页码，即本书边码。）

图书在版编目（CIP）数据

南京1937：血战危城 / （丹）何铭生
（Peter Harmsen）著；季大方，毛凡宇，魏丽萍译 . --
北京：社会科学文献出版社，2017. 11（2022. 10 重印）
　　书名原文：Nanjing 1937：Battle for a Doomed
City
　　ISBN 978 - 7 - 5201 - 1026 - 6

　　Ⅰ . ①南… 　Ⅱ . ①何… ②季… ③毛… ④魏… 　Ⅲ .
①南京大屠杀 - 史料 　Ⅳ . ①K265. 606

　　中国版本图书馆 CIP 数据核字（2017）第 157975 号

南京1937：血战危城

著　　者 / 〔丹〕何铭生（Peter Harmsen）
译　　者 / 季大方　毛凡宇　魏丽萍

出 版 人 / 王利民
项目统筹 / 段其刚　董风云
责任编辑 / 张金勇
责任印制 / 王京美

出　　版 / 社会科学文献出版社·甲骨文工作室（分社）（010）59366527
　　　　　　地址：北京市北三环中路甲 29 号院华龙大厦　邮编：100029
　　　　　　网址：www. ssap. com. cn
发　　行 / 社会科学文献出版社（010）59367028
印　　装 / 三河市东方印刷有限公司

规　　格 / 开本：889mm × 1194mm　1/32
　　　　　　印张：13　插页：1　字数：291 千字
版　　次 / 2017 年 11 月第 1 版　2022 年 10 月第 4 次印刷
书　　号 / ISBN 978 - 7 - 5201 - 1026 - 6
著作权合同
登 记 号 / 图字 01 - 2016 - 2353 号
定　　价 / 69. 00 元

读者服务电话：4008918866